Das Weleda Baby Buch

Das Weleda Baby Buch

Selbstvertrauen,
Zuverlässigkeit
und Liebe. Warum
Eltern nur wenig
brauchen

WELEDA
Seit 1921

ulmer

Selbstvertrauen

Es ist deine wichtigste Begleitung in dieser
Zeit. Traue dir, deinem Partner und deinem
Kind zu, dass ihr alles Nötige mitbringt,
um euren Weg gemeinsam und gut zu gehen.

Zuverlässigkeit

Sie gibt deinem Kind die Gewissheit,
dass du seine Bedürfnisse wahrnimmst und sie
direkt und unmittelbar erfüllst.

Liebe

Sie bereitet den Boden für die Beziehung
zwischen dir und deinem Kind. Dabei gleicht
sie in der ersten Zeit oft einer zarten,
noch kleinen Pflanze, die Woche für Woche
ein Stück wächst und gedeiht.

Mehr brauchst du nicht.

Vorwort

Schön, dass du unser Buch in deinen Händen hältst. Wir haben es geschrieben, um dich und dein Kind in dieser unvergesslichen Zeit gut zu begleiten. Unsere Sicht auf die Welt der Kleinsten soll das Wochenbett für dich zu einer Zeit machen, in der das Baby in Ruhe ankommen kann und ihr langsam in eure Rollen als Mama oder Papa hineinwachsen könnt. Wir wollen euch Mut machen, darauf zu vertrauen, dass ihr gute Eltern sein werdet und dem Baby alles geben könnt, was es braucht. Keine Sorge: Ihr könnt nicht immer alles richtig machen. Doch ihr könnt euch Gedanken machen, was für Eltern ihr sein möchtet. Und euch selbst vertrauen, wenn es darum geht, Entscheidungen zu treffen. Seid ihr unsicher, könnt ihr euch gezielt informieren. Als Hebammen wissen wir: Kinder brauchen nur wenig. Ist euer Herz voller Liebe und offen für euer Kind, bringt ihr als Eltern alles Wichtige mit. Tragt ihr euer Kind nah bei euch, fühlt es sich sicher und geborgen. Ihr könnt ihm geben, was es braucht. Das ist alles.

Für diesen Weg wünsche ich dir alles Gute.

Christina Hinderlich
HEBAMME BEI WELEDA

Inhalt

138
Das Baby mit der Flasche füttern

Auch wenn du nicht stillst, braucht dein Baby den Körperkontakt zu dir. Gib ihm beim Füttern mit der Flasche die Nähe und Geborgenheit, die es für seine Entwicklung braucht.

150
Wie Säuglinge gut schlafen

Babys schlafen anders. Sie schlafen ungern alleine und wachen häufiger auf. Das ist ganz normal. Liegt dein Kind nahe bei dir, fühlt es sich geborgen und sicher und kann gut schlafen. Der gemeinsame Schlafrhythmus hat auch für dich viele Vorteile.

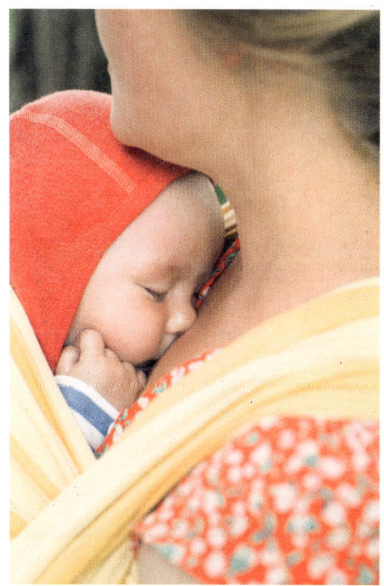

186
Das Baby und seine Haut umsorgen und pflegen

Weil die Haut deines Babys noch dünn und empfindsam ist, braucht sie Pflege und Schutz. Baden, cremen und einölen nährt die Haut und fördert die Entwicklung. Eine sanfte Massage hilft dem Baby anzukommen. Zugleich erlebt es die Pflege als liebevolle Zuwendung.

218
Hören, was dein Bauch sagt

Unwahre Annahmen, alte Weisheiten und Mythen gibt es bis heute; sie beeinflussen Frauen in der Schwangerschaft, bei der Geburt und in der Stillzeit. Woher kommt ihre Macht und wann können Ammenmärchen gefährlich werden?

230
Zeit für dich

In den vergangenen Monaten ist sehr viel in deinem Leben passiert. Du bist schwanger geworden und hast ein Kind zur Welt gebracht. Lass dich im Wochenbett verwöhnen und genieß die kleinen Auszeiten, um neue Kraft zu schöpfen.

Einleitung

Die Geburt deines Kindes ist das größte Wunder auf Erden. So viel Hoffnung, so viel Glück und so viel Leben stecken in diesem kleinen Wesen! Doch zunächst haben Eltern oft viele Fragen: Was ist richtig für unser Kind, was sollen wir ihm mitgeben? Denn bevor es auf eigenen Füßen steht, braucht ein Kind Eltern, die gute Entscheidungen treffen, die es beschützen, die es lieben, die es umsorgen und ihm bei jedem der kleinen Schritte, die jetzt kommen, zur Seite stehen. Die gute Nachricht ist: Es braucht nicht viel, damit Kinder gesund und glücklich aufwachsen können. Liebe und Geduld, Zeit und Zuversicht. Selbstvertrauen und ein kleines, aber gutes Netzwerk von Menschen, die ihnen zugetan sind.

Vor gut einem Jahrhundert begann die Anthroposophie, den Menschen und die Natur in den Mittelpunkt ihrer Betrachtungen zu stellen. Die Idee Rudolf Steiners begründete und inspirierte die Waldorfpädagogik, den biologisch-dynamischen Landbau, die Anthroposophische Medizin und zahlreiche Unternehmen. Auch Weleda wurde in dieser Zeit gegründet. All diese neuen Initiativen hatten eines gemein: Sie sahen und schätzten die Individualität jedes einzelnen Menschen und wollten sie in einen gesunden und positiven Lebenszusammenhang stellen.

Das war auch der Beginn, neu auf die Zeit der Schwangerschaft, Geburt und Kindheit zu blicken. Der Impuls, den Mensch als Ganzes zu betrachten, erweiterte auch das Verständnis dafür, dass Kinder Nähe und Berührungen brauchen und dies gerade für die Kleinsten unverzichtbar ist, um gut auf dieser Welt anzukommen.

Von Beginn an ist jeder Mensch einzigartig. Er steht in einer einmaligen Beziehung zur Welt, zur Natur und zu seinen Mitmenschen und hat ganz individuelle Möglichkeiten, sein eigenes Leben zu gestalten und auch das Leben anderer zu berühren. So wie in einem Samenkorn bereits die Idee der Pflanze enthalten ist, so bringt auch ein Baby sein ganzes Potenzial mit auf diese Welt. Wie eine Pflanze Licht, Wasser, guten Boden und Wärme braucht, damit sie gedeihen kann, brauchen Babys ebenso wenige, aber genauso elementare Qualitäten, um gesund aufwachsen zu können.

Häufig kommen Menschen in der Zeit von Schwangerschaft und Geburt zum ersten Mal in Kontakt mit Weleda Produkten. Wenn die Verantwortung für ein neues Leben entsteht, schauen werdende Eltern plötzlich mit anderen Augen auf ihr eigenes Leben und auf ihr Umfeld. Fragen nach der richtigen Ernährung kommen auf, nach der richtigen Pflege, dem richtigen Lebensrhythmus.

Für dein Kind möchtest du, möchtet ihr nur das Beste. Das ist richtig und nachvollziehbar. Die Frage ist nur: Was ist das Beste? Wir glauben, dass es nicht unbedingt materielle Dinge sind, die Babys brauchen, sondern dass du und dein Partner beziehungsweise deine Partnerin es seid, die dafür unverzichtbar sind. Kann euer Kind

„Eltern sollten nicht ein Idealbild vor Augen haben, sondern ihr Kind."

darauf vertrauen, dass seine Bedürfnisse erfüllt werden, hilft ihm das dabei, zu gedeihen und sich gut zu entwickeln. Mit dieser Gewissheit gelingt es eurem Kind, sich auch selbst anzunehmen und wertzuschätzen. So hat es alles Nötige, um gut ins Leben starten zu können.

Wie so oft im Leben kommt es auch im Umgang mit Kindern eher auf das Wie als auf das Was an. Mit den einfachsten Dingen lassen sich die schönsten Momente schaffen, wenn man nur weiß, wie. Oder anders herum: Die raffiniertesten Werkzeuge nützen nichts, wenn man sie nicht kunstvoll anzuwenden versteht. Dieser Gedanke steht auch bei Weleda im Mittelpunkt. Da sind die hochwertigen und natürlichen Inhaltsstoffe wie zum Beispiel Calendula oder Kamille oder reine Pflanzenöle. In besonderen Prozessen verwandeln und verfeinern wir sie so, dass aus ihnen Arzneimittel und Naturkosmetik für ein gesundes Gleichgewicht entstehen.

Mit diesem Buch wollen wir einen Beitrag dazu leisten, wie du als Mutter und ihr als Eltern ein gutes „Wie" für euch und euer Kind finden könnt. Dafür haben wir Hebammen und andere Expertinnen aus den Bereichen Schwangerschaft, Geburt und Stillzeit gebeten, ihre Erfahrungen aufzuschreiben. Was sie schildern, sind nur einige von vielen Möglichkeiten, wie Familienleben in der ersten Zeit nach der Geburt glücken kann. Bestimmt wirst du, werdet ihr euren ganz eigenen Weg gehen.

Übrigens: In diesem Buch sprechen wir deinen Partner genauso an wie deine Partnerin oder deine Familie. Das Geschlecht spielt dabei keine Rolle. Damit das Buch gut lesbar bleibt, wirst du jedoch nicht bei jeder Ansprache alle Formen finden, die es gibt. Darin ist keinerlei Wertung enthalten.

Wir wünschen dir viel Freude mit deinem Baby und deiner Familie.

Kapitel 1
Am Anfang ist Hülle

Was du in diesem Kapitel über dein Baby lesen kannst:

Was dem Baby Halt gibt

Das Kind, das in deinem Bauch heranwächst, ist dort von vielen verschiedenen Hüllen umgeben. Gebildet haben sie sich mit dem Beginn der Schwangerschaft. Bis zur Geburt schützen, halten und wärmen sie dein Baby, es fühlt sich sicher und geborgen.

Die Haut des Kindes ist von der sogenannten Käseschmiere umgeben, die als Schutz vor dem Fruchtwasser dient, in dem das Baby schwimmt. Mit seinem Geschmack und Geruch trägt das milde und basische Fruchtwasser bereits erste sanfte Hinweise auf die Welt in sich, in die das Kind geboren wird. Gedämpft kommen darüber auch die Geräusche aus der Umgebung an dein Kind heran. In erster Linie ist das deine Stimme; das Baby erkennt sie auch nach der Geburt wieder. Die Eihäute bilden eine weitere Hülle, die Fruchtblase. Sie umfasst das wärmende Fruchtwasser und gibt dem Baby eine spürbare und wohltuende Begrenzung. Je mehr dein Kind heranwächst, desto enger wird dieser Raum. In den letzten Wochen vor der Geburt kann es bereits die Gebärmutterwände spüren, die es immer enger umschließen. Sein Sichtfeld ist klein, es sieht das dunkle Rot deiner Haut und Gefäße. Auch dein Becken, das dein Kind in diesen Hüllen hält, bildet mit seinen Knochen einen weiteren Rahmen, in den es sich zur Geburt hin ständig weiter hineinbewegt. Die umliegenden Organe spenden Wärme und sorgen mit ihren Geräuschen für einen klanghaften Raum, der zugleich von Rhythmen bestimmt wird: Deine Verdauung, der Strom des Blutes und dein Herzschlag bilden den akustischen Erfahrungsraum für dein Kind. Die Muskulatur deines Beckens, der

„Es braucht
Zeit und Nähe,
um das Baby
kennenzu-
lernen und zu
spüren, was
es braucht.
Es zu verste-
hen, kommt
dann von ganz
alleine."

Beckenboden, trägt und wiegt das wachsende Kind und hält es fest. Über die Nabelschnur und die Plazenta wird es jederzeit mit Nahrung versorgt; ein Hungergefühl kennt es nicht. Weil dein Kind so eng mit dir verbunden ist, bleibt ihm nicht verborgen, wie es dir geht, es nimmt also an deinem Gefühlsleben teil. Stehen Mütter unter andauerndem massivem Stress, machen sie sich deswegen oft Sorgen um ihr Kind. Tatsächlich steigt unter großer Belastung die Produktion des Stresshormons Cortisol an. Es kann die Nebennieren des Kindes im Mutterleib schädigen, und als Folge kann eine damit verbundene geringe Stresstoleranz entstehen. Was du also fühlst, in welcher Stimmung du gerade bist: All das überträgt sich auch auf dein Kind. Durch den Austausch von Botenstoffen erfährt es, dass es auch negative Gefühle gibt, die aber seine Sicherheit und Existenz nicht gefährden. Dein Herzschlag, das Geräusch deines Atems und der Verdauung sind es, die ihm sagen: Du bist nicht allein.

Die Erfahrungswelt des Babys nach der Geburt

Kommt dein Baby nach den etwa 40 Schwangerschaftswochen zur Welt, enden das enge Umhülltsein, die allgegenwärtige Versorgung und die täglichen rhythmischen Abläufe in deinem Bauch. Dein Baby findet sich plötzlich in einem unumhüllten, buchstäblich nackten Zustand wieder. Sein Körper ist nicht mehr eng umfasst, das erste Mal spürt es keine Grenzen mehr um sich herum, wenn es allein liegt. Es ist haltlos. Zum ersten Mal sieht es nicht dunkel-gedämpfte Töne von Rotlila, sondern helles Licht und eine Vielfalt an Farben, wenn es auch nur in unmittelbarer Nähe scharf sehen kann. Zum ersten Mal hört es jedes Geräusch ungefiltert von Fruchtwasser. Zum ersten Mal atmet es selbst.

Die Hüllen, die dein Baby geschützt und gehalten haben, sind fort. Doch weil es noch nicht ausgereift ist, wie es Säugetiere normalerweise bei der Geburt sind, braucht es diese Hüllen noch. Um den Reifezustand des Neugeborenen zu beschreiben, prägte der Schweizer Anthropologe Adolf Portmann die Bezeichnung „physiologische Frühgeburt"[1]. Seine Annahme: Aufgrund der anatomischen Veränderungen im Laufe der Menschheitsgeschichte und insbesondere bedingt durch unseren aufrechten Gang wird das Baby geboren, solange sein Kopf den Geburtsweg noch passieren kann. Es braucht also Zeit, um nachzureifen, und ist auf die Versorgung durch erwachsene Bezugspersonen angewiesen. Das Baby wird daher auch als „Tragling"[2] bezeichnet – ein Begriff, der auf das Bedürfnis des engen Körperkontakts hinweist: Das Baby ist weder ein Nesthocker, der bis zur nächsten Fütterung im Nest zurückgelassen werden kann, noch ein Nestflüchter, der sofort zu laufen beginnt. Beim Hochheben zeigt das Baby mit dem Klammerreflex und dem Anziehen der Beine, dass es sich an deinen Körper anschmiegen und daran gehalten werden möchte. In den ersten Wochen nach der Geburt benötigen Babys zum Nachreifen eine Umgebung, die dem Mutterleib ähnlich ist, um in Ruhe auf der Welt anzukommen.

Von innen nach außen

Bereits während der Geburt spielen die Hüllen und die taktilen Erfahrungen, die das Baby dabei macht, eine große Rolle: Durch den rhythmischen Druck auf den Körper des Kindes auf seiner Reise durch den Geburtskanal wird der Kreislauf mobilisiert und Fruchtwasser aus den Lungen gedrückt. Die Reflexe, die durch den Druck hervorgerufen werden, helfen ihm, den Weg durch den Geburtskanal zurückzulegen. Ist ein Baby geboren und wird es mit Körperkontakt und Hautkontakt empfangen, riecht es die von deiner Brust ausgeströmten Pheromone. Sie ähneln dem Geruch des Fruchtwassers und locken das Baby zur Brust. Durch das babygeleitete Anlegen[3] und mit etwas Unterstützung kann es sich selbst dorthin bewegen. Über seine Haut kann es deine Brustwarze spüren und sich ihr zuwenden.

Mit der Geburt muss der Organismus deines Kindes jedoch ein neues Verhältnis zur Umwelt ausbilden: Zum ersten Mal erfährt der Körper nun Grenzenlosigkeit, weil die vertrauten Hüllen nicht mehr vorhanden sind. Von der Temperatur des Fruchtwassers von 37,5 Grad Celsius muss sich dein Baby auf eine im Alltag kühlere Raumtemperatur einstellen und erst nach und nach lernen, die Körpertemperatur selbst zu regulieren. Bis auf die Käseschmiere, die vielleicht an einigen Stellen noch vorhanden ist und verrieben wird, fallen die bekannten Hüllen weg. An die Stelle des Fruchtwassers tritt eine neue Hülle: die Kleidung, die das Kind schützen und wärmen soll, gleichzeitig aber auch ein völlig neues Gefühl am gesamten Körper ist. Und es wird umhüllt von euren Armen und körperlicher Nähe. Durch die fehlende Rundumversorgung, die es aus der Zeit der Schwangerschaft kennt, erlebt das Kind nun zum ersten Mal auch körperliches Unbehagen durch Hunger und lernt seine Verdauungsvorgänge kennen. Auch der Schlaf-wach-Rhythmus verändert sich durch die vielen neuen optischen und akustischen Eindrücke, die es verarbeiten muss.

Um all das überhaupt zu bewältigen und sich in dieser so neuen Umgebung Stück für Stück orientieren zu können, ist das Neugeborene auf Hilfe angewiesen. Der französische Gynäkologe und Geburtshelfer Frédérick Leboyer beschreibt diese Unterstützung so: „Ein Kind mit Berührung zu füttern, seine Haut und seinen Rücken zu nähren ist ebenso wichtig, wie seinen Magen zu füllen. Es versöhnt es mit dem Außen. Innen und außen zufrieden ... Wieder eins. Frieden."[4]

„Ein Kind mit Berührung
zu füttern, seine Haut
und seinen Rücken zu nähren
ist ebenso wichtig,
wie seinen Magen zu füllen.
Es versöhnt es mit dem Außen.
Innen und außen zufrieden ...
Wieder eins. Frieden."

NEUE HÜLLEN SCHAFFEN

● NACH DER GEBURT

Damit sich das Baby sicher und geborgen fühlt, könnt ihr ihm eine ähnliche Erfahrungswelt wie in deinem Bauch anbieten.

● CREME ERSETZT DIE KÄSESCHMIERE

Vor der Geburt hat die Käseschmiere die empfindliche Haut deines Kindes gewärmt, genährt und geschützt. Auch nach der Geburt brauchen das Baby und seine noch durchlässige Haut Schutz. Cremes und rein pflanzliche Öle natürlichen Ursprungs durchwärmen, pflegen und unterstützen die Haut.

● KLEIDUNG STATT FRUCHTWASSER

Ohne wärmendes Fruchtwasser muss sich das Baby an die Umgebung anpassen und lernen, die Körpertemperatur selbst zu regulieren. Kleidung ist dabei für dein Kind wie eine zweite Haut. Sie sollte angenehm weich und wärmend sein. Mache dir beim Kauf der Babysachen bewusst: dein Kind hat nie zuvor Stoff auf der Haut gespürt oder wurde angezogen.

● NÄHE SPENDET SCHUTZ DER EIHÄUTE

Die Eihäute als dritte Hülle könnt ihr ganz einfach ersetzen: Seid eurem Kind körperlich nah, wann immer es geht – am besten im direkten Kontakt von Haut zu Haut. Umhüllt und begrenzt von euren Armen fühlt sich das Baby geborgen und geschützt. Ihr wärmt es und helft ihm, allmählich seine Temperatur selbst zu regulieren.

● TRAGEN ERSETZT DIE GEBÄRMUTTER

Wie eine geschützte Höhle gibt die Gebärmutter Halt. Nach der Geburt sucht ein Baby danach: Es rudert mit Armen und Beinen, wird unruhig und unsicher. Wird es nicht gehalten, braucht es eine Begrenzung. Im Pucksack, Tragetuch oder der Trage kann es sie spüren.

● RESPEKT ERSETZT DAS BECKEN

Halt braucht ein Baby nicht nur körperlich. Als Eltern gebt ihr ihm Halt auch mit eurer Art und eurem Verhalten dem Kind gegenüber. Eure Aufgabe ist es, das Wesen und die Individualität des Kindes zu verstehen und anzunehmen, unabhängig von euren eigenen Erwartungen. So kann es sich entwickeln und entfalten.

● ALLTAG SPENDET RHYTHMUS

Dein Baby kommt aus einer Erfahrungswelt, die von Rhythmik gekennzeichnet war: dem Herzschlag, dem Auf und Ab der Atmung. Nach der Geburt gibt ein Rhythmus im Alltag vielen Babys Sicherheit. Nicht starre Zeiten, sondern wiederkehrende Abläufe vermitteln dabei Beständigkeit – dem Baby und euch selbst.

● UMGEBUNG ALS ÄUSSERSTE HÜLLE

In deinem Bauch war es nie ganz still. Nach der Geburt fühlt sich das Baby in einer ruhigen Umgebung wohl. Rottöne erinnern es an das sanfte Licht, das es aus deinem Bauch kennt. Auch berührt zu werden kennt es schon, wenn ihr versucht habt, durch deine Bauchdecke hindurch Kontakt mit dem Baby aufzunehmen.

Körperkontakt gibt Sicherheit

Mit der Geburt ändert sich also so ziemlich alles im Leben deines Kindes. Innerhalb kurzer Zeit verliert es alle Hüllen, die ihm vertraut waren und die es sicher gehalten haben. Als Eltern könnt ihr dem Neugeborenen das Ankommen erleichtern, indem ihr euch an seinen Bedürfnissen orientiert und eine Umgebung schafft, die es einhüllt und ihm vertraut ist, wie etwa sanfte Berührungen, Alltagsgeräusche und vertraute Stimmen. So wird es langsam und Stück für Stück vertraut mit der neuen Welt.

Das wohl wichtigste Gefühl für dein Baby bist du. Und alle anderen, die es umsorgen und immer für es da sind. Weiß das Baby sich in der Nähe seiner Bezugspersonen, fühlt es sich sicher, denn es kann mit Signalen auf sich aufmerksam machen, ist sich sicher, dass diese wahrgenommen und seine Bedürfnisse befriedigt werden, und spürt so, dass ihm keine Gefahr droht. Sicherheit vermittelt zu bekommen ist im ersten Jahr ein wesentliches Element für das Wohlbefinden deines Babys. Aus dieser Sicherheit heraus entwickelt es sich, wird selbstständig, erkundet die Welt und kommt wieder zurück, wenn es Nähe braucht. In den ersten Wochen und Monaten bildet sich das Gefühl dafür aus, dass ihr als Eltern der sichere Hafen seid, von dem aus Neues entdeckt werden kann.

Sich sicher zu fühlen heißt für das Baby zunächst einmal, seinen Bezugspersonen körperlich nah zu sein: Umhüllt von den Armen von Mutter oder Vater, an sie geschmiegt im Bett oder in einem Tragetuch oder in eine Tragehilfe gehüllt, fühlt sich das Baby geborgen und wird durch den Körperkontakt gewärmt. Gerade anfangs ist es für das Baby noch schwer, die eigene Körpertemperatur selbst zu regulieren. Der Körperkontakt kann es dabei unterstützen. Natürlich ist es nicht möglich, rund um die Uhr im Körperkontakt zu sein, und natürlich sollten Eltern ihre eigenen Bedürfnisse nicht vergessen. Dazu gehört es, in Ruhe zu duschen, auf die Toilette zu gehen und auch in einer entspannten Körperhaltung essen zu können. Und doch ist so viel Körperkontakt wie möglich für das Neugeborene wichtig. Wird das Baby nicht am Körper der Eltern oder anderer Personen gehalten, fehlt ihm Begrenzung und es fühlt sich schnell unwohl.

Auch andere Menschen, die dir nahestehen, können deinem Kind Geborgenheit geben. Es spricht nichts dagegen, das Baby von verschiedenen Armen umhüllen zu lassen. Kinder profitieren von Anfang an davon, wenn sie von mehreren Menschen versorgt werden und das zarte Band der Bindung zu verschiedenen Menschen geknüpft werden kann. Die Bindung an dich und deinen Partner wird dadurch nicht gestört: Sichere Bindungsbeziehungen sind nicht auf eine bestimmte Anzahl von Menschen begrenzt. Wird dein Kind von weiteren Bezugspersonen liebevoll umsorgt, werden seine Bedürfnisse wahrgenommen und erfüllt, fühlt es sich sicher und geborgen.

Die erste Hülle nach der Geburt

Wenn dein Kind nach der Geburt auf dir liegt, Haut an Haut, kannst du die Hülle, die es bisher direkt umgeben hat, noch gut spüren: die Käseschmiere. Im Mutterleib hat die weiße Schicht die empfindliche Haut deines Kindes davor bewahrt, vom Fruchtwasser durchweicht zu werden. Sie wärmt und nährt die Haut, und ihre antibakteriellen Eigenschaften schützen zusätzlich. Du musst sie also nicht abreiben. Wenn du sie mit sanften Bewegungen auf der Haut deines Kindes verteilst, kann sie besser einziehen. Babyhaut ist übrigens viel dünner als die Haut eines Erwachsenen und hat noch keinerlei Schutzmechanismen entwickelt. Der Säureschutzmantel entsteht erst nach und nach in den ersten Wochen nach der Geburt. Auch aus diesem Grund ist es wichtig, die Vernix, wie die Käseschmiere auch genannt wird, nicht abzuwaschen. Nach etwa zwei Tagen ist sie in der Regel vollständig in die Haut eingezogen. In Hautfalten wie unter den Achseln, an den Ärmchen und Beinchen bleiben oft Reste. Was nach fünf Tagen noch nicht eingezogen ist, solltest du mit etwas hochwertigem und reinem Pflanzenöl entfernen. Sonst entzünden sich die Stellen, da die Vernix auch eine Brutstätte für Bakterien ist, welche die noch unreife Haut angreifen können.

Ist die Käseschmiere weg, braucht dein Baby eine Hülle, die es schützt. Weil das Fettgewebe der Unterhaut noch nicht ausreicht, um das Baby vor Kälte zu schützen, und die Hautschutzbarriere noch wesentlich durchlässiger ist als die Haut eines Erwachsenen, ist eine Babypflege, die wärmt und vor Keimen schützt, wichtig, denn über die Haut nimmt das Baby Kontakt zu seiner Umwelt auf. Es verarbeitet fast alle Außenreize über seine Haut und ist in der Lage, sich selbst zu fühlen. Bei der täglichen Babypflege können Eltern den kleinen Organismus in seiner Entwicklung unterstützen und anregen. Verwendest du Pflegeprodukte, deren Inhaltsstoffe natürlichen Ursprungs sind, wie etwa Pflanzenöle, kannst du damit die Babyhaut in ihrem Aufbau unterstützen – zum Beispiel mit der Ringelblume, auch Calendula genannt: Während sie wächst, nimmt sie das Licht und die Wärme des Sommers auf. Wird sie anschließend auf schonende Weise verarbeitet, trägt sie diese Lebenskraft noch immer in sich. Synthetisch hergestelltes Öl oder Mineralöl dagegen ist für den gesunden menschlichen Organismus wertlos.

Kleidung übernimmt die Rolle des Fruchtwassers

Nach der Geburt ist die Kleidung eine wichtige Hülle für dein Kind. So weich und warm, wie das Fruchtwasser war, so angenehm weich und wärmend sollte auch sie sein, damit das Baby sich in dieser zweiten Haut wohlfühlt.

„Rudert das Baby mit Armen und Beinen, sucht es die Begrenzung der Gebärmutter."

Nie zuvor hat es Stoff auf der Haut gespürt, nie zuvor wurde es angezogen. Führst du dir das vor Augen, verstehst du, weshalb ihr die Kleidung für das Baby mit Bedacht auswählen solltet: Sie sollte bequem sein und dein Kind auf keinen Fall einengen. So niedlich es auch erscheinen mag, das Baby in eine kleine Jeans zu stecken oder ein niedliches Kleidchen: Für viele Kinder ist das unbequem. Nähte drücken beim Liegen auf der Haut, der Bund einer Hose kann am Bauch drücken oder am gerade abheilenden Bauchnabel scheuern. Kleider verschieben sich oft durch die Bewegungen des Babys und bilden dann Falten am Rücken, auf denen das Baby unbequem liegt. Was du deinem Baby anziehst, sollte also die empfindsame Haut nicht irritieren oder durch synthetische Inhaltsstoffe, Etiketten oder Ähnliches stören. Achte auch darauf, dass Knöpfe nicht direkt auf der Haut liegen. Am besten eignen sich Materialien wie naturbelassene Baumwolle oder Wolle und Seide natürlichen Ursprungs, die die Haut atmen lassen, temperaturausgleichend sind und das Baby dabei nicht einengen. Keine Sorge bei gebrauchten Kleidungsstücken: Getragene Kleidung wurde schon oft gewaschen und ist damit eher frei von eventuell vorhandenen Schadstoffen; außerdem ist sie preiswerter als Neuware, vor allem bei Bioqualität.

Weil der Kopf der größte Körperteil des Babys ist und die Fontanelle darauf noch geöffnet ist, verlieren Babys über den Kopf noch viel Wärme. Du kannst dein Kind in der ersten Zeit auch innerhalb der Wohnung mit einer weichen Haube davor schützen, dass es friert. In den ersten Lebenswochen versorgt der Körper erst den Rumpf und dann die Extremitäten. Da der Körper die Wärme noch nicht halten kann, helfen Pulswärmer den Kleinsten dabei. Aus Wolle für die Hand- und Fußgelenke sind sie ebenfalls schöne Wärmespender. Am Fuß ermöglichen solche Pulswärmer nach der Wochenbettzeit, wenn das Baby schon besser die Körpertemperatur hält, dass es barfuß sein kann und trotzdem warme Füße hat. Babys führen zur Beruhigung gerne die Fußsohlen aneinander – sind sie barfuß, können sie ihre Füße gut spüren und bewegen.

Den Halt der Gebärmutter ersetzen

In der sicheren Umarmung deiner Gebärmutter gedeiht das Baby und findet Halt. Bewegt es sich, fühlt es überall eine Begrenzung. Wie in einer geschützten Höhle verbringt das Baby in dieser Geborgenheit viele Monate. Auf der Welt angekommen, fehlt diese Umgebung augenblicklich. Auf der Suche danach rudern Babys mit Armen und Beinen. Dafür müssen sie viel Energie aufwenden, werden unruhig und unsicher. Körper und Arme der Eltern bilden eine natürliche Grenze, die den notwendigen Halt gibt. Dort fühlt sich das Baby sicher geborgen. Auch wenn es nicht gehalten oder getragen wird,

sondern allein liegt, braucht dein Kind eine Begrenzung, um sich sicher zu fühlen. In einem nicht zu weit geschnittenen Pucksack etwa spürt es, dass es mit den Beinchen gegen eine Begrenzung strampelt. Viele Babys genießen diese Enge. Der Puck wird unterhalb des Brustkorbs angelegt und die Beine des Babys werden eng umschlagen. Ist das Baby eingeschlafen, wird der Puck gelöst. Dieses Ritual kann für das Baby auch angenehm sein, um zur Ruhe zu kommen und einzuschlafen. Du kannst dazu auch ein Mulltuch oder eine dünne Decke verwenden, die du leicht um dein Kind wickelst. Weniger geeignet ist ein Nest aus einem Stillkissen. Dort kann die Luft nicht ungehindert zirkulieren, außerdem sind die meisten Kissen mit synthetischen Materialien gefüllt. Wenn du unterwegs bist, ist ein Tragetuch oder eine Trage eine gute Hilfe. So ist das Baby geborgen und nah bei dir und kann die vielen neuen Eindrücke verarbeiten.

Den Hunger nach der Geburt stillen

Der Mutterkuchen, die Plazenta, ist durch die Nabelschnur mit deinem Kind verbunden und versorgt es in der Schwangerschaft mit Nahrung und Sauerstoff, damit es wachsen und gedeihen kann. Ohne Hunger zu haben, ist es immer optimal versorgt. Schon direkt nach der Geburt ist es einfach für dich, dieses Bedürfnis zu stillen. Ihr bringt beide alles mit, was es dazu braucht. Die erste Stunde nach der Geburt ist die magische Stunde. In dieser sogenannten „magic hour" nutzt dein Kind frühkindliche Reflexe, um zu deiner Brust zu gelangen. Wie alle Säugetiere kennen Babys den Weg dorthin. Wenn du eine zurückgelehnte Position einnimmst und dabei Haut-zu-Haut-Kontakt mit dem Baby hast, erleichtert das ihm und dir das Stillen enorm. Keine Sorge: Das ist ganz einfach und du kannst dabei auch nichts falsch machen. Wie das genau geht, kannst du im Kapitel übers Stillen lesen. Auch wenn du dein Kind aus verschiedenen Gründen nicht stillst, kannst du beim Füttern mit Hilfe des Hautkontakts sein Bedürfnis nach Nähe befriedigen.

Was das Baby jetzt braucht

Während der Schwangerschaft sorgen die dünnen, feinen Häute der Fruchtblase dafür, dass das Fruchtwasser nicht abfließen kann, und schützen dein Kind vor äußeren Einflüssen. Nach der Geburt sind sie leicht zu ersetzen: Ihre Funktion übernehmen jetzt Bezugspersonen wie du und alle, die das Kind schützen, lieben und umsorgen. All das, was es braucht, damit sich das Kind gut entwickelt, bringen Eltern schon mit.

Die Bindung zwischen
Kind und Eltern gleicht
einem Band, das zwi-
schen ihnen gespannt ist.
Ist es anfangs noch ein
dünner Faden, wird er
von beiden Seiten immer
kräftiger gesponnen: von
den Bezugspersonen zum
Kind und umgekehrt. Die
Enden beeinflussen sich
dabei gegenseitig. Für
dein Baby ist Bindung
zunächst vor allem ein
Schutzsystem. Zwar ist
es von Anfang an mit
Fähigkeiten ausgestattet,
aber es kommt insgesamt
doch recht hilflos zu uns
auf die Welt und ist darauf
angewiesen, dass ihr euch
seiner annehmt. Wird es
feinfühlig umsorgt, bildet
sich das Vertrauen in
ihm aus, dass es sicher
und beschützt ist – ein
Urvertrauen, das den Weg
ebnet zu einer sicheren
Bindung. •

Feinfühligkeit etwa ist für den Aufbau der Beziehung eine wichtige Zutat. Sie bedeutet, dass Eltern die Bedürfnisse ihres Babys wahrnehmen, richtig interpretieren und dann angemessen darauf reagieren. Anfangs ist das nicht so einfach, aber durch Erfahrung gelingt es immer besser. Wendet dein Baby beispielsweise den Kopf suchend hin und her, öffnet den Mund und saugt an der eigenen Hand, ist das ein Zeichen für Hunger. Als Elternteil weißt du nun, dass dein Baby Nahrung braucht, und bietest sie ihm entsprechend seinem Bedarf an. Dadurch wird das Bedürfnis des Babys befriedigt, es fühlt sich wohl und weiß, dass es von dir sicher umsorgt ist. Durch diese prompte und sichere Versorgung kann es eine sichere Bindung aufbauen. Habt keine Sorge, wenn ihr die Bedürfnisse des Babys anfangs nicht so leicht und auf Anhieb versteht: Das Bindungssystem ist dynamisch und vollzieht sich über einen längeren Zeitraum. In den ersten drei Lebensjahren wird die Art des Bindungsmusters gefestigt. Eltern und Kind haben also Zeit, sich gut aufeinander einzuspielen, auch wenn zunächst nicht alles reibungslos klappen sollte. Die Bindung kannst du dir wie ein Band vorstellen, das Eltern und Kind verbindet. Anfangs ist es noch dünn, doch beide Seiten arbeiten beständig daran, es fest und widerstandsfähig zu machen, und beeinflussen sich gegenseitig. Für dein Baby ist Bindung zunächst ein Schutzsystem: Zwar sind Babys von Anfang an mit Kompetenzen ausgestattet, aber sie kommen insgesamt recht hilflos zu uns auf die Welt und sind darauf angewiesen, umsorgt zu werden. Tun wir das feinfühlig, bildet sich ein Vertrauen in ihnen aus, dass sie sicher und beschützt sind: ein Urvertrauen, das den Weg ebnet für eine sichere Bindung.

Schon in der Schwangerschaft beginnt eine Wechselwirkung zwischen dir und deinem Baby: Die Erfahrungswelt der Mutter überträgt sich an vielen Punkten auf das Baby. Verändern sich etwa Blutdruck, Herzschlag oder Hormone bei dir, reagiert dein Kind darauf – ein erstes Wechselspiel der sogenannten Ko-Regulation findet statt.[5] Das bedeutet, dass Babys von Anfang an über bestimmte Prozesse oder Abläufe verfügen, die dafür sorgen, dass innere Vorgänge gesteuert werden können. Beginnt dein Baby beispielsweise an seiner Hand zu saugen, versucht es dadurch, sich zu beruhigen. Weint dein Baby, solltest du allerdings unmittelbar reagieren und es nicht ignorieren. Es ist keine passende Reaktion auf sein Bedürfnis nach Nähe und Sicherheit, das Baby bei Tag oder Nacht weinend liegen zu lassen, damit es sich ans Alleinsein gewöhnt. Weil die Instinkte Neugeborener seit Jahrtausenden praktisch unverändert sind, weiß dein Baby nicht, dass es sich in einer sicheren Umgebung wie dem Schlafzimmer oder dem Kinderwagen befindet. Es fühlt und verhält sich, als wären Leib und Leben in Gefahr, wenn es sich allein fühlt oder wenn nicht unmittelbar auf seine Äußerungen reagiert wird, wenn du es ablegst oder allein lässt. Auch wenn das Baby nach einiger Zeit aufhört zu weinen, bedeutet das nicht, dass es sich selbst regulieren kann oder verstanden hat, dass es auch alleine in Sicherheit liegen kann. Das Gegenteil ist der

Fall: Die alten Instinkte bewirken ein Not-Aus, um Ressourcen zu schonen und keine wilden Tiere auf sich aufmerksam zu machen. Babys schlussfolgern dann, dass ihre Bedürfnisse nicht wichtig sind und nicht gehört werden.

Anfangs sind die Fähigkeiten des Babys, selbst für Ruhe und Entspannung sorgen zu können, also noch begrenzt. Damit sie weiter wachsen können, ist die natürliche Entwicklung des Kindes ebenso von Bedeutung wie das Einwirken der Eltern oder anderer Bezugspersonen: Sie unterstützen das Baby darin, die eigene Regulation zu ermöglichen, und zeigen gleichzeitig Wege auf, die das Kind in den kommenden Jahren verinnerlicht. So gelingt es ihm nach und nach, sich selbst besser unterstützen zu können. Kinder sind deswegen bis in die Schulzeit hinein darauf angewiesen, dass Bezugspersonen sie beim Regulieren ihrer Gefühle unterstützen.

Ko-Regulation ist also wichtig für dein Baby, weil sie beim Aufbau der Beziehung hilft. Gleichzeitig kommt es mit Fähigkeiten auf die Welt, die beim Anbahnen der Bindung zwischen Eltern und Kind hilfreich sind. Das Aussehen und das Verhalten deines Babys sorgen dafür, dass dein Körper mit Oxytocin, Dopamin und endogenen Opioiden des Belohnungssystems eine Reihe von Hormonen ausschüttet, die zu Wohlgefühl und Fürsorge führen.[6] So wird von beiden Seiten am Band der Bindung gesponnen.

Ihr als Eltern seid zusammen mit den anderen Bezugspersonen diejenigen, die die Bedürfnisse des Babys erfüllen und ihm damit Sicherheit vermitteln. Freut sich das Baby und ist es zufrieden, unterstützt dich das darin, dich kompetent zu fühlen. Viel gemeinsame Zeit und Ruhe, Entspannung und Körperkontakt tragen auch dazu bei. Wenn du vielleicht nicht jedes Bedürfnis richtig interpretierst, ist das nicht schlimm und für die Entwicklung des Kindes auch normal. Diese kleinen „Fehler" geben dem Baby den Raum, zu versuchen, sich selbst zu regulieren,[7] wie es das auch schon im Mutterleib begonnen hat. So lernt es mit der Zeit, Stress mit Selbstwirksamkeit, also dem Vertrauen in die eigenen Fähigkeiten, und Toleranz zu begegnen. Es schadet eurer Beziehung also nicht, wenn ihr nicht alles richtig macht, sondern das ist auch für das Baby völlig normal und in Ordnung.

Die Bindung beginnt zu wachsen

Winzig, zart und warm liegt euer Baby in euren Armen. So schutzlos, wie es scheint, wollt ihr dieses kleine Wesen nach Kräften umsorgen. Und doch fragt ihr euch vielleicht, wie das eigentlich geht. Was braucht ein Baby in den ersten Tagen, Wochen und Monaten von euch? Zumal eure elterlichen Gefühle gerade jetzt ganz unterschiedlich sein können: von der Liebe auf den ersten Blick über Verunsicherung bis hin zu Furcht oder sogar Gefühllosigkeit. Macht euch deswegen keine Sorgen: Gefühle brauchen Zeit. Lasst das Baby erst einmal in eurer Mitte ankommen. Dafür ist es auf Unterstützung angewiesen. Gebt ihm das, was es dafür unmittelbar braucht: Schutz. Das gelingt ganz einfach: Euren Schutz kann das Baby fühlen, wenn ihr es in eure Hände nehmt und es an eurem Körper habt. Indem ihr euer Kind wärmt, haltet und nährt, werdet ihr feststellen, dass es zwar eurer Fürsorge bedarf, zugleich aber auch selbst schon viele Kompetenzen besitzt. Mit dieser Gewissheit stellen sich eure Gefühle für das Baby allmählich und ganz von alleine ein.

Viele Eltern denken, dass sie ihr Baby von der ersten Sekunde an unendlich lieben müssten, und haben Schuldgefühle, wenn sich das entsprechende berauschende Gefühl, von dem sie so viel gehört haben, nicht sofort einstellt. Dabei gilt hier wie für viele andere Beziehungen: Wir alle gehen unterschiedliche Wege – auch mit unseren Kindern. Für einige mag sofort das Gefühl der Liebe und Verbundenheit vorhanden sein, für andere entwickelt es sich erst mit der Zeit. Und Zeit ist ein wichtiger Faktor beim Aufbau der Beziehung.

Um zu verstehen, was Babys gerade am Anfang brauchen, um sich besonders wohlzufühlen, hilft ein Blick auf ihre Erfahrungswelt *vor* der Geburt. Sie bestimmt den gesamten Erfahrungsschatz des neugeborenen Kindes. Wird es geboren, ist alles, was es nun erlebt, vollkommen neu. Die Ankunft auf der Erde könnt ihr euch vorstellen wie die Reise in ein unbekanntes, fremdes Land mit anderen Temperaturen, anderer Nahrung, anderen Ritualen und Abläufen, einer anderen Sprache. So wie ihr euch in einer vergleichbaren Situation wünscht, achtsam abgeholt und in den neuen Erfahrungsraum hineinbegleitet zu werden, tut es auch euer Baby. Es braucht umsorgende und liebevolle Bezugspersonen, die es Schritt für Schritt mit der neuen Welt vertraut machen. Dabei gilt es zunächst, für die Umgewöhnung so viel Vertrautheit herzustellen wie nur irgend möglich.

Während der Schwangerschaft wird das Baby im Bauch gehalten und getragen. Auch nach der Geburt halten und tragen es die Eltern nicht nur körperlich, sondern auch mit ihrer Art und ihrem Verhalten dem Baby gegenüber. Sie haben vermutlich eine bestimmte Vorstellung von dem Kind, das da im Mutterleib wächst. In den Wochen und Monaten nach der Geburt stellen sie nicht selten fest, dass es sich gelegentlich anders verhält als gedacht, denn Kinder kommen nicht als unbeschriebene Blätter zu uns; sie bringen ein eigenes Temperament mit, das sich mehr und mehr zeigt, etwa auch in bestimmten Vorlieben und Abneigungen. Eure Aufgabe als Eltern ist es, das Wesen eures Kindes und seine ganz eigene Art zu verstehen, anzunehmen und ihm dabei zu helfen, sich zu entwickeln und zu entfalten. Das hört sich zugleich einfach und schwer an. Einfach, weil Eltern sich gar nicht darum bemühen müssen, aus dem Kind *irgendjemanden zu machen*, da das Kind ja *schon jemand ist*. Schwer, weil wir in unserer Gesellschaft daran gewöhnt sind, die Dinge für uns passend zu machen. Ein Kind aber lässt sich nicht einfach „einpassen" in gewohnte Denkmuster und Pläne. Als eigenständiges Wesen möchte es in seiner Individualität gesehen und gefördert werden.

Das Neugeborene kennenlernen

Wie also könnt ihr als Eltern diesen kleinen neuen Menschen richtig kennenlernen? Am besten, indem ihr das Neugeborene achtsam beobachtet. In den
ersten drei Wochen schlafen sich zwar viele Babys ins Leben, in den wachen
Phasen aber könnt ihr bereits einige Eigenheiten entdecken. Auch später
bietet es sich an, viel Zeit mit dem Baby zusammen im Bett zu verbringen –
nicht nur, um sich selbst ein wenig auszuruhen, sondern auch, um dem Baby
zuzusehen: Wie teilt es sich mit, wenn es hungrig oder müde ist? Wie lässt es
sich gut beruhigen? Wird es lieber gewiegt oder reagiert es besonders stark
auf die beruhigende Stimme einer Bezugsperson? Beobachtet es lange und
ruhig die Schatten an der Wand oder verhält es sich eher quirlig und fordert
viel Interaktion ein? Zeigt es ein Bedürfnis eher langsam an und steigert
dann die Signale, oder ist es schnell „von null auf hundert"?

Babys können sich von Anfang an mitteilen: Machen sie suchende Bewegungen mit dem Mund oder saugen an ihren Fäustchen, bedeutet das, dass
sie Hunger haben. Möchten sie beruhigt werden, zeigen sie das an, indem
sie die Beine anziehen und versuchen, die Füße zusammenzubringen, um
sich zu zentrieren. Sie stoßen unterschiedliche Schreie und Geräusche aus,
je nachdem, welches ungute Gefühl sie gerade plagt: Hunger, Bauchschmer-
zen oder Müdigkeit. Reagieren Eltern nicht früh auf diese Signale, werden
die Zeichen des Kindes stärker bis hin zum Weinen. Ein solches Weinen aus
Unbehagen ist aber nur eine Variante des Weinens. Babys weinen manchmal
einfach auch, um Spannungen und Stress abzubauen.[5] Eltern sollten daher
nicht versuchen, das Weinen ihres Babys um jeden Preis abzustellen, sondern die Ursache des Weinens, sofern es sie gibt, zu beseitigen und ansonsten das Baby durch sein Weinen zu begleiten und ihm durch körperliche Nähe
und Verständnis Sicherheit zu geben. So stärkt sich das Vertrauen des Kindes in die regulierende Bezugsperson und es lernt, dass es mit seinen Gefühlen wahr- und ernstgenommen wird. Dass es einen sicheren Hafen hat, den es
anlaufen kann, wann immer es ihn braucht.

Warum Rhythmus Sicherheit gibt

Dein Baby kommt aus einer Erfahrungswelt, die von Rhythmik gekennzeichnet war: dein rhythmischer Herzschlag, das Auf und Ab deiner Atmung; das
immer gleiche Wiegen, wenn du gelaufen bist. Auch nach der Geburt gibt ein
relativ fester Rhythmus vielen Babys Sicherheit. Natürlich ist es nicht möglich, jeden Tag mit dem Baby gleich zu gestalten, doch ein wiederkehrender
Rhythmus zumindest in einigen Erlebnissen hilft dem Baby, sich mit den

Abläufen vertraut zu machen und nach und nach vorausschauen zu können. Studien konnten zeigen, dass schon Babys ein Gedächtnis für Ursache-Wirkungs-Gefüge haben. So können sie sich im Alter von drei Monaten bereits über einen Zeitraum von zwei bis acht Tagen an Handlungszusammenhänge erinnern.[9] Durch Rhythmik und Wiederholungen bekommen Babys überhaupt erst die Gelegenheit dazu. Versucht dem Kind bei einzelnen Erfahrungen – seinem Temperament entsprechend – Zeit zu geben, damit die Informationen ankommen und verarbeitet werden können. Ihr braucht euch dafür nicht an einen festen, allgemeinen Stundenplan zu halten, um dem Baby eine Struktur im Alltag zu geben, sondern an wiederkehrende, ähnliche Abläufe. Sie vermitteln Sicherheit und Beständigkeit – übrigens nicht nur dem Baby, sondern auch euch selbst. In welchem individuellen Rhythmus das Baby trinkt, schläft oder später auch isst, ändert sich über das erste Lebensjahr hinweg häufig. Für Eltern ist es daher sinnvoll, keine Erwartungen an eine Regelmäßigkeit mitzubringen, sondern flexibel auf die Bedürfnisse des Babys einzugehen.

Zwischen Tag und Nacht unterscheiden

Wie und wann sich Babys an den Rhythmus von Tag und Nacht gewöhnen, könnt ihr als Eltern nur bedingt beeinflussen. Viele Babys schlafen sich in den ersten Wochen, der Zeit des Nachreifens, ins Leben. „Tag" und „Nacht" bestehen für sie aus einem Wechsel zwischen Phasen, in denen sie wach sind oder schlafen. Die Phasen werden mit der Zeit immer länger und regelmäßiger. Auch die Art des Schlafes unterscheidet sich: Ein neugeborenes Baby verbringt etwa 50 Prozent der Schlafphasen in einem leichten Traumschlaf.[10] In einem Schlafzyklus von etwa 50 Minuten tauchen Babys zunächst für ungefähr 20 Minuten in diese Phase ein. Erst danach gelangen sie in den Tiefschlaf, bevor sie erneut, manchmal nur kurz, erwachen.

Während dieser leichten Schlafphasen wacht ein Baby durch „Störungen" noch rasch auf. Das müssen keine lauten Geräusche sein. Alles, was sein persönliches Sicherheitsgefühl beeinträchtigt, kann dazu beitragen: Weil es abgelegt wurde, ihm zu kühl ist oder zu warm. Wie viele Eltern macht ihr in den ersten Wochen die Erfahrung, dass das Baby im Arm gut eingeschlafen ist, aber wieder erwacht, sobald ihr es in seinem Bettchen ablegen wollt. Das liegt an der geschilderten leichten Schlafphase. Auch wenn es Eltern erst einmal vor neue Herausforderungen stellt: Diese Aufteilung des kindlichen Schlafs ist eine wichtige Einrichtung der Natur. In der REM-Phase träumt das Baby nicht nur, es werden auch Nervenverbindungen aufgebaut. Das Baby verarbeitet in dieser Zeit Informationen der Wachphasen – es lernt buchstäblich „im Schlaf". Das ist kein ungewöhnliches Phänomen, denn der

REM-Schlaf-Anteil am Anfang des Lebens ist umso höher, je unausgereifter ein Säugetier auf die Welt kommt. Im anschließenden Tiefschlaf werden dann die neu hergestellten Nervenverbindungen überprüft, sortiert und bereinigt. Je älter wir werden, desto weniger Synapsen bauen wir in den kürzer werdenden REM-Phasen auf und desto mehr strukturieren sich die Nervenbahnen in den länger werdenden Tiefschlafphasen.

Dass Babys also anders schlafen als Erwachsene, ist für ihr gesundes Wachstum notwendig und richtig. Wie vieles andere entwickelt sich auch der Schlaf nach bestimmten Zyklen und Zeitfenstern. Als Eltern könnt ihr gute Rahmenbedingungen für den Schlaf des Babys schaffen, aber nicht versuchen, ihn mit Druck oder Schlaftrainings zu verändern. Alles, was ihr über den Schlaf eures Kindes wissen solltet, lest ihr im Kapitel „Schlafen".

Die erste Umgebung für das Baby

Zu Hause zu sein ist ein Gefühl, das wir idealerweise mit Geborgenheit, Schutz und Nähe verbinden. Dabei ist auch der Raum, der uns umgibt, eine Hülle. Ob durch die traditionelle chinesische Lehre des Feng Shui oder die westliche Psychologie der Farben – wir wissen und können auch spüren, dass Räume eine Wirkung auf uns haben. Sie können Ruhe und Sicherheit ausstrahlen oder auch anregend wirken. Es können Reize vorhanden sein, die sanft stimulieren, oder solche, die überfordern. Kinder sind dafür besonders empfänglich.

In welchen Räumen fühlen sich Kinder wohl? Um das herauszufinden, könnt ihr in den ersten Lebensjahren eures Kindes versuchen, seine Perspektive einzunehmen, um die Welt mit anderen Augen zu sehen. Wenn ihr euch beispielsweise auf den Boden legt, nehmt ihr wahr, was sich direkt in Sichthöhe befindet und scheinbar zur Interaktion auffordert. Bei Kleinkindern könnten das etwa Steckdosen sein. Eine helle Deckenbeleuchtung mag aus Erwachsenensicht sinnvoll sein, nicht aber für ein kleines Kind, das noch nicht mobil ist und auf dem Rücken liegend direkt hineinblickt. Auf diese Weise könnt ihr die Räume, die das Baby umgeben, erkunden. Welchen Reizen ist es hier ausgesetzt und welche Farben sieht es? Welche Geräusche hört es? Ist es warm, kalt oder zieht es? Ein Neugeborenes sieht zunächst nur in einer Distanz von etwa 30 Zentimetern scharf; das entspricht dem Abstand zwischen ihm und einer Bezugsperson, wenn das Baby gestillt wird oder im Arm liegt. So kann es Gesichter und Mimik als die seiner Bezugspersonen verinnerlichen. Auch das Farbensehen ist noch eingeschränkt. Babys bevorzugen das aus dem Bauch vertraute Rot, während etwa Blau oder Grün noch nicht gut wahrgenommen werden und sich die entsprechenden Strukturen erst noch ausbilden müssen. Auch benötigen Babys an den Orten, an denen

„Damit das
Baby schläft,
reicht es nicht,
müde, warm
und satt zu
sein. Es will
sich auch
sicher fühlen."

sie liegen, keine besonderen optischen Reize, die ihre Aufmerksamkeit fesseln. Für sie ist einfach alles neu, und es ist anregend genug, die normale Umgebung und nach und nach mehr zu sehen. Das Baby beobachtet Schatten an der Wand, die Gardine, die im Luftzug weht. Ab und zu bewegen sich zudem noch unkontrolliert seine eigenen Hände und Arme durch das kindliche Gesichtsfeld.

Die beiden ersten festen Orte, die dein Baby kennenlernt, sind meist Bett und Wickeltisch. Beide sollten nicht mit zu vielen Reizen überladen sein. Das Bett ist der Ort der Ruhe, den das Baby von Anfang an auch als solchen wahrnehmen kann. Babys können schlafen, auch wenn sie anders schlafen als Erwachsene. Sie müssen aber nicht schlafen, sondern dürfen sich auch einfach nur ausruhen, wenn sie müde sind – schon dieser Gedanke allein kann eine falsche Erwartungshaltung bei Erwachsenen korrigieren.[11] Den Schlafplatz solltet ihr so gestalten, dass er zum Schlafen und Ruhen einlädt, als ein Ort, an dem alle Sinne zur Ruhe kommen können. Hier braucht das Baby auch keine Ablenkung durch Mobiles oder Spielzeug. Gerade beim Einschlafen sollte das Baby möglichst ruhig von einem Bewusstseinszustand in einen anderen begleitet werden. Dabei kommt es nicht auf äußere Reize an, sondern auf die Beziehung zu euch.

Ganz ähnlich verhält es sich mit dem anderen ersten Ort des Babys: dem Wickeltisch. Auch hier müsst ihr das Baby nicht ablenken, damit ihr es ungestört „händeln" könnt. Im Gegenteil: Das Ausziehen, Pflegen und Wickeln ist eine Zeit des Miteinanders und der Beziehung. Versucht, euer Kind von Anfang an in die Körperpflege mit einzubeziehen, statt es abzulenken, denn je größer es wird, umso aktiver möchte es beteiligt werden. Nicht selten wird das Wickeln irgendwann zu einem Streitpunkt zwischen Eltern und Kind, wenn sein Bedürfnis nach Selbstständigkeit dauerhaft übergangen wird. Setzt daher auf dem Wickeltisch von Beginn an auf die Beziehung und redet miteinander. Bezieht euer Kind zunächst sprachlich ein und dann immer mehr in die Handlungen. Am besten eignet sich dafür ein ruhiger Wickelort, an dem ihr euch ganz auf euer gemeinsames Tun konzentrieren könnt. Verzichtet dabei auf optische Reize wie Mobiles, Spielzeug, helles Licht über der Wickelfläche und andere Reize wie etwa starke Düfte von Pflegeprodukten. Bettet ihr das Baby auf eine bequeme Unterlage mit Begrenzung, dann fühlt es sich auch ohne Kleidung umhüllt.

1 Portmann, Adolf: Die biologische Bedeutung des ersten Lebensjahres beim Menschen. In: Schweizeri-sche Medizinische Wochenschrift 1941, 71(32), S. 921–931

2 Die Bezeichnung „Tragling" wurde 1970 von dem deutschen Verhaltensbiologen Bernhard Hassenstein geprägt. Mehr dazu: Hassenstein, Bernhard/Kirkilionis, Evelin: Der menschliche Säugling – Nesthocker oder Tragling? In: Wissenschaft und Fortschritt 1992, 42, S. 24–28

3 Mehr dazu unter lalecheleague.ch/wp-content/uploads/MerkblaetterA4.pdf; englische Bezeichnung: „Biological Nurturing"

4 Leboyer, Frédérick: Sanfte Hände. Die traditionelle Kunst der indischen Baby-Massage. 20. Aufl. München: Kösel 2002, S. 16

5 Karnahl, Ute: Den Liebescode begreifen. Wie die Biologie uns zur Liebe eingerichtet hat – und was wir als Kultur daraus machen. Hamburg: tredition 2019, S. 66

6 Ebd.

7 Belford, David: Breaks in the Flow: The Role of Repair in the Attachment Relationship. Nov. 2011. www.cdd.unm.edu/ECLN/HVT/common/pdfs/2011_11.pdf

8 Vgl. Solter, Althea J.: Warum Babys weinen. Die Gefühle von Kleinkindern. 3. Aufl. München: Kösel 2015

9 Goswami, Usha: So denken Kinder. Einführung in die Psychologie der kognitiven Entwicklung. Bern: Hans Huber 2001, S. 31 f.

10 Vgl. Lüpold, Sibylle: Ich will bei euch schlafen! (Ein)Schlafen lernen mit Co-Sleeping. Freiburg: Urania 2014

11 Vgl. Mierau, Susanne: Geborgen wachsen: Wie Kinder glücklich groß werden. München: Kösel 2016

Kapitel 2
Gut gebären

Was du in diesem Kapitel übers Gebären lesen kannst:

Was dich und dein Kind dabei unterstützt

In den letzten Wochen vor der Geburt kreisen deine Gedanken sicherlich öfter um dieses besondere Ereignis. Wie wird es sich anfühlen, ein Kind zu gebären, es zur Welt zu bringen?

Sicher kennst du Geschichten von guten und vielleicht auch schwierigen Geburten. All das lässt dein bevorstehendes Geburtserlebnis eher ungewiss erscheinen. Damit es dir gelingt, gut zu gebären, solltest du auf dich selbst vertrauen – vor und während der Geburt. Bereitest du dich körperlich und mental darauf vor, bist du wahrscheinlich entspannter. Das macht die Geburt für dich und dein Kind leichter.

Vertrauen zu können spielt in unserem täglichen Leben eine wichtige Rolle. Es gestaltet Beziehungen, hilft uns, Alltagssituationen einschätzen zu können, und hat Einfluss darauf, wie leicht oder schwer wir neuen Aufgaben begegnen. Dabei geht es um drei Aspekte: Selbstvertrauen, Vertrauen in andere und ein grundlegendes Vertrauen in das Leben, das sogenannte Urvertrauen. All diese Unterbereiche von Vertrauen sind im Laufe des Lebens verschiedenen Einflussfaktoren unterworfen. Bei der Schwangerschaft und Geburt sowie beim Glauben an die eigene Gebärfähigkeit spielen sie eine wichtige Rolle. In dieser Zeit werden Familien sehr durch ihr Umfeld geprägt. Sind Eltern entweder ängstlich und unsicher oder fühlen sich sehr sicher, kann dies durch solche Situationen verstärkt oder eben auch vermindert werden.

→ WO SOLL DEIN KIND
ZUR WELT KOMMEN?

So wie du entscheiden
kannst, wie du gebären
willst, entscheidest du
auch, wo für dich und dein
Baby der beste Ort dafür
ist: Ist das im Kranken-
haus, in einer Hebammen-
praxis, dem Geburtshaus
oder zu Hause? Der
Geburtsort sollte ein Ort
sein, an dem du dich si-
cher und geborgen fühlst,
wo du loslassen und dich
entspannen kannst. Über-
lege auch, wer dich wäh-
rend der Geburt begleiten
soll. Vertraute Menschen
wie dein Partner bzw.
deine Partnerin oder
deine Freundin: Kannst du
dich in ihrer Anwesenheit
fallen und gehen lassen?
Auch deine Geburts-
begleitenden sollten sich auf
die Geburt vorbereiten,
um dich deinen Bedürf-
nissen entsprechend
begleiten zu können. •

Darauf zu vertrauen, ein Kind zur Welt bringen zu können, ist deshalb eine wichtige Ressource für den Verlauf deiner Geburt. Schon vor etwa 100 Jahren beschrieb der britische Gynäkologe Grantly Dick-Read Angst und Verunsicherung als ungünstig für eine natürliche Geburt.[1] Verantwortlich dafür sind zwei Hormone, das Glücks- und Liebeshormon Oxytocin und sein Gegenspieler, das Stresshormon Adrenalin. Sind wir glücklich, fühlen wir uns geliebt und werden gelobt, steigt der Oxytocinspiegel im Körper an. Gute Gefühle können eine gute Geburt befördern. Unsicherheit und Angst hingegen lassen den Körper vermehrt Adrenalin produzieren. Sein Ausstoß führt auch im Bereich der Gebärmutter zum Anspannen der Muskulatur und kann den Geburtsvorgang hemmen. Wehen müssen gegen diese angespannte Muskulatur arbeiten, was mehr Schmerzen verursacht. Gleichzeitig nehmen Ängste und Verunsicherung zu. Siehst du der Geburt mit einer positiven Ein-stellung entgegen, vertraust auf dich selbst und bist entspannt, kannst du so für eine gute Atmosphäre zum Gebären sorgen. Auch deine Hebamme weiß von diesen Zusammenhängen und gibt ihr Wissen und ihren Rat im Geburts-vorbereitungskurs an dich weiter.

Gerade heute ist es schwer, Vertrauen in die unbekannte Situation „Geburt" zu entwickeln. Während Geburten früher für viele Menschen eine alltägliche Erfahrung waren, erleben die meisten Frauen heute zum ersten Mal eine Geburt, wenn sie selbst gebären. Wie die Amerikanerin Ina May Gaskin, Hebamme und Trägerin des Alternativen Nobelpreises, beschreibt, haben viele Frauen aus genau diesem Grund keine Vorstellungen von der Vielfalt und den Möglichkeiten normaler Geburten.[2] So bleibt Geburt eine Ungewissheit, die oft durch persönliche Geschichten aus der eigenen Fami-lie, dem Freundeskreis und auch den Medien als potenzielle Gefahr dekla-riert wird. Haben Frauen generell ein geringeres Selbstvertrauen oder vertrauen sie nicht auf die Kompetenz der Hebammen und Ärzte, kann das unter Umständen auch während der Geburt ein Thema für die Frau und ihre Begleitung sein.

Das für die Geburt wichtige Vertrauen in dich selbst und in die Men-schen, die deine Geburt professionell begleiten, ist das Ergebnis einer Ent-wicklung, die im Grunde am Anfang unseres eigenen Lebens beginnt: Wie wurden wir als Kind angenommen und begleitet? Wurden unsere Bedürfnisse gehört und erfüllt und konnten wir darauf vertrauen? Haben wir erfahren, dass wir uns auf andere Menschen verlassen können, auch in Situationen, in denen wir Angst hatten oder die schwierig für uns waren?[3] Oder haben wir eher verinnerlicht, dass wir uns um uns selbst kümmern müssen? Haben wir von Menschen, die uns nahestehen, in wichtigen Lebenssituationen Unter-stützung erhalten? All diese Erfahrungen können sich darauf auswirken, ob und wie wir beim Gebären Hilfe annehmen und in der Lage sind, Vertrauen aufzubauen. Wenn wir erlebt haben, dass unsere Bedürfnisse durch nahe Personen in der Kindheit erfüllt wurden, empfinden wir uns als wertvoll und richtig. Zusammen mit der Möglichkeit, eigene Erfahrungen zu machen, bildet sich schließlich auch das Vertrauen in uns selbst aus: „Ich kann diese oder jene Aufgabe bewerkstelligen." Oder wie es Pippi Langstrumpf einmal gesagt haben soll: „Das habe ich noch nie vorher versucht, also bin ich völlig sicher, dass ich es schaffe."

Sorgen und Unsicherheiten aussprechen

Nimm in deiner Schwangerschaft so früh wie möglich Kontakt zu einer Hebamme auf. Gerade in Deutschland finden aktuell nicht alle Frauen, die sich eine Hebammenbetreuung wünschen, auch eine Hebamme. Fühlst du dich gut beraten und betreut, gelingt es auch, Vertrauen aufbauen. Sprich mit ihr über deine Sorgen und Unsicherheiten in Bezug auf die bevorstehende Geburt und Elternschaft. Ängste und Sorgen, die ausgesprochen werden, sind weniger belastend. Überlege zusammen mit ihr, was dir hilft und was du brauchst, um dich gut und sicher zu fühlen. Könnt ihr Rahmenbedingungen schaffen, die dich besonders unterstützen? Ist die Hebamme präsent und eine sichere und kompetente Ansprechpartnerin für dich, ist das ein wichtiger Grundpfeiler für eine gute Geburt – auch wenn es am Ende vielleicht nicht dieselbe Hebamme sein wird, die dich bei der Geburt begleitet.

Dasselbe gilt auch für die Menschen, die dich bei der Geburt zusätzlich begleiten werden. Der französische Gynäkologe und Geburtshelfer Michel Odent erklärt, dass Angstgefühle ansteckend sind: Wenn Menschen in der Umgebung einer Gebärenden einen hohen Adrenalinspiegel haben, wird auch bei der Gebärenden der Adrenalinspiegel steigen[4] – mit den oben genannten Folgen. Binde deshalb auch die potenziell Begleitenden in die Gespräche mit der Hebamme ein. So baut ihr das Vertrauen in das bevorstehende Geburtsgeschehen aus und stärkt euch gegenseitig. Lass deine Begleitung wissen, was du dir für die Geburt wünschst und dass du zuversichtlich und selbstbestimmt in die Geburtsarbeit gehen möchtest. Das Vertrauen in dich nimmt ihr die Unsicherheit und die eventuelle Angst vor der bevorstehenden Geburt des Kindes.

Wie Selbstvertrauen bei der Geburt hilft

Gehst du die Geburt mit Selbstvertrauen an, hilft dir das, dich auf deine eigene Kraft zu fokussieren: „Ich kann das mit meinem Körper schaffen!" Dieses Vertrauen in dich selbst und in deine Fähigkeiten ermöglicht dir eine körperliche Entspannung, mit der du den Geburtsablauf positiv beeinflussen

kannst. Versuche dir das Vertrauen, das du dir selbst entgegenbringst, zu bewahren, auch wenn du im Verlauf der Schwangerschaft mit Informationen in Kontakt kommst, die dich verunsichern. Vielleicht beunruhigen dich statistische Zahlen, weil sie dich zur „Risikoschwangeren" machen, ohne dass ein akutes Problem vorliegt. Eine gute Balance zwischen Vorsorge und Übervorsorge zu finden, ist nicht immer einfach. Informationen helfen dir, Situationen besser einschätzen zu können. Wichtig ist hier aber die Quelle, um zwischen evidenzbasiertem Wissen und anekdotischen Erfahrungen differenzieren zu können. Auch Aussagen von Fachpersonal können dich verunsichern. Vielleicht hilft es dir dann, eine zweite Meinung einzuholen. Du triffst letztendlich alle Entscheidungen für dich und dein Baby. Damit du das kannst, solltest du wissen und nachvollziehen können, was gerade geschieht oder zu einem möglichen Problem werden könnte – oder eben auch nicht. Erzählt dir etwa eine Freundin oder Kollegin von ihrer Geburt oder wirst du im Internet mit Erlebnisberichten konfrontiert, kann dich das verunsichern. Auch Geburtsdarstellungen in Filmen und Serien können sich auf deine Einstellung gegenüber Geburten auswirken.[5] Umgib dich deshalb mit positiven Bildern und Geschichten und nimm nur mit, was dir guttut.

Ruhe, Entspannung und gute Gefühle stärken das Vertrauen in dich selbst. Müdigkeit, Stress und Angst verringern dein Gefühl, selbstwirksam zu sein und den Verlauf der Geburt beeinflussen zu können. Folge deshalb schon in der Schwangerschaft deinem Gefühl: Nimm die Empfindungen deines Körpers, deine Bedürfnisse und Gelüste wahr und folge ihnen. Hast du das Bedürfnis nach Ruhe oder bist erschöpft, versuche dich bewusst auszuruhen und zu entspannen. Das kann auch mitten am Tag sein. Hält dieses Gefühl an, sprich mit deiner Ärztin oder deinem Arzt darüber. Lass dich krankschreiben und suche bei anhaltendem Stress Unterstützung in deiner Familie oder im Freundeskreis. Auch der bewusste Kontakt zu dem Kind in deinem Bauch ist wichtig. Sprichst du mit deinem Kind und erzählst ihm von der Welt, die außerhalb des Bauches auf es wartet, stärkst du damit auch das Vertrauen in das Neugeborene.

Was du für eine gute Geburt tun kannst

Dein Körper hat bis jetzt schon viel geleistet: Er ist schwanger geworden, dein Kind wächst, entwickelt sich im Bauch und ist gut versorgt. Auch deine Brüste bereiten sich schon seit Wochen auf die Ernährung des Babys vor. Tut dir dein Rücken weh oder fühlen sich deine Beine schwer an? Musst du häufiger zur Toilette als sonst? Was du als Beschwerden wahrnimmst, sind gleichzeitig Anzeichen dafür, dass dein Körper gut funktioniert. Er stellt sich auf das Weiten und Dehnen ein und bereitet sich selbstständig und ohne

dein Zutun auf die Geburt und die spätere Ernährung deines Babys vor. In einigen Bereichen kannst du deinen Körper allerdings bei der Vorbereitung unterstützen. Die folgenden Abschnitte erklären dir, wie das geht.

Den Damm vorbereiten

In den letzten Wochen vor der Geburt wird die Vulva hormonell bedingt weicher und nachgiebiger. So bereitet sie sich darauf vor, dein Kind durchtreten zu lassen. Auch der Damm beginnt in dieser Zeit nachzugeben. Der Damm ist das Gewebe, das zwischen dem Vaginaleingang und dem After liegt. Bei der Geburt wird der gesamte Vaginal- und Dammbereich stark gedehnt. In den letzten Schwangerschaftswochen kannst du den Damm durch gezielte Massagen dehnen und kräftigen; die Haut wird dadurch weicher, was das Risiko eines Dammschnitts reduziert. Von der Dammvorbereitung profitiert auch dein Beckenboden: Er wird dehnbarer und elastischer. Ganz nebenbei lernst du deinen Körper noch besser kennen, was wiederum dein Vertrauen in deine eigenen Ressourcen stärkt. Der optimale Zeitraum, um den Damm auf die Geburt einzustimmen, ist von der 35. Schwangerschaftswoche bis zur Geburt. Alles, was du dazu brauchst, ist ein hochwertiges, mildes Pflanzenöl

SO GEHT DIE DAMMMASSAGE

● **BEREITE DICH VOR**
Bereite die Dammregion ausgiebig mit warmem Wasser vor, zum Beispiel während des Duschens. Eine Uhr oder ein Timer und das griffbereite Öl helfen dir, dass die Dammmassage schnell tägliche Routine wird.

● **WÄHLE DEINE POSITION**
Am einfachsten gelingt die Dammvorbereitung in aufrechter Position. Kannst oder willst du nicht stehen, klappt die Vorbereitung aber auch im Sitzen auf der Toilette.

● **VERTRAUE AUF DICH**
Die Massage unterstützt dich dabei, die Dehnung kennenzulernen, zuzulassen und vertrauensvoll anzunehmen. Es kann hilfreich sein, wenn du dir während der Dammvorbereitung verinnerlichst: „Ich öffne mich für mein Kind bei der Geburt. Ich habe ganz viel Platz." Hab Spaß und vertrau auf dich!

● **BLEIB ENTSPANNT UND LOCKER**
Versuche während der Dammmassage durch die Nase einzuatmen und anschließend durch den leicht geöffneten Mund möglichst lang und gleichmäßig auszuatmen. Beiße die Zähne dabei nicht zusammen; ist deine Mundregion locker, etwa wie beim Küssen, wirkt sich das öffnend und lockernd auf den Beckenboden aus. Das ist für die Geburt sehr hilfreich.

● **BEGINNE MIT DER MASSAGE**
Stütze im Stehen ein Bein auf die Toilette oder den Badewannenrand. Führe den mit Öl benetzten Zeige- und Mittelfinger von hinten bis zum zweiten Fingergelenk in die Vagina ein, damit sich das Öl dort gut verteilen kann. Verteile auch äußerlich auf Vulva und Damm etwas Öl.

● **LERNE DAS GEFÜHL KENNEN**
Übe mit einem konstanten Zug eine Dehnung Richtung Anus aus. Halte die Dehnung des Gewebes und der Muskelschicht zwischen Vagina und Anus für 1 bis 2 Minuten gleichmäßig aufrecht. Dabei spürst du ein Kribbeln oder Spannen im Dammbereich. Es sollte nicht schmerzhaft sein. Lerne dieses Gefühl kennen, um es richtig einordnen zu können: Auch kurz vor der Geburt deines Kindes wirst du es wahrnehmen, es ist ganz normal! Ist die Dehnung mit zwei Fingern anfangs zu intensiv, beginne mit einem Finger.

● **NUTZE DIE KRAFT DER GEDANKEN**
Nutze die Vorbereitung des Damms, um deine körperlichen Empfindungen in positive Gedanken einzubetten: „Es darf spannen - mein Kind hat Platz." Tritt das Spannen bei der Geburt auf, erinnert sich dein Körper an die positive Suggestion während der Dammmassage und kann sich leichter entspannen und öffnen.

und jeden Tag etwas Zeit. Du kannst auch ein spezielles Dammmassageöl verwenden. Die Vorbereitung des Damms ist keine Massage im herkömmlichen Sinn, vielmehr ist es eine Dammdehnung. So wird dein Beckenboden noch stärker durchblutet und dehnbarer und ist optimal auf die Dehnung bei der Geburt vorbereitet. Die Effizienz von regelmäßigen Dammmassagen ist wissenschaftlich bestätigt.[6] So empfiehlt etwa in Frankreich der Berufsverband der Geburtshelferinnen bzw. Geburtshelfer und Gynäkologinnen bzw. Gynäkologen (Collège National des Gynécologues et Obstétriciens Français, CNGOF), Schwangere zur Dammmassage zu ermuntern, um sowohl die Dammschnittrate als auch Schmerzen im Dammbereich nach der Geburt zu verringern.[7]

Den Beckenboden kräftigen

Jeder Frau, die sich auf die Geburt vorbereitet, begegnet er irgendwann im Lauf der Schwangerschaft, spätestens jedoch im Wochenbett: der Beckenboden. Er soll tragen und halten, verschließen und locker lassen, und das möglichst ein Leben lang. Ohne ihn geht es nicht, hält er doch Gebärmutter, Vaginalwände sowie Harnröhre und After, also die Schließmuskeln von Blase und Darm, stabil. Doch was ist der Beckenboden eigentlich genau und weshalb braucht er deine Aufmerksamkeit?

Der Beckenboden ist ein mehrschichtiges dichtes Geflecht aus Sehnen und Muskeln. Es schließt das knöcherne Becken nach unten hin ab. Grundsätzlich besteht die Aufgabe des Beckenbodens darin, die Organe des kleinen Beckens – Harnblase, Gebärmutter und Darm – zu stützen und vor dem Herausfallen zu bewahren. In der Schwangerschaft gibt er auch dem Kind in deinem Bauch Halt.

Die Muskeln sind dabei am knöchernen Becken verankert und bestehen aus drei verschiedenen Schichten. Sie können sich sowohl anspannen als auch entspannen. Das spielt beispielsweise bei jedem Toilettengang eine entscheidende Rolle: Mit seinen Muskeln sorgt der Beckenboden normalerweise dafür, dass du Urin und Stuhl zurückhalten kannst. Dafür muss er sich anspannen, sobald sich der Druck im Bauchraum verändert, also beim Husten, Niesen oder auch Hüpfen. Erst wenn sich der Beckenboden auf der Toilette entspannt, können sich Darm und Blase entleeren. Die Vorteile dieses reflektorischen Verhaltens kannst du auch während der Geburt nutzen, etwa indem du regelmäßig zur Toilette gehst und dort versuchst, mehrere Wehen lang in der entspannten Position des Wasserlassens zu bleiben.

Bei der Geburt wird die Muskulatur des Beckenbodens sehr beansprucht. Sie wird stark gedehnt – möglich machen dies Prostaglandine, Hormone, die bei der Geburt ausgeschüttet werden. Nach der Geburt ist das Muskelgeflecht immer noch sehr gedehnt und sitzt nicht mehr so straff. Die Bänder und Muskeln können ihre Aufgabe, die Beckenorgane vor einer Absenkung zu schützen, noch nicht richtig wahrnehmen. Ein einfühlsamer und geduldiger Umgang mit dem Körper ist in dieser Zeit also wichtig. Die stark beanspruchten Körperstrukturen sollten entlastet und geschont werden, damit sie sich regenerieren und neu strukturieren können.

Entspanntes Gesicht, entspannter Beckenboden

Dein Beckenboden ist über unterschiedliche Reflexpunkte mit deinem Körper verbunden. Das ist praktisch, weil du ihn darüber ganz einfach ansprechen kannst, zum Beispiel unter der Geburt. Aber die Reflexpunkte des Beckenbodens spielen nicht nur bei der Geburt eine große Rolle. Die Reflexzone der äußeren Schicht des Beckenbodens liegt zwischen den Augenbrauen: Eine Massage in diesem Bereich kann etwa das Loslassen der Blase fördern. Die mittlere Beckenbodenschicht ist mit der Rautenmuskulatur zwischen den Schulterblättern verknüpft. Eine aufrechte Haltung im Alltag hilft daher, den Beckenboden gesund zu erhalten, und ist auch beim Training des Beckenbodens wichtig, etwa während der Schwangerschaft und anschließend im Wochenbett. Bei einer Körperhaltung mit rundem Rücken, beispielsweise beim Sitzen, gehen über 50 Prozent der Beckenbodenkraft verloren, im Hohlkreuz sogar noch mehr. Die Reflexzonen der innersten Beckenbodenschicht sind der Mundboden, das Gaumendach und die Kieferregion. Ein entspannter Kiefer und ein lockerer Mundraum vergrößern die Beckenbeweglichkeit und helfen, den Beckenboden zu entspannen. Diese Zusammenhänge zu beachten kann dir unter der Geburt helfen. Schon in der Schwangerschaft kannst du das durch entsprechende Wahrnehmungsübungen gut trainieren, zum Beispiel im Geburtsvorbereitungskurs deiner Hebamme. Sprich mit der Person darüber, die dich unter der Geburt begleiten wird, und bitte sie, dich während der Geburtsarbeit immer wieder daran zu erinnern. Eine Aufforderung wie „Lach mal!" oder „Soll ich dir einen Witz erzählen?" kann zum Codewort werden. Damit übernimmt deine Begleitung die Verantwortung. Du musst nicht daran denken, deinen Mund zu öffnen und die Kiefermuskulatur durch Ausatmen zu entspannen, sondern kannst dich ganz dem hingeben, was kommt.

Entspannst du dein Gesicht, ist also auch dein Beckenboden entspannt. Das ist viel einfacher, als den Beckenboden willentlich und auf Kommando zu beeinflussen. Die direkte Verbindung zwischen beiden Bereichen hast du sicher schon oft wahrgenommen: Beginnst du mit voller Harnblase ungehemmt zu lachen, musst du wahrscheinlich innerhalb kürzester Zeit zur Toilette; durch das Öffnen des Ringmuskels „Mund" hat sich auch der

„Eigentlich bräuchte jede Frau für eine gute Geburt eine Hebamme, die sie kennt, mit allen Vorlieben, Sorgen und ihrer Vorgeschichte."

Ringmuskel „Blasenausgang" als Teil des Beckenbodens geöffnet. Lachen ist also ein guter Ratschlag fürs Gebären. Küssen übrigens auch, weil hier viele Endorphine (die körpereigenen Glückshormone) und das Liebes- und Wehenhormon Oxytocin ausgeschüttet werden. All das fördert die Geburt.

Was du über Wehen wissen solltest

Wehen treten natürlich nicht erst mit der Geburt auf. Die ganze Schwangerschaft über zieht sich die Gebärmutter immer wieder zusammen. Diese Schwangerschaftswehen sind unregelmäßig und werden nicht als schmerzhaft empfunden. Außerdem nehmen sie keinen Einfluss auf die Öffnung des Muttermunds.

In den letzten Wochen vor der Geburt können sogenannte Senkwehen bewirken, dass dein Kind tiefer rutscht und sein Kopf sich gut für die Geburt einstellt. Diese Art Wehen sind eher unrhythmisch und in ihrer Länge und Häufigkeit ganz unterschiedlich. Sie werden aber von vielen Frauen schon als etwas unangenehmer empfunden.

Die Geburt geht meist nicht mit regelmäßigen Wehen los. In der Latenzphase kommen und gehen die Wehen immer wieder. Längere Pausen sind dabei ganz normal. Es ist die Zeit, in der du dich gerade beim ersten Kind vielleicht immer wieder fragen wirst: „Geht es jetzt los?" Und dann stagniert die Wehentätigkeit plötzlich wieder. Diese Phase kann recht anstrengend sein. Nutze die wehenfreien Phasen zum Ausruhen und Kraftsammeln, bevor es richtig losgeht und der Muttermund sich durch die regelmäßig wiederkehrenden Wehen weiter und weiter öffnen wird. Die Latenzphase ist genauso wichtig wie alle anderen Phasen der Geburt, denn sie bereitet das Gewebe von Gebärmutterhals und Muttermund vor. Und sie hilft dir dabei, dich aus dem Alltag zurückzuziehen und dich nach und nach auf die Geburt einzustellen, damit Raum und Ruhe zum Gebären entstehen können.

Achte bei den ersten spürbaren Wehen darauf, was dein Körper macht, wie es dir geht und was dir guttut. Anders als in vielen Filmen dargestellt, kommt das Baby nicht im nächsten Augenblick. Ihr müsst auch nicht überstürzt zum Geburtsort aufbrechen. Bist du unsicher, so nimm Kontakt zu deiner Hebamme oder der Geburtsklinik auf. Sie können dir helfen, die Wehentätigkeit realistisch einzuschätzen.

Für den Körper ist die Geburt auch ein biochemischer Prozess, ein Zusammenspiel von Hormonen und Botenstoffen, von Aktionen und Reaktionen. All dies geschieht ganz selbstverständlich und ohne dein aktives Mitwirken. Dein Körper und auch dein Kind wissen, wie Geburt geht und wie der Weg dahin ist. Bist du eher jemand, der viel überlegt, kann dich der Gedanke entlasten, deiner Gebärmutter und deinem Körper die Arbeit und Aufgabe

des Gebärens überlassen zu dürfen. Sie sind in dieser Situation in jedem Fall kompetenter als dein Gehirn. Sich diese Zusammenhänge schon während der Schwangerschaft klarzumachen, kann für dich und deine Begleitung hilfreich sein.

Wenn du die ersten Wehen rund um den Geburtstermin spürst, weißt du, dass sich dein Kind so langsam auf den Weg macht. Wahrscheinlich nimmst du die Wehen bald als Schmerzen und damit als Alarmsignal deines Körpers wahr. Negativ oder gar bedrohlich sind diese Schmerzen nicht. Du brauchst sie, damit die Geburt vorangeht. Die Wehen kommen und gehen dabei wie Wellen. Stell dir vor, du reitest auf einem Surfbrett auf den Wellen – das macht viel mehr Spaß und ist einfacher, als das Surfbrett gegen die Wellen zu stemmen. In der Geburtsarbeit ist es nicht anders: Wenn du die Naturkräfte annimmst, wird die Geburt leichter. Die Wehenschmerzen schon vor der Geburt als Teil der Geburt und als wertvolle Helfer in deiner Geburtsarbeit zu betrachten, ist sehr hilfreich. Auch wenn es dir unter der Geburt schwerfällt, ist diese Sichtweise dann bereits in dir verankert. Jede Wehe bringt mit ihrer Kraft dein Kind und dich ein Stück weiter. Betrachtest du die Wehen als Unterstützer, wirst du dich instinktiv so verhalten, dass du mit dem Schmerz arbeiten und gut umgehen kannst. Nicht zuletzt sind Wehen ein untrügliches Zeichen dafür, dass dein Körper genau richtig funktioniert. Du hast also allen Grund zur Freude! Mit der Geburt vollbringst du eine Höchstleistung, die du spüren kannst und die dich mit Hochachtung und Respekt gegenüber deinem eigenen Körper und seinen Kräften erfüllen wird.

Kraft und Selbstvertrauen gewinnen

Schon in der Schwangerschaft kannst du dir die Kräfte, über die du verfügst, ins Bewusstsein rufen. Überlege dir dazu ein paar Worte, gleich einem persönlichen Mantra, das dir dieses Wissen wiedergibt und dich so während der Geburt stärken kann. Schreibst du es auf und klebst es dir neben dein Bett oder an den Badezimmerspiegel, bleibt es präsent und gelangt in dein Bewusstsein. Die Worte sollen dir dabei helfen, deine eigene Kraft und deine Ressourcen zu verinnerlichen – im Vertrauen darauf, dass du die Geburtsarbeit gemeinsam mit dem Kind meistern wirst. Gib dein Mantra auch an die Menschen weiter, die bei der Geburt dabei sind. Gibt es während der Geburtsarbeit Phasen, in denen du erschöpft bist, wird es dir guttun, diese kraftgebenden Worte zu hören.

Aber auch wenn dein Körper ganz viele Kompetenzen mitbringt, um Geburt gut zu schaffen und mit dem Wehenschmerz umzugehen, spricht nichts dagegen, auszuprobieren, was dich dabei unterstützt. Das können verschiedene Positionen, Wärmeanwendungen oder ein Wannenbad sein. Auch

WAS DU FÜR EINE GUTE GEBURT TUN KANNST

● **STELLE DICH DER AUFGABE DES GEBÄRENS GANZ BEWUSST**
Hast du Angst vor dem Schmerz oder davor, die Kontrolle zu verlieren? Sorgst du dich, dass das Baby nicht durchs Becken passt? Was ist dein Thema? Suche vor der Geburt eine Lösung dafür. Vielleicht hilft dir Hypnobirthing oder Achtsamkeitstraining dabei.

● **INFORMIERE DICH ÜBER DEINE MÖGLICHKEITEN**
Jede Hebamme hat ihre eigene Art, Geburten zu begleiten. Wird in einer Klinik immer nach Standard gehandelt, geht die Hebamme in einer anderen vielleicht mehr auf die einzelne Frau ein. Was im ersten Geburtshaus unmöglich ist, gilt im zweiten als normal. Wie sieht deine Traumgeburt aus? Wo und mit wem kommst du ihr möglichst nahe?

● **HAB KEINE ANGST**
Schwangerschaft und Geburt sollten Zeiten guter Hoffnung sein. Misstraue Menschen, die dir von ihren Erfahrungen berichten und erzählen, was alles schiefgehen kann und wie sie entscheiden würden. Dein Baby und du seid einzigartig! Suche dir Begleitende, die dir Sicherheit geben und dich stärken. Frauen sind für das Gebären gemacht: Du kannst das!

● **BEREITE DEINEN KÖRPER VOR**
Mache dich fit für die Geburt. Trainiere deine Muskeln und bring Balance in dein Becken, etwa mit Spinning Babies: Das sind gezielte Körperübungen, die deinem Baby helfen, eine für die Geburt optimale Position einzunehmen. Sie beugen körperlichen Schwangerschaftsbeschwerden vor beziehungsweise lindern sie und erleichtern die Geburt. Auch spezielle Yogaübungen oder ein Schwimmkurs können dich dabei unterstützen.

● **BEREITE DICH AUCH IM KOPF VOR**
Gebären funktioniert besonders gut, wenn du in dir selbst versinken kannst. Entspannungstechniken oder intensives Eintauchen in Musik können dir dabei helfen, vor allem, wenn du es vorher geübt hast.

● **LASS LOS**
Geburt ist nicht die Summe der richtigen Entscheidungen. Manchmal passiert Geburt auch einfach ganz anders als gewünscht. Dann hilft es, wenn du sagen kannst: „Ich habe alles getan, was möglich war, und handele nach bestem Wissen und Gewissen." Mehr kannst du nicht tun.

→ LESETIPPS
Nancy Bardacke: Der achtsame Weg durch Schwangerschaft und Geburt. Freiburg: Ardor 2018

Milli Hill: The Positive Birth Book. London: Pinter & Martin 2017 (bisher nicht ins Deutsche übersetzt)

sarahbuckley.com/pain-in-labour-your-hormones-are-your-helpers-2/

angeleitete Atemtechniken können hilfreich sein. Ebenso kannst du auf Mittel aus der Naturheilkunde und der konventionellen Medizin zurückgreifen, wenn das für dich und deinen Geburtsverlauf an der Stelle passend ist. Im Geburtsvorbereitungskurs wirst du in der Regel über sämtliche Möglichkeiten zur Schmerzlinderung informiert, und auch unter der Geburt stehen dir die Menschen, die dich professionell begleiten, beratend zur Seite. Nimm dir weder in die eine noch in die andere Richtung allzu konkret etwas vor, zum Beispiel was den Gebrauch von Schmerzmitteln angeht. Lass die Geburt auf dich zukommen und schaue individuell, was du in welcher Phase brauchst.

Wie du die Wehen aktiv unterstützen kannst

Neben einer positiven Einstellung zur Geburts- und Wehenarbeit kannst du – wie oben erklärt – das Fortschreiten der Geburt mit Hilfe deiner Gesichtsmuskeln beeinflussen. Einigen Frauen hilft es, sich während der Wehen auf das Ein- oder Ausatmen zu konzentrieren oder laut zu tönen, solange die Wehe dauert. Das hat den Vorteil, nicht zu hyperventilieren, also zu hastig einzuatmen, ohne Kohlendioxid entsprechend wieder auszuatmen. Das kann zu unangenehmem Kribbeln im Gesicht und in den Händen oder zu Verkrampfungen führen, was du ja vermeiden willst. Indem du auf deine Atmung achtest, förderst du auch die konsequente Entspannung der Beckenbodenmuskulatur.

Am besten versuchst du selbst durch Ausprobieren herauszufinden, in welchen Positionen du die Wehen gut verarbeiten kannst. Einige Positionen werden sich für dich stimmiger anfühlen als andere. Beginne damit schon am Ende der Schwangerschaft und nutze auch die Zeit bis zum Geburtsbeginn dazu, wenn du noch zu Hause bist. In der Klinik und im Geburtshaus gibt es dann verschiedene Hilfsmittel im Kreißsaal, die du nutzen kannst. Vielleicht motiviert dich auch deine Hebamme, die Wehen nicht vorwiegend im Bett liegend zu verarbeiten. Auf einer Matte knien und dich dabei mit den Armen abstützen, dich an einem von der Decke herabhängenden Tuch festhalten, zwischendurch gerne baden, auf einem Ball sitzen – es gibt viele verschiedene Körperhaltungen, die hilfreich sind, damit eine Wehe gut verarbeitet werden kann und dann auch effektiver für den Geburtsprozess ist.

Trau dich unbedingt, auch selbst initiativ zu sein. Vielleicht bietet dir die Krankenhausroutine in einer personell angespannten Situation keine ganz so große Unterstützung, wie du es brauchen könntest. Dann ist es wichtig, konkrete Wünsche und Bitten zu formulieren. Wenn du zu Hause gespürt hast, dass Wehen im Liegen am unangenehmsten sind, musst du dich im Krankenhaus nicht als Allererstes ins Bett legen, auch wenn das zunächst naheliegend erscheint. Ein CTG (eine Kardiotokografie), das die Herztöne deines Kindes aufzeichnet, kann die Hebamme auch im Stehen oder Sitzen sowie im Vierfüßlerstand schreiben. Es ist wichtig, dass du dein Gefühl ernst nimmst.

Bewegung verändert dein subjektives Geburtserleben auf eine gute Weise: Sie kann ablenken und etwas Selbstständiges bedeuten und dir damit ein Gefühl von mehr eigener Kraft und weniger Ausgeliefertsein geben. Indem du aktiver mit der Wehenkraft und auch dem Schmerz arbeitest, kannst du der Wehe begegnen, ihre Kraft aufnehmen und umlenken.

Kniende und kauernde Positionen vergrößern den Durchmesser deines Beckens und schaffen so mehr Platz, damit das Baby hinein- und hindurchrutschen kann. Das macht die Geburt leichter und auch kürzer, wie etliche wissenschaftliche Arbeiten[8] mittlerweile ganz klar gezeigt haben. Die Vierfüßlerposition, also das Knien mit aufgestütztem Oberkörper, hat viele Vorteile: Sie erweitert den inneren Beckendurchmesser und nutzt die Schwerkraft optimal. Außerdem können in dieser Position die Geburtskräfte besonders schonend für das Gewebe rund um den Damm wirken, sodass es zu weniger Geburtsverletzungen als in der Rückenlage kommt. Auch Positionen wie Stehen, Auf-dem-Ball-Sitzen oder ein Gebärseil unterstützen dein Kind und dich bei der Geburt.

Mit der Fähigkeit, entspannen und loslassen zu können, kannst du deine Geburt positiv beeinflussen. Hilfreich ist es, in Bewegung zu bleiben und aktiv zu sein. Durch die Wahl verschiedener Körperhaltungen kannst du selbst ganz wesentlich unterstützenden Einfluss auf das Geschehen während der Geburt nehmen: So kannst du die Wehen möglichst konstruktiv begleiten und machst es dir gleichzeitig leichter, ihre Kraft zu nutzen und sie produktiv zu verarbeiten.

1 Dick-Read, Grantly: Mutterwerden ohne Schmerz. Die natürliche Geburt. Hamburg: Hoffmann und Campe 1989

2 Gaskin, Ina May: Birth Matters – Die Kraft der Geburt. Ein Hebammenmanifest. Murnau: Fidibus 2013, S. 25

3 ec.europa.eu/germany/news/20171124-gewalt-an-frauen_de

4 Odent, Michel: Die Natur des Orgasmus. Über elementare Erfahrungen. München: Beck 2010, S. 21

5 Althans, Birgit: Repräsentationen von Geburt in den Medien. In: Christoph Wulf et al. (Hrsg.): Geburt in Familie, Klinik und Medien. Eine qualitative Untersuchung. Opladen u. a.: Budrich 2008, S. 207–227, hier S. 227

6 https://www.cochranelibrary.com/cdsr/doi/10.1002/14651858.CD005123.pub3/full [19-03-2019] Beckmann, Michael M./Stock, Owen M.: Antenatal perineal massage for reducing perineal trauma. Cochrane Systematic Review. cochranelibrary.com/cdsr/doi/10.1002/14651858.CD005123.pub3/full

7 Practical Recommendations issued by the French Association of Obstetricians and Gynecologists (CNGOF): cngof.fr/pratiques-cliniques/recommandations-pour-la-pratique-clinique?folder=RPC%2B COLLEGE%252F201; cngof.fr/pratiques-cliniques/recommandations-pour-la-pratique-clinique/aperc u?pull=RPC%2BCOLLEGE%252F2018%252FCNGOF_RPC_2018-PPPO-VA.pdf&i=21919

8 Gesellschaft für Qualität in der außerklinischen Geburtshilfe e. V. (QUAG e. V.) (Hrsg.): Qualitätsbericht 2016. Außerklinische Geburtshilfe in Deutschland, Auerbach/V.: Verlag Wissenschaftliche Scripten 2017, S. 48, Abb. 24. Der Bericht hat im Jahr 2016 insgesamt 10.196 vaginale und außerklinisch beendete Geburten erfasst.

Kapitel 3
Das Wochenbett

Was du in diesem Kapitel über das Wochenbett lesen kannst:

Gemeinsam in Ruhe ankommen

Es ist die Zeit des Staunens. Du bist deinem Baby ganz nah, berührst es, schaust ihm beim Schlafen zu, lernst es jeden Tag etwas besser kennen. Familie und Freunde können euch in diesen ersten Wochen umsorgen und das Einkaufen und Kochen übernehmen.

Bisher waren dein Kind und du durch die Nabelschnur miteinander verbunden. Wird sie nach der Geburt durchtrennt, tritt an ihre Stelle ein unsichtbares Band, das anfangs noch dünn und zart ist. Damit es wachsen und stärker werden kann, seid ihr von Beginn an auf eine enge Verbindung angewiesen. Seid nah bei eurem Kind und wann immer möglich mit ihm im direkten Hautkontakt. Das stärkt die gegenseitige Bindung und eure Liebe zueinander, und das Baby fühlt sich geborgen und sicher. Ihr werdet schnell spüren und beobachten, wie euer Kind von sich aus die Nähe sucht, etwa wenn es sich mit seinen Armen und Beinen abstößt und versucht, sich in Richtung deiner Brust zu bewegen. Blickt es dich an, riecht es den bekannten Körpergeruch und kennt deine Stimme. Greift es mit den Händen nach deiner Haut, sucht es Hülle, Wärme und Schutz: eine Umgebung, die ihm aus der Gebärmutter vertraut ist. So kommt es nach und nach in seiner Welt an, in der erst einmal alles neu ist. Geräusche, Berührungen und Gerüche: All das aufzunehmen und zu verarbeiten ist ungewohnt und anstrengend. Ihr könnt euer Baby dabei unterstützen. Nehmt euch ausreichend Zeit und die nötige Ruhe, etwa um es zu stillen, zu berühren, zu wickeln und anzuziehen. Reagiert ihr als Bezugspersonen feinfühlig und vor allem prompt auf die Signale des Babys,

„Nehmt euch
die Zeit und
den Raum,
euer Kind in
Ruhe kennen-
und lieben
zu lernen. "

fühlt es sich sicher aufgehoben. So legt ihr einen wichtigen Grundstein für seine Bindung zu euch, die entsteht, wenn ihr es liebevoll umsorgt und auf es achtgebt. Auch für dich selbst ist es wichtig, ganz in Ruhe anzukommen. So gelingt es, das Band der Liebe und des Vertrauens zu knüpfen und zu weben, damit es halten kann – ein ganzes Leben lang.

Sich nahekommen

Es braucht Zeit, einander nahezukommen: Eine Beziehung wächst mit jedem Tag und jedem gemeinsam verbrachten Moment. Dinge, die bisher wichtig waren, treten plötzlich in den Hintergrund und erscheinen nebensächlich. Das ist gut so, denn die besondere Zeit der ersten Wochen und das bewusste Einlassen auf das Baby sind für eine stabile Beziehung zwischen euch sehr bedeutsam. Mit der Geburt beginnt ein neuer Lebensabschnitt: Es ist die Zeit, in der ihr die Persönlichkeit eures Kindes kennenlernt und in der die Liebe zu ihm entsteht und wächst. Es wäre doch wunderbar, wenn frischgebackene Eltern nichts Weiteres tun müssten, als gemeinsam ihr kleines Kind zu bewundern, ihm beim Schlafen zuzusehen, es zu wickeln, mit ihm Haut an Haut zu sein. Das Dasein zu genießen. Um die leisen Signale eures Kindes nach Wärme und Nahrung wahrzunehmen und zu verstehen, braucht ihr ein feines Gespür. Nehmt euch den Raum dafür.

Während der ersten Tage nach der Geburt schlafen kleine Neuankömmlinge viel und sind nur zum Trinken wach. Als Eltern könnt ihr im Wochenbett eure Welt ganz bewusst gestalten und sie begrenzen. Versucht für regelmäßige und wiederkehrende Abläufe zu sorgen, die Ruhe und Geborgenheit vermitteln. So begleitet kann das Baby sanft ins Leben starten. Unterstützt durch Zärtlichkeit und Liebe gelingt es ihm, seinen eigenen Rhythmus zu finden.

Trotzdem läuft manchmal alles anders als erwartet: Eine lange und anstrengende Geburt, Probleme beim Stillen oder ein unruhiges Baby stellen Eltern gleich zu Beginn auf eine harte Probe. Dazu kommt manchmal der Anspruch der Eltern, nur noch für das Neugeborene da sein zu wollen. Damit überfordern Eltern sich selbst. Der totalen Hingabe fällt nach kurzer Zeit ein großer Teil der eigenen Vitalität zum Opfer, was weder Eltern noch Kind gut bekommt. Gleichzeitig trägt ein Überangebot an Informationen meist noch dazu bei, Eltern zu verunsichern. Ein Rhythmus kann euch dabei helfen, den Bedürfnissen eures Kindes und auch euren eigenen gerecht zu werden. Rhythmus ist ein Grundprinzip des Lebens; er begegnet uns überall, etwa als Wechsel der Jahreszeiten oder von Tag und Nacht. Auch das Baby ist mit verschiedenen Rhythmen vertraut, die es schon in der Schwangerschaft kennengelernt hat: mit dem Herzschlag seiner Mutter oder deren Tag-Nacht-Rhythmus.

Allen Rhythmen ist gemeinsam, dass sich ähnliche Vorgänge in ähnlichen Verhältnissen wiederholen. Ein gutes Beispiel dafür ist die Atmung: Kein Atemzug gleicht dem anderen, dennoch ist jeder Atemzug dem vorangegangenen ähnlich. Außerdem braucht das, was regelmäßig geschieht, meist weniger Energie. Regelmäßig und rhythmisch durchgeführte Tätigkeiten führen zu Gewohnheitsbildung. Das lässt sich leicht aufs Wochenbett übertragen: Schon für die Allerkleinsten sind Rhythmen wertvolle Begleiter; sie spenden ihnen von Anfang an Sicherheit und Vertrauen, unterstützen sie dabei, gut und gesund zu gedeihen, und stärken ihre Anpassungsfähigkeit. Bestimmte Regelmäßigkeiten und wiederkehrende Rituale im Tagesablauf sind deshalb eine gute Stütze. Ein Beispiel dafür ist das Aufwachen am Morgen und das Zu-Bett-Bringen am Abend möglichst zu ähnlichen Zeiten. Viele Kinder genießen es, wenn Abläufe gleich bleiben und Situationen vorhersehbar sind. Am Morgen kannst du ein Lied singen oder eine Melodie summen, am Abend könnt ihr sanftes Licht anmachen und ein Gute-Nacht-Lied singen, während du mit dem Baby im Bett liegst oder es in den Schlaf stillst. Kleine Rituale wie diese helfen dem Baby dabei, sich zu orientieren und auf das einzustellen, was als Nächstes kommt.

Gewohnheiten sind wichtig, damit Kinder gut gedeihen. Auch Schlafen und Trinken sind durch einen Rhythmus miteinander verbunden; in den ersten Wochen kannst du beobachten, dass dein Baby die meiste Zeit damit verbringt. Das ist auch gut so: Ausreichend Schlaf und die damit verbundene Ruhe sind wichtige Grundbedingungen, damit dein Kind gut trinken kann. Für ein Baby ist es übrigens ganz natürlich, gleich nach dem Aufwachen zu trinken. Als Eltern solltet ihr euch auf diesen natürlichen Rhythmus einlassen. Respektiert ihr die Bedürfnisse eures Kindes wie Schlafen, Trinken, Schmusen und später das eigene Spiel, legt ihr damit eine stabile Basis für die nächsten Jahre: Euer Kind ist ausgeglichen und fühlt sich wohl; es spürt die Sicherheit und Geborgenheit seiner eigenen kleinen Welt und ist mit sich zufrieden. Genauso wichtig wie ausreichend Schlaf ist auch die Umgebung, in der das Baby schläft. In einer ruhigen Umgebung ohne zu viele Reize kann das Neugeborene seine Eindrücke gut verarbeiten. Gleichzeitig ist es so vor neuen Reizen geschützt.

Wenn das Baby weint und schreit

Anregung und Entspannung müssen für Babys und Kinder in einem guten Gleichgewicht stehen. Schon die Kleinsten werden durch den Alltag in der Familie angeregt: durch die optischen Eindrücke und Geräusche, durch Baden und Massagen. Dann sind da die Geschwisterkinder, die das Baby streicheln und mit ihm spielen wollen. Vielleicht können dein Partner und

du nur schwer nachfühlen, was euer Kind so anregt. Es geschieht schnell, dass Eltern ihr Baby durch zu viel „Input" in den ersten Wochen und Monaten überfordern, und zwar ganz ungewollt und unbewusst. Dieses Zuviel artikuliert das Baby dann. Gerade längeres Schreien am Abend kann ein Herausschreien der vielen Eindrücke des Tages sein. In solchen Situationen ist es gut, zu überlegen, was am Tag besonders starke Eindrücke hinterlassen haben könnte, und das vielleicht erst einmal zu meiden. Im Alltag zahlt es sich für euch und das Baby aus, immer wieder Ruhephasen einzubinden, um die Sinne zu entspannen.

Einige Babys sind besonders empfindsam und schneller erregt durch Eindrücke, andere weniger. Es gibt Babys, die einfach mehr weinen als andere. Wenn das Schreien des Babys für euch als Eltern zu einer Belastung wird, ist es Zeit, Unterstützung zu suchen. Ein Tagebuch über das Weinen und dessen Häufigkeit kann zunächst hilfreich sein und manchmal Lösungshinweise liefern. Doch wichtiger, als die Zeit in Stunden oder Minuten zu messen, ist dein Empfinden: Häufiges Schreien ist sehr anstrengend und kann schnell zu einer Überforderung führen. Sprich mit deiner Hebamme oder in der Stillgruppe darüber, damit ihr schnell Hilfe bekommt.

Am Abend sind manche Babys unruhig, weinen viel und scheinen untröstlich. Das kann für die ganze Familie erschöpfend sein. Neben zu viel Reizen, die das Baby am Tag erfahren hat, können Unruhe und Weinen auch Anzeichen für die Anpassungsvorgänge von Körper und Seele an das Leben außerhalb der Gebärmutter sein – zum Beispiel dass die Umstellung der Verdauung dein Baby aktuell sehr herausfordert. Meist nehmen diese Beschwerden im Laufe der ersten drei Monate ab. Es gibt dafür keine organische Ursache. In diesen Schreiphasen sind Babys kaum zu beruhigen. Sie ziehen die Beine an oder strampeln, ihr Gesicht ist vom vielen Weinen gerötet oder sehr blass. Das ist für die Kinder sehr anstrengend. Oft ist der Bauch dabei sehr hart, da die Bauchmuskeln beim Weinen angespannt sind. Durch das Schreien gehen viele Winde ab und die Kinder verdauen häufig auch mehr als sonst. Viele Eltern verwechseln diese Zeit mit Blähungen, doch nur in seltenen Fällen liegen tatsächlich Verdauungsstörungen mit Schmerzen vor.

Der Bauch ist das Zentrum des Kindes. Bis etwa zum Schulalter sagen viele Kinder immer wieder, dass sie Bauchweh haben, wenn sie sich unwohl oder krank fühlen. Säuglinge können aber noch nicht sprechen, und gerade jetzt passen sich ihre Verdauungsorgane erst allmählich an die Lebensbedingungen außerhalb des Mutterleibes an. Mit einer regelmäßigen, sanften und liebevollen Bauchmassage können Eltern diesen Prozess unterstützen. Zusätzliche Linderung können Baby-Bäuchlein-Öle bringen, die pflanzliche Auszüge von Römischer Kamille, Majoran und Kardamom enthalten, die traditionell zur Verdauungsförderung eingesetzt werden. Durch die Massage entspannt sich das Baby und fühlt sich angenommen. Gleichzeitig

unterstützen die sanften Handgriffe die Verdauungsvorgänge, die langsam
in Gang kommen. Indem ihr euch dem Baby zuwendet und bei ihm seid,
signalisiert ihr ihm zugleich: Wir sind bei dir, wir halten das mit dir zusammen aus. Du bist nicht allein. Im Kapitel „Das Baby und seine Haut pflegen"
kannst du nachlesen, wie einfach die Babymassage ist.

Um Unterstützung bitten

Die ersten Wochen mit dem Baby sind intensiv. Es ist eine ganz besondere
Zeit, die jeden Tag viel Neues bereithält. Das kann sich auch anstrengend
anfühlen. Damit die gemeinsame Zeit für das Baby und Pausen zum Erholen nicht zu kurz kommen, ist es wichtig, schon vor der Geburt Unterstützung für die ersten Wochen nach der Geburt zu organisieren. Etwa mit
Familie und Freunden abzusprechen, wer für die Zeit des Wochenbetts Unterstützung bieten kann: Möchte der Schwiegervater oder die Nachbarin
Einkaufsdienste übernehmen? Überlege, ob es Sinn für dich macht, in der
Schwangerschaft ein paar Vorräte anzuschaffen, vorzukochen und einzufrie-
ren, damit du rasch etwas Gesundes zum Aufwärmen hast. Oder ihr wünscht
euch von der Familie, Freunden oder Nachbarn ein fertig gekochtes Essen
ins Wochenbett. Das geht so: Der Besuch bringt kurz das Essen vorbei, gra-
tuliert und freut sich auf einen ausgiebigen Besuch bei euch, wenn das frühe
Wochenbett vorbei ist. Eine WhatsApp mit der Nachricht, dass der neue Er-
denbürger eingetroffen ist, die junge Familie sich in den Babyflitterwochen
befindet, sich über Glückwünsche freut und sich später zurückmeldet, ist
schnell verschickt. Sind noch Geschwisterkinder da, integriert sie in eure
Flitterwochen mit dem Baby. Auch unter Geschwistern muss die Liebe und
Bindung wachsen. Doch bei der Betreuung darf in dieser Zeit auch einmal
etwas anders sein: Eventuell gibt es die Möglichkeit, dass eine befreundete
Mutter die Geschwister an manchen Tagen mit in den Kindergarten nimmt,
oder die Schülerin von nebenan geht mit ihnen auf den Spielplatz. Dann
bleibt Zeit für das Baby und dich.

Alle wollen das Baby sehen

Es lohnt sich, anfangs genügend Ruhe und Privatsphäre einzuplanen, um
sich auf die neue Situation als Eltern einzustellen und vielleicht schon einen
ersten Rhythmus zu finden. Überlegt im Vorfeld, wer im Wochenbett vorbei-
kommen darf. Dein Partner übernimmt die Organisation und wimmelt auf-
dringlichen Besuch ab, der mehr Energie kostet, als er hilfreich ist.

In Norddeutschland gibt es einen Brauch, der sich „Kindskieken" nennt. Gemeint ist die Tradition, dass Bekannte alle gemeinsam an einem Tag zu Besuch kommen, um das Baby zu sehen und zu gratulieren. Das kann entlasten und der Besuch kommt nicht ungeplant. Verschiebt die Besuche von Verwandten, Bekannten oder Nachbarn beispielsweise auf einen bestimmten Tag, am besten sechs bis acht Wochen nach der Geburt. Dann können alle, die sich melden, für diesen Tag einladen werden. Bis dahin haben sich alle etwas erholt und eine erste Routine hat sich eingependelt.

Am Besuchstag ist es dann hilfreich, einen festen Zeitraum zu vereinbaren, zum Beispiel von 11 bis 14 Uhr. Den Gästen ist klar, ab wann sie kommen und wann sie wieder nach Hause gehen sollen. Besprecht vorher, wer etwas zu essen mitbringt, wer den Tisch deckt und wieder abräumt. So bleibt ihr entspannt und könnt euch auch an diesem Tag adäquat um das Baby kümmern. Das Ende auf den frühen Nachmittag zu legen, ist praktisch. So kehrt bis zum Abend wieder Ruhe ein und das Baby kann zur Nacht leichter in seinen gewohnten Rhythmus finden. Euer Baby muss am Besuchstag nicht von Arm zu Arm wandern. Auch wenn es dabei schläft, bekommt es viele fremde Eindrücke, Geräusche und Gerüche mit. Wenn möglich schläft das Baby im Schlafzimmer einfach weiter oder ihr nehmt es ins Tragetuch. Hier fühlt es sich sicher und geborgen. Jeder, der möchte, kann für einen kurzen Moment leise hineinschauen. Hat es Hunger, kann das Stillen oder Füttern in einem ruhigen Zimmer stattfinden. Ist es wach, bleibt es auf dem Arm der Eltern; so beschützt fühlt es sich am wohlsten.

Auszeit für Eltern und Kind

Das Baby ist da. Damit ihr euch kennenlernen könnt, braucht es Ruhe, Wärme, Nähe und genügend Zeit füreinander: das Wochenbett. Hier kannst du dich erholen und bekommst neue Energie. Doch was ist das Wochenbett überhaupt genau? Die Auszeit nach der Geburt, die heute auch Babyflitterwochen genannt wird, hat eine lange Geschichte. Nicht immer ging es dabei nur um den Schutz von Mutter und Kind. Im Mittelalter war es üblich, dass junge Mütter erst sechs Wochen nach der Geburt das erste Mal wieder den Gottesdienst besuchen durften, damit sie der mehrstündigen Prozedur auch gewachsen waren. In verschiedenen Religionen gelten Wöchnerinnen als unrein oder gefährdet durch böse Geister und brauchen deshalb Schutz. Damit verbunden war auch der Brauch, von Nachbarn mit Essen versorgt zu werden und das Haus nicht zu verlassen. Nach einer Woche tatsächlicher Bettruhe blieben Mutter und Kind weiter im Haus und es dauerte seine Zeit, bis die Frau in ihren Alltag zurückkehrte. Heute hat das Wochenbett die ursprüngliche Bedeutung ein Stück weit verloren. Viele Mütter beenden ihr Wochenbett

NEHMT EUCH ZEIT FÜR DAS KENNENLERNEN

Viele Eltern üben sich darin, die Zeichen ihres Babys zu verstehen. Doch was Eltern brauchen, sind Zeit und Nähe. Dann lernen sie ihr Kind kennen und können spüren, was es braucht. Es zu verstehen, kommt von ganz alleine. Der Schlüssel zur gemeinsamen Kommunikation ist es, präsent zu sein, sagt der Kinderarzt Herbert Renz-Polster.

Mit welchen Zeichen kommunizieren Säuglinge?
Wäre es nicht praktisch, wenn Eltern einfach ein Lexikon aufschlagen könnten, um damit die Äußerungen ihres Babys zu übersetzen? Am besten mit Audio-Kanal: Das Baby macht „nä" – also will es jetzt wohl an die Brust. Ich bin aber unsicher, ob ich die Eltern überhaupt auf bestimmte Zeichen fokussieren soll: Eltern sollten zunächst einmal keine Angst haben, sich auf ihr Baby einzulassen. Vielen Eltern würde ich gerne liebevoll sagen: Ihr

rattert ein Programm rund um euer Baby herunter – aber habt ihr es denn schon kennengelernt? EUER Baby? Nehmt euch Zeit. Das gelingt nicht, wenn Eltern sagen, das Leben muss mit Baby genauso weitergehen wie bisher. Weil Eltern es schwer haben, wirklich präsent zu sein, hoffen sie, mit Hilfe eines bestimmten Repertoires an Zeichen zu erkennen, was bei dem Baby los ist. Ein Beispiel: Das Baby gähnt und reibt sich die Augen. Ist es jetzt müde? Manche Babys reiben sich die Augen,

wenn sie hungrig sind, öffnen den Mund, als würden sie gähnen. Mit dem Baby zu kommunizieren,
um es zu verstehen, kann nur gelingen, wenn Eltern
auch wirklich anwesend sind und nicht mit dem
Kopf in einer anderen Welt. Dann können sie sich
einstimmen auf das, was gerade ansteht. Und das
ist: in die Gefühlswelt des Babys reinzuschauen, in
sein Köpfchen und in sein Herz. Erst dann kommen
die Zeichen, die das Baby aussendet.

Warum fällt dieses Einlassen so schwer?
Eltern sind es gewohnt, zu funktionieren. Sich auf
das neue Programm einzulassen, scheint ihnen
heute schwerer zu fallen als noch vor 15 Jahren
– ich glaube, es ist auch schwerer. Oft ist da ja
schon ein ausgestaltetes Leben, eine schon einge-
grabene Lebensspur. Die Geburt des Kindes ist wie
ein überwältigender Rahmenwechsel, im Beruf, in

der Familie und im Freundeskreis. Plötzlich sind El-
tern wieder Lernende, in einem gewissen Sinn auch
Ausgelieferte – jetzt hat ein kleiner Mensch in so
vielen Dingen das Sagen, nicht der Plan, nicht die
Uhr, nicht die Ziele, die man selbst hat. Gut, wenn
Eltern dann offen sein können für den Wert des
Neuen: Mein Kind, wer bist du? Klar macht man
da auch Fehler, aber wer offen ist, lernt schnell.
Auch was es heißt, wenn das Kleine gähnt, sich die
Augen reibt oder brabbelt, wenn es älter ist. Für
diese neue Rolle brauchen Eltern viel mehr als ein
Lexikon.

Was kann Eltern diese Unsicherheit nehmen?
Eltern haben viele Erwartungen, aus denen allzu
leicht Ängste entstehen. Zum Beispiel wenn es
ums Schlafen geht: Das Baby soll eine bestimmte
Zeit lang schlafen, durchschlafen, alleine schlafen.

„Aber Kinder sind nicht gemacht, um pflegeleicht zu sein, sondern um sich das zu holen, was sie für ihre Entwicklung brauchen."

Hebammen sind wichtige Ansprechpartner: Sie können Eltern die Unsicherheit nehmen, indem sie den Blick öffnen für die Individualität der Entwicklung. Jedes Kind ist anders und schläft auch anders. In den ersten Wochen schlafen manche 13 Stunden, manche 21 Stunden. Beides ist normal! Wacht das Baby häufig auf, ist es ein bisschen reaktiver gegenüber seiner Umwelt als ein anderes, weniger aktives Kind. Ja, das nervt, aber die größere Empfindlichkeit kann auch eine Ressource sein. Eltern sollten kein Idealbild vor Augen haben – sondern ihr Kind. Denn ideal bedeutet ja immer vor allem pflegeleicht. Aber Kinder sind nicht gemacht, um pflegeleicht zu sein, sondern um sich das zu holen, was sie für ihre Entwicklung brauchen. Was von der angeblichen Norm abweicht, macht Eltern oft Angst. Mit Hilfe einer guten Beratung, die sich an Fakten über die kindliche Entwicklung orientiert, können diese Ängste in der Wochenbettbetreuung aufgelöst werden.

Wo können Eltern erleben, dass es nicht ausreicht, nur die Zeichen des Babys zu interpretieren?
Der bekannte Entwicklungspsychologe Edward Tronick zeigt in einem Video[1] mit einer Mutter auf YouTube, auf wie viel Resonanz die Beziehung zwischen Eltern und Kind aufbaut. Ein Beispiel, warum das nicht nach einem 0815-Alphabet geht: Manche Kinder haben ein Satt-Zeichen, sie stoßen wohlig nach dem Trinken auf. Früher sollten Eltern ihr Kind dafür hochnehmen. Doch manche Babys brauchen das nicht, sondern etwas ganz anderes. Sie geben ein Signal und werden unruhig, aber wollen vielleicht ein bisschen getragen werden oder sich zum Schlafen einkuscheln. Wenn Eltern gesagt bekommen, Unruhe nach dem Trinken heißt, dass das Baby jetzt Gas ablassen will, ist das eine krampfhafte Sache.

Was geschieht, wenn Eltern diese Zeichensprache nicht interpretieren können?
Dann entsteht Stress. Nehmen wir etwa die „Dunstan-Babysprache", angeblich eine Hilfe, um das Weinen der Babys besser zu interpretieren. Natürlich kann das klappen. Aber es braucht mehr als nur die Tonspur. In vielen Videos[2], die ich sehe, merke ich, der Schuss kann auch hinten losgehen. Das Baby schreit: Bedeutet das jetzt ja? Oder nein? Hat es dieses oder jenes? Das wird allen Ernstes manchmal als Babyflüsterer-Methode angepriesen. Es soll reichen, Laute zu unterscheiden, um das Baby verstehen zu können? Das ist Quatsch. Und setzt viele Eltern noch mehr unter Druck. Babys brauchen in erster Linie Eltern, die sich auf sie einlassen können, die stolz sind und sich an ihrem Kind freuen.

Dr. med. Herbert Renz-Polster ist Kinderarzt, Autor und Wissenschaftler. In seinem neuen Buch „Erziehung prägt Gesinnung" geht er der Frage nach, wo der Rechtspopulismus seinen Ursprung hat. Fündig wird er in den Kinderzimmern. kinder-verstehen.de

→ QUELLEN
1   Resonanz entsteht, wenn Eltern präsent sind und ihrem Kind nahe: youtube.com/watch?v=apzXGEbZht0
2   Ein Beispiel, wenn sich keine Resonanz aufbaut: youtube.com/watch?v=F7ZXKeL8-u0

WAS DIR JETZT GUTTUT

● SICH EINLASSEN

Eine Woche im Bett, eine Woche auf dem Bett und eine Woche rund ums Bett: Als Eltern könnt ihr euch bewusst auf eine feste Wochenbettzeit einstellen und diese vorbereiten.

● KLEINE AUSZEITEN SCHAFFEN

Schaffe kleine Oasen für dich: Versuche zu schlafen, wenn es geht. Auch ein warmes Bad tut gut und kann manchmal kleine Wunder vollbringen: Deine Milch beginnt zu fließen und du spürst, wie Sorgen von dir abfallen.

● SCHONE DEINEN BECKENBODEN

Gib auf deinen Beckenboden acht und schone ihn. Konkret bedeutet das, dass du in den ersten sechs Wochen nach der Geburt die Bauchmuskeln nicht falsch belasten solltest, etwa wenn du aufstehen willst. Drehe dich wie schon in der Schwangerschaft über die Seite und stehe erst dann auf. Falls du husten oder niesen musst, nimm am besten den Kopf zur Seite; durch diese Drehung verschließt sich der Beckenboden und wird geschont.

● REGELMÄSSIG ZUR TOILETTE

Auch wenn du noch keinen Drang dazu verspürst, solltest du regelmäßig zur Toilette gehen, um ein Überdehnen der Blasenmuskulatur zu vermeiden. Mit einer optimal entleerten Blase begünstigst du auch die rasche und reibungslose Rückbildung der Gebärmutter. Eine gute Hilfe kann es sein, vor oder nach jedem Stillen auf die Toilette zu gehen.

● VIEL LIEGEN

Viel liegen in den ersten Wochen nach der Geburt schützt den Beckenboden ebenfalls. Versuche auch Druck von oben zu vermeiden und trage nichts, was schwerer ist als dein Baby.

● GENUG TRINKEN

Nimm dir vor, ausreichend zu trinken. Am besten geeignet sind frisches Wasser und wenn nötig etwas Stilltee. Nutze das Stillen, um selbst etwas zu trinken. Stelle dir an den Orten, an denen du stillst, immer etwas zu trinken griffbereit. Orientiere dich dabei an deinem Durstgefühl: Trinke nicht weit darüber hinaus, da dein Körper sonst das Wasser wieder ausschwemmt und dadurch die Milchbildung hemmt.

● GUT UND AUSREICHEND ESSEN

Ernähre dich gut und regelmäßig. Wenn du dich noch etwas wackelig auf den Beinen fühlst, ist eine kräftige Brühe oder Getreidesuppe eine wunderbare Unterstützung. Nüsse oder getrocknete Früchte eignen sich gut für zwischendurch.

● HILFE ANNEHMEN

Versuche Hilfe anzunehmen oder um sie zu bitten: beim Wäschewaschen, beim Einkaufen und Kochen, beim Hüten der größeren Kinder oder beim Wohnungsputz. Weil wir nicht mehr in Großfamilien oder Gemeinschaften leben, ist es wichtig, wohlgesinnte Menschen in deine Familie einzubinden.

nach wenigen Tagen, wenn sie das Krankenhaus und damit die Wöchnerinnenstation verlassen. Zu Hause geht gleich der Alltag weiter. Aber ist das für Mutter und Kind überhaupt sinnvoll?

Vielleicht hilft dir die folgende Vorstellung: eine Woche im Bett, eine Woche auf dem Bett und eine Woche rund ums Bett. Als Eltern könnt ihr euch bewusst auf eine feste Wochenbettzeit einstellen und diese vorbereiten. So vermeidet ihr das Gefühl, mit den neuen Eindrücken und Bedürfnissen, die das Baby hat, überfordert zu sein.

Wie der Bauch wieder verschwindet

Eltern zu sein ist eine Aufgabe, die sich für dich und deinen Partner noch ungewohnt und neu anfühlt. Das ist ganz normal, denn schließlich hat sich eure gesamte Lebenssituation verändert. Euer Tagesrhythmus richtet sich nun nach dem neuen Familienmitglied, und jeden Tag entstehen Fragen zum Umgang mit dem kleinen Neuankömmling. Verändert hat sich aber auch dein Körper.

Nach der Geburt ist dein Bauch deutlich kleiner. Ganz verschwunden ist er noch nicht, weil das Gewebe noch ausgedehnt ist. Bei einigen Frauen bildet sich der Bauch sehr schnell zurück, bei anderen kann es bis zu einem Jahr dauern. Dasselbe gilt auch für dein Gewicht: Am Ende der Schwangerschaft haben Frauen durchschnittlich etwa 12 bis 18 Kilogramm zugenommen. Hab also etwas Geduld mit deinem Körper – die Zeichen der Schwangerschaft verblassen nach und nach, aber eben nicht sofort. Die kleinen Polster am Bauch, am Po und an den Oberschenkeln brauchst du für die Monate nach der Geburt. Dein Körper kann auf sie zurückgreifen, wenn du vielleicht weniger Appetit hast oder im neuen Alltag manchmal zu wenig Zeit zum Essen findest. Auch beim Stillen greift dein Körper auf diese Reserven zurück, die er extra dafür angelegt hat. Etwa neun Monate nach der Geburt, wenn die meisten Kinder Beikost bekommen, sind die kleinen Polster oft bereits wieder verschwunden.

In den ersten Tagen stattet deine Hebamme der ganzen Familie einen ersten Hausbesuch ab. Sie schaut nach den Rückbildungsvorgängen, in dem sie den Höhenstand deiner Gebärmutter am Bauch tastet. Eine sanfte Bauchmassage (auch von dir selbst durchgeführt) kann dir helfen, deinen Körper so anzunehmen, wie er im Moment ist. Zusätzlich werden dadurch die Rückbildung und die Verdauung gefördert. Es ist wichtig, der Bauchdecke genügend Zeit zur Rückbildung zu lassen; die Haut und die darunterliegenden Muskeln sind zehn Monate lang gewachsen und deshalb nicht innerhalb weniger Tage wieder im selben Zustand wie vor der Schwangerschaft. Deine Bauchdecke braucht sechs bis acht Wochen Ruhe. Um vom Bett aufzustehen, ist es daher am besten, wenn du weiterhin über die Seite aufstehst. Können sich die Bauchmuskeln in Ruhe zurückbilden, erreichen sie ihre ursprüngliche Länge wieder. Werden sie dagegen zu früh trainiert, entstehen zu lange Muskelfasern und es kann sein, dass sie sich nicht vollständig zurückbilden. Aus diesem Grund solltest du in dieser Zeit darauf verzichten, deine Bauchmuskeln aktiv zu trainieren.

Was in deinem Körper passiert

Ganz von selbst bildet sich die Gebärmutter innerhalb der ersten zehn Tage wieder komplett zurück; sie erreicht wieder ihre Ausgangsgröße, die etwa mit einer Birne vergleichbar ist. Wie rasch die Eierstöcke wieder ihre Funktion aufnehmen und einen Eisprung produzieren, ist unterschiedlich und ganz individuell: Die erste Periode kann acht Wochen nach der Geburt einsetzen oder auch über ein Jahr auf sich warten lassen. Es ist wichtig zu wissen, dass der erste Eisprung stattfindet, bevor die erste Periode kommt. Du kannst also schon vor der ersten Monatsblutung erneut schwanger werden. Auch Stillen ist keine zuverlässige Verhütung. Andere Organe und Abläufe regulieren sich ebenfalls wieder. Die Harnblase hat nach der Geburt wieder ausreichend Platz und kann sich ausdehnen. Um ein Überdehnen der Blasenmuskulatur zu vermeiden, solltest du nach der Geburt regelmäßig zur Toilette gehen, auch wenn du noch keinen Drang dazu verspürst. Eine optimal entleerte Blase begünstigt zudem die rasche und reibungslose Rückbildung der Gebärmutter. Eine gute Hilfe kann es sein, vor oder nach jedem Stillen auf die Toilette zu gehen. Ideal ist es, dabei jedes Mal den Intimbereich mit Wasser zu spülen. Auch die Darmtätigkeit pendelt sich wieder ein. In der Schwangerschaft neigen viele Frauen zu Verstopfung. Grund dafür ist die herabgesetzte Darmperistaltik (Bewegungen des Darms), die hormonell bedingt ist. Im Wochenbett sind die Hormone, die für einen trägeren Darm verantwortlich sind, nicht mehr vorhanden.

Krieg dein Dammgewebe verletzt und wurdest du nach der Geburt genäht, verschließt sich die äußere Hautschicht bereits nach einer Woche fast vollständig. Spülungen, die Calendula enthalten, können wohltuend sein. Versuche nicht zu viel zu sitzen; so hältst du den Druck auf den Beckenboden und den Damm möglichst gering.

Mit der Geburt der Plazenta hört dein Körper auf, Schwangerschaftshormone zu produzieren. Bis sie ganz abgebaut sind, dauert es jedoch eine Weile. Diese hormonelle Umstellung kann dich in den ersten Tagen nach der Geburt etwas aufwühlen. Vielleicht fühlst du dich dünnhäutig und reagierst sensibel, beginnst schnell zu weinen und findest dich in der neuen Situation nicht gleich zurecht. Aber keine Sorge – du bist nicht die Einzige, die

„Das hat sich die Natur gut ausgedacht: Das Neugeborene ist darauf angewiesen, dass es von Menschen umgeben ist, die ihm liebevoll zugewandt sind."

→ DER MYTHOS VOM
MUTTERGLÜCK

Der Wunsch, den belas-
tenden Mythos der stets
glücklichen Mutter zu
entlarven, bewog Sabine
Surholt und Petra Nispel
vor 24 Jahren dazu, den
Verein „Schatten & Licht
e. V. Initiative peripartale
psychische Erkrankungen"
zu gründen. Die beiden
Frauen bauten ein bun-
desweites Beratungs- und
Selbsthilfegruppennetz
auf. Die Initiative will
betroffenen Frauen die
Möglichkeit geben, sich
auszutauschen. Ein von
Wissenschaftlern ent-
wickelter Selbsttest soll
Frauen dabei helfen, zu
erkennen, ob sie an einer
postpartalen Depression
leiden. Hilfreich sind auch
die Informationen zum
therapeutischen Angebot
der Mutter-Kind-Ein-
richtungen an deutschen
Kliniken.
schatten-und-licht.de/
index.php/de/ •

mit dem plötzlichen Wechselbad der Gefühle überfordert ist. Rund 80 Prozent aller Mütter haben nach der Geburt, meist ab dem dritten Tag, Stim-
mungsschwankungen und fühlen sich psychisch labil. Dieser Babyblues,
der für Außenstehende meist nicht nachvollziehbar ist, ist ganz normal und
nicht mit einer Depression zu verwechseln. Ein solcher Zustand kann bis zu
sieben Tage anhalten. Mütter brauchen in dieser Zeit – wie überhaupt in
der gesamten Wochenbettzeit – besonders einfühlsame Menschen um sich
herum, dazu genug Ruhe und Unterstützung.

Die zum Teil widersprüchlichen Gefühle können verwirrend sein, sind
aber kein Anlass zur Sorge, wenn sie nicht länger anhaltend sind. Sie verschwinden von alleine und du fühlst dich bald psychisch wieder stabiler. Bei
ungefähr 15 Prozent aller Wöchnerinnen entwickelt sich aus den Stimmungs-
schwankungen jedoch eine Wochenbettdepression. Mit diesem Begriff sind
in der Regel depressive Erkrankungen im gesamten ersten Jahr nach der
Geburt gemeint. Deshalb wird diese Krankheit korrekterweise auch postpar-
tale Depression genannt.

Wie du eine Wochenbettdepression erkennen kannst

Mögliche Symptome sind eine anhaltende, über das normale Maß hinaus-
gehende Erschöpfung, große Müdigkeit, Aggressionen oder auch eine hohe
Unsicherheit in Bezug auf den Umgang mit dem Baby. Auch akute körperliche Beschwerden wie Kopfweh, Magenschmerzen, Schwindel oder Schlafstörungen können auftreten. Treffen diese Anzeichen auf dich zu, dann lasse
in diesem Zusammenhang die Blutwerte der Schilddrüse überprüfen. Eine
Funktionsstörung der Schilddrüse kann nämlich ähnliche Symptome verur-
sachen.

Mütter trauen sich oft nicht, über diese Gefühle zu reden. Schließlich
ist die allgemeine Erwartungshaltung, dass eine Mutter nach der Geburt
glücklich zu sein hat. Das macht es oft schwerer, diese Erkrankung zu erkennen und den Betroffenen helfen zu können. Deine Hebamme ist als deine
feste Ansprechpartnerin im Wochenbett auch darin ausgebildet, auf entsprechende Symptome zu achten und dir bei Bedarf zu helfen, eine geeignete Therapie zu beginnen. Doch manchmal ist es gar nicht so leicht, diese
Erkrankung zu diagnostizieren. Gerade Frauen neigen nach der Geburt
sehr dazu, „durchzuhalten", ganz egal, wie es ihnen gerade geht. Manchmal
bekommt nicht einmal der eigene Partner richtig mit, wie es seiner Frau
gerade wirklich geht. Hinzu kommt, dass Depressionen – vor allem nach
der Geburt eines Kindes – immer noch als Tabuthema gelten. Dabei ist eine
depressive Erkrankung etwas, das jeden jederzeit ereilen kann, unabhängig von der jeweiligen Lebenssituation. Es gibt zwar ein paar Faktoren, die

eine Wochenbettdepression begünstigen, wie zum Beispiel psychische Vorerkrankungen. Aber sie kann auch ganz ohne mögliche Risikofaktoren und auch nach einer guten und selbstbestimmten Geburt auftreten.

Bemerkst du mögliche Symptome oder wirst von deinem Partner oder deiner Hebamme darauf angesprochen, ist es wichtig, dass du schnell und kompetente Hilfe erhältst. Ganz wichtig ist, dass die Menschen, die dich umgeben, dir Verständnis entgegenbringen und dich entlasten. Gerade Ersteres ist nicht immer gegeben. Für ein gebrochenes Bein gibt es im Umfeld oft mehr Verständnis als für eine depressive Erkrankung. Aber die Wochenbettdepression ist tatsächlich eine Erkrankung. Die Prognose für ihre Ausheilung ist jedoch gut, sogar günstiger als bei anderen depressiven Erkrankungen. Je schneller betroffene Eltern in dieser Situation Hilfe und Unterstützung erfahren, desto schneller werden sie diese Krise überwinden. Betroffene Mütter brauchen neben einer geeigneten Therapie Entlastung, damit sie wieder gesund werden können. Die meist im Zusammenhang mit der Depression auftretende Antriebslosigkeit ist keine „Faulheit", sondern ein Symptom. Die betroffenen Mütter leiden sehr darunter, wenn sie sich nicht so um ihr Baby kümmern können, wie sie es eigentlich möchten.

Die Behandlung der Wochenbettdepression sollte darum auch immer die Beziehung von Mutter und Kind im Fokus haben. Wenn eine stationäre Aufnahme für dich unumgänglich ist, sind Mutter-Kind-Stationen sinnvoll. Die Wochenbettdepression tritt in einer besonders sensiblen Lebensphase auf; das Therapeutenteam sollte darauf spezialisiert sein. Die Unterstützung der Mutter-Kind-Bindung ist dabei sehr wichtig – sie muss gestärkt und gefestigt werden. Es unterstützt den Heilungsprozess sehr, wenn sich die betroffene Frau als kompetente Mutter für ihr Kind erleben kann. Auch bei einer ambulanten Gesprächstherapie ist die Bindung zum Kind mit im Fokus, denn gerade ein vielleicht ausbleibendes Liebesgefühl zum Kind belastet die betroffenen Mütter schwer und nachhaltig. Sie leiden unter Schuld- und Versagensgefühlen, was die depressiven Symptome zusätzlich verstärken kann. Wichtig ist zunächst: Anerkennen, dass man selbst oder das Baby Unterstützung braucht – und das nicht als ein Versagen zu bewerten. Viele Faktoren können den Beziehungsaufbau zum Kind erschweren, was aber niemals alleine Schuld der Mutter ist.

Damit du gesund wirst, brauchst du außerdem Menschen, die dich unterstützen und entlasten: bei der Versorgung des Babys, der Geschwisterkinder und im Haushalt. Die Kosten für eine Haushaltshilfe werden unter bestimmten Voraussetzungen auch von den gesetzlichen Krankenkassen übernommen.

Auch Väter können an einer Wochenbettdepression erkranken. Vier bis acht Prozent sind von depressiven Symptomen nach der Geburt betroffen; meist sind die Symptome schwer zu erkennen. Bei Müttern spielen bei der Entwicklung einer Depression auch die hormonellen Veränderungen eine

Rolle, aber die gravierende Umstellung auf ein Leben als Eltern und alle damit verbundenen Erfahrungen und zeitweiligen Überforderungen erleben beide Elternteile gleichermaßen.

Die ersten Bezugspersonen

In unserer Kultur sind wir darauf fokussiert, dass das Baby vor allem von Hetero-Eltern umsorgt wird: Mutter und Vater. Studien und kulturelle Vergleiche zeigen aber, dass das nicht nur keineswegs überall der Fall ist, sondern dass Kinder in vielen anderen Familienkonstellationen ebenfalls glücklich aufwachsen können. Letztlich zählen nicht das Geschlecht oder die Anzahl der umsorgenden Personen; worauf es ankommt, ist die Qualität des Miteinanders. Ob nun also Mutter-Mutter-Kind, Vater-Vater-Kind, Mutter-Vater-Kind, Mutter-Kind, Vater-Kind oder eine ganz andere Familienform: Kinder können von Menschen unterschiedlichen Alters und Geschlechts liebevoll ins Leben begleitet werden. Die Unterschiede zwischen dem Verhalten von Vätern und Müttern sind tatsächlich geringer als oft gedacht – sogar bis hin zu den Hormonen. Männer verfügen nicht nur über ein ähnlich intuitives Handlungswissen für den Umgang mit Säuglingen;[2] bei der Interaktion mit dem Baby schütten sie ebenfalls das Bindungshormon Oxytocin aus. Dürfen sie das Baby aktiv umsorgen, zeigen auch sie einen Anstieg des Hormons Prolaktin, was das Pflegeverhalten unterstützt.[3] Babys sind daher von Anfang an in guten Händen – unabhängig davon, ob diese Mutter oder Vater gehören. Nur das Stillen bildet in dieser Hinsicht den einzigen wirklich großen Unterschied zwischen den Geschlechtern – wobei es neben der Brust der Mutter noch andere Möglichkeiten gibt, das Baby mit Muttermilch zu ernähren.

Das Baby kann nicht nur von beiden Elternteilen – sofern vorhanden – gleichermaßen versorgt werden, es profitiert sogar davon. Mutter und Vater lernen so das Baby kennen und können von Anfang an am Strang der Bindung weben. Das Verständnis für das Baby wird gestärkt, wie auch dafür, warum der Partner gerade in der ersten Zeit oft erschöpft ist. Das wiederum beeinflusst die Beziehung der Eltern positiv. Ist hingegen einer von beiden in der Zeit nach der Geburt häufig außer Haus, entsteht schnell ein verzerrtes Bild vom Babyalltag bis hin zu der Vorstellung, der daheim bleibende Partner hätte eine entspannte Zeit – was der- beziehungsweise diejenige natürlich ganz anders erlebt. Erfährt das Baby von Anfang an, dass zwei Menschen es ähnlich liebevoll und bedürfnisorientiert umsorgen, wird es auch in aufgewühlten Stimmungslagen beide Elternteile als Trostspender akzeptieren und nicht nur nach der Hauptbezugsperson verlangen. Als Eltern könnt ihr also frühzeitig einer einseitigen Belastung vorbeugen – oder auch der Situation,

→ ERSTE HILFE BEIM
BINDUNGSAUFBAU

Hebammen und anderes
Fachpersonal können
den Beziehungsaufbau
unterstützen, etwa durch
den therapeutischen
Ansatz der „Drei Schritte"
der Schweizer Hebamme
Brigitte Meissner[1]: Heilge-
spräch, Bondingbad und
Entwicklung des „Her-
zensfadens" können Eltern
und Kind zueinanderfüh-
ren. Oder ein körperthe-
rapeutischer Beratungs-
ansatz wie Emotionelle
Erste Hilfe begleitet den
Bindungsaufbau. Um
gesund zu werden, hilft
auch der Austausch mit
anderen Betroffenen. Zu
sehen und hören, dass
grundsätzlich jede Frau
daran erkranken kann,
ist oft sehr erleichternd
und mindert mögliche
Schuldgefühle. •

dass sich einer von euch abgelehnt fühlen könnte, weil er oder sie weniger Zeit mit dem Baby verbringt.

Jeder von euch entwickelt eigene Rituale und Umgangsformen mit dem Baby. Während das Baby vielleicht von dir in den Schlaf gestillt wird, trägt dein Partner es herum oder singt ihm etwas vor. Während ein Elternteil mehr kuschelt, spielt und tobt der andere vielleicht lieber. Das ist gut, denn so lernt das Baby von Anfang an Verschiedenartigkeit kennen. Für euch als Eltern bedeutet das, die Handlungen des Partners anzuerkennen und wertzuschät-zen, auch wenn man selbst es anders macht. Ihr beiden entwickelt jeder eine eigene Beziehung zu eurem Baby. Rituale, Spiele und Alltagssituationen kön-nen unterschiedlich gestaltet werden, solange sich das Baby dabei wohlfühlt. Gönnt euch die Zeit und die Möglichkeit, herauszufinden, was eure Eigenhei-ten sind und was jeder von euch dadurch individuell eurem Baby geben kann.

Wenn das Sichverlieben schwerfällt

Manchmal dauert es, bis ihr euer Kind wirklich liebt. Wie oben beschrieben, hilft es oft, viel Zeit mit dem Baby zu verbringen und Körperkontakt zu su-chen. Doch selbst das ist kein Garant für ein inniges Gefühl der Verbunden-heit. Womöglich stehen diesem Gefühl die Erlebnisse der vergangenen Tage im Weg: Vielleicht war deine Schwangerschaft anstrengend und belastet von persönlichen Schwierigkeiten oder Erkrankungen; vielleicht ist die Geburt anders verlaufen als geplant; vielleicht habt ihr unter der Geburt Interven-tionen erlebt, die nicht abgesprochen oder unerwünscht waren, was trau-matisch nachwirkt; vielleicht ist auch das Kind anders als erwartet. Es kann viele Gründe geben, warum sich bestimmte Gefühle nicht einstellen wollen – und das ist nicht so selten. Es kann auch vorkommen, dass das Baby von einer anstrengenden Geburt oder einer Zeit auf der Kinderintensivstation emotional noch so überwältigt ist, dass es viel weint und zunächst vor allem gehalten und beruhigt werden muss. Auf lieb gemeinte Angebote zur Inter-aktion mit euch wird es sich dann zunächst nicht einlassen können.

Jedes Mitglied der Familie hat das Recht, mit der neuen Situation erst einmal Schwierigkeiten zu haben. Dabei ist es wichtig, sich diese Schwierig-keiten bewusst zu machen, um sie anzusehen und zu versuchen, sie zu bear-beiten. Vielleicht kann eure Hebamme eine Vertraute sein, mit der ihr über Gefühle der Verunsicherung oder Ähnliches sprechen könnt. Auch für euch als Eltern sollte es kein Tabu sein, ehrlich zu benennen, dass die Umstellung auf das neue Leben erst einmal schwerfällt und dass man sich einiges viel-leicht ganz anders vorgestellt hat. In den kommenden Jahren wird es noch viele herausfordernde Situationen mit dem Kind geben, und es ist gut, von Beginn an offen im Austausch darüber zu bleiben.

NEUN GRÜNDE,
DEIN BABY ZU TRAGEN

● TRAGEN IST NATÜRLICH

Das Baby ist ein Tragling. Durch Kontaktweinen, angehockte, leicht gespreizte Beinchen und den Greifreflex zeigt es dir, dass es getragen werden möchte.

● TRAGEN SPRICHT DIE SINNE AN

Tragen fördert das Baby perfekt vom ersten Tag an und spricht alle Sinne an. Auch die Haut, das größte Sinnesorgan, wird mit dem Tragetuch oder der Tragehilfe stimuliert.

● TRAGEN GIBT SICHERHEIT

Dein Baby kann in den ersten Monaten nur 20 bis 30 Zentimeter weit sehen. Beim Tragen kann es dich gut erkennen, fühlt sich sicher und kann zu jeder Zeit direkt Kontakt mit dir aufnehmen.

● TRAGEN FÖRDERT DAS BABY

Tragt euer Baby immer mit dem Gesicht zum Träger. So schützt ihr es vor physiologisch schlechter Haltung. Tragen unterstützt die Wirbelsäulen- und Hüftentwicklung der Babys und stärkt die Tiefenmuskulatur.

● TRAGEN STÄRKT DIE BEZIEHUNG

Durch Hautkontakt und Nähe wird das Hormon Oxytocin ausgeschüttet. Es wirkt beruhigend und blutdrucksenkend und fördert die Bindung zwischen dir und deinem Kind.

● TRAGEN BIETET SCHUTZ

Dein Baby kann deine Stimmung und Reaktion direkt wahrnehmen und sich so ständig rückversichern, ob die gerade erlebte Situation in Ordnung ist. Es kann entscheiden, was es sehen und erleben möchte, oder sich zurückziehen.

● TRAGEN SPENDET RUHE

Getragene Kinder weinen weniger und schlafen in der Nacht besser.

● TRAGEN – LASS DICH BERATEN

Damit du und dein Baby es wirklich bequem habt, wende dich an eine ausgebildete Trageberatung. Hier kannst du üben und ausprobieren, bis du die perfekte Tragehilfe oder Bindeweise gefunden hast.

● TRAGEN VERBINDET

Tragen ist das Stillen der Väter. So gibst du deinem Kind die Nähe und Geborgenheit, die es braucht und legst den Grundstein für eine gute Bindung zwischen euch.

→ TIPPS
trageschule-hamburg.de
didymos.de/tragekurse/

Die Welt aus der Sicht des Kindes:
Tragehilfen
youtube.com/watch?v=hUErq-cPnpY

Ankommen bei Geschwistern

→ ALLEINE-ZEIT FÜR
GESCHWISTER

Jedes Kind sollte täglich für eine gewisse Zeit die ungeteilte Aufmerksamkeit von dir oder deinem Partner bekommen: beispielsweise bei einem gemeinsamen Frühstück, wenn die anderen noch schlafen, in einer festen Zeit mit einem Elternteil, bei der das Kind Thema und Spiel bestimmen darf, oder bei einem entspannten abendlichen Ritual. Wenn ihr bereits ein Kind habt, macht euch bewusst, welche lieb gewonnenen Gewohnheiten ihm bislang besonders wichtig waren, und überlegt, wie sie weiterhin gepflegt oder wie vielleicht auch neue geschaffen werden können. •

Manchmal kommt ein Baby nicht nur neu bei seinen Eltern an, sondern auch in einer Familie mit älteren Geschwisterkindern. Diese begrüßen Bruder oder Schwester vielleicht aufgeregt und mit stürmischen Kinderhänden, vielleicht verhalten sie sich aber auch abweisend oder ziehen sich unglücklich zurück.

Wird ein Kind in eine Familie mit anderen Kindern hineingeboren, ist das für Eltern oft eine besondere Herausforderung. Es gilt nicht nur, das neue Kind kennenzulernen und zu umsorgen, sondern auch das größere Kind oder die älteren Geschwister nicht zu vergessen und in seinen beziehungsweise ihren Bedürfnissen zu sehen und zu verstehen. Die Umstellung auf ein Leben mit einem weiteren Kind bringt das gesamte Familiengefüge in Bewegung. Oft finden sich alle erst nach Monaten, vielleicht einem Jahr an einem neuen Platz ein. Bis dahin heißt es, den Umstellungsprozess zu begleiten, Verständnis zu haben und nachsichtig mit sich selbst und allen anderen zu sein. Jedes weitere Kind in einer Familie lässt eine Familie noch einmal neu wachsen und entstehen.

Macht euch bewusst, dass Kinder keine Erwachsenen sind und dass sie auf ihre Art mit einem Geschwisterkind umgehen. Tun sie das offen und freudig, können Erwachsene von ihrer Leichtigkeit einiges lernen. Gerade kleine Kinder gehen oft neugierig auf den winzigen Menschen zu, umsorgen ihn nach ihren Möglichkeiten und versuchen Kontakt aufzubauen durch Spiel, Sprache und Berührungen. All das ist wunderbar, denn Geschwister sind ebenfalls Bindungspersonen. Sie werden dem Kind im besten Fall lebenslang zur Seite stehen, sich ihm zugehörig fühlen und sich – abgesehen von Streitigkeiten, die das Geschwistersein auch mit sich bringt – mit ihm verbünden. Versucht diese Freude nicht durch zu viele Ermahnungen und übertriebene Vorsicht zu bremsen: Es ist wunderbar für beide Geschwister, wenn sich das ältere Kind von Anfang an und nach seinen Fähigkeiten kümmern darf. Nehmt wahr, wie größere Geschwisterkinder sich einbringen möchten, und versucht diese Wünsche in machbare Bahnen zu lenken: Vielleicht möchten sie beim Wickeln helfen und das Baby abschließend eincremen, oder sie möchten das Baby auf dem Arm halten und ihm den eigenen, sauberen kleinen Finger zum Nuckeln anbieten (dazu sollte das ältere Kind sicher auf dem Bett sitzen, damit das Baby nicht herunterfallen kann). All das ist möglich. Nur für das Füttern haben Kleinkinder noch nicht das nötige Maß an Empathie, um die Signale des Babys richtig zu deuten. In vielen anderen Bereichen aber können größere Geschwister aktiv teilhaben. So vertiefen sie nicht nur die Beziehung, sondern bauen auch Selbstbewusstsein auf und lernen für ihre eigene Zukunft.

Je nach Temperament und Rahmenbedingungen gestaltet sich der Beziehungsaufbau manchmal aber auch schwierig. Vielleicht ist das ältere

Kind schüchtern und bekommt keine Möglichkeit, sich aktiv einzubringen. Fühlt es sich auch aus diesem Grund verdrängt oder benachteiligt, führt das nicht nur zu Problemen in der Familie, sondern kann auch die Beziehung der Geschwister belasten. Deswegen ist es wichtig, von Beginn an die Bedürfnisse älterer Schwestern oder Brüder nicht aus dem Blick zu verlieren und ihre Routinen möglichst beizubehalten. Um nachzuvollziehen, wie sie die neue Situation empfinden mögen, könnt ihr euch Folgendes vorstellen: Dein Partner kommt von einer Geschäftsreise nach Hause und bringt eine weitere Person mit. Er teilt dir mit, dass er sie ab jetzt genauso lieben wird wie dich und dass sie immer bei euch bleiben wird. Wurde euer erstgeborenes Kind beispielsweise bisher immer von dir ins Bett gebracht und du hast ihm dann noch eine Geschichte erzählt, wird es verständlicherweise protestieren, wenn es auf einmal wegen des Babys darauf verzichten muss. Damit es sich nicht zurückgesetzt fühlt, bietet es sich an, dass dein Partner das Baby übernimmt, während du das gewohnte Ritual beibehältst.

Eltern werden Großeltern

Wie Eltern und Geschwister brauchen auch andere Angehörige und Freunde oft Zeit, um erst einmal im neuen Familiengefüge anzukommen. Eltern werden nun zu Großeltern. Sie nehmen damit eine neue Position ein und müssen ihren Kindern die Verantwortung dafür überlassen, Entscheidungen für ihre eigene Familie zu treffen und ihr Familienleben selbst zu bestimmen. Diese Veränderungen sind auch für Erwachsene nicht immer leicht – besonders dann nicht, wenn die „neuen Eltern" etwas anders machen wollen als „man es früher gemacht hat". Der heutige Erziehungsstil unterscheidet sich oft deutlich von dem früherer Generationen. In den Augen derer, die gelernt haben, dass Schreien gut für die Lunge sei oder häufiges Hochnehmen Kinder zu Tyrannen werden lasse, werden Babys heute verwöhnt und verzogen. Studien belegen jedoch, dass es gerade nicht dazu kommt, wenn Eltern sich ihren Kindern liebevoll zuwenden und auf ihre Bedürfnisse eingehen. Dennoch kann die Auseinandersetzung darüber mit den eigenen Eltern Konflikte bergen. Wer in seiner Familie auf alte Erziehungsprinzipien stößt, sollte etwa die Großeltern langsam an die schönen Seiten des verwöhnenden Familienlebens heranführen: An das erfüllende Gefühl, das eigene Enkelkind in den Armen beruhigen zu können, es in einer Tragehilfe zu tragen und zu spüren, wie es dabei beruhigt einschläft. Daran, dem Baby Aufmerksamkeit und Zuwendung zukommen zu lassen und zu erleben, wie es einem dafür Vertrauen und Anerkennung schenkt. Für das Kind und die ganze Familie ist es ein wunderbarer Gewinn, wenn sich alle liebe- und respektvoll begegnen.

Die ersten Ausflüge mit dem Baby

Die Zeit im Wochenbett bietet sich für einen behutsamen Übergang nach der Geburt an, in der sich die ganze Familie langsam an das Leben mit dem neuen kleinen Menschen gewöhnen kann. Ganz allmählich kommt so auch das Baby mit neuen Reizen in Kontakt. Spaziergänge und kleine Ausflüge sind nach den ersten zehn bis 14 Tagen zu Hause dann für viele Eltern eine willkommene Abwechslung. Wichtig ist, dabei die eigenen Kräfte richtig einzuschätzen, damit sie nicht nur für den Hin-, sondern auch für den Rückweg reichen.

Auch die Kraft des Babys darf nicht überschätzt werden, denn die ersten Ausflüge bescheren ihm viele neue Erfahrungen. Da ist der weite Himmel über ihm, und vielleicht sieht es Blätter in den Bäumen, die rascheln und durch die ab und zu die Sonne blitzt. Vielleicht bläst der Wind und streicht dabei über das Gesicht des Babys. Und dann sind da Geräusche und Töne von Menschen, Tieren, Autos oder das Klingeln eines Fahrrads. Betrittst du mit dem Baby einen Supermarkt, blickt es in grelles Neonlicht, nimmt unterschiedliche Gerüche in den Gängen wahr und hört laute Durchsagen oder Hintergrundmusik. Da sind wahrscheinlich andere Menschen, die sich unterhalten und sich vielleicht über den Kinderwagen beugen oder nahe an die Trage herankommen, um das Baby zu berühren. Weil selbst kleine Ausflüge viele Reize bieten, ist es wichtig, das Kind anfangs auch außerhalb der Wohnung vor zu vielen Eindrücken zu schützen und ihm zugleich durch eure Nähe ein Gefühl der Sicherheit zu geben. Das gelingt sehr gut, wenn ihr das Baby in einer Trage oder einem Tragetuch am Körper tragt. Hier kann es den vertrauten Herzschlag hören und ist in der Lage, jederzeit zu euch Kontakt aufzunehmen. So hat es die Möglichkeit, die Welt aus einer geschützten Position heraus kennenzulernen und sich aber auch in die Hülle der Trage oder des Tuches zurückziehen zu können.

Manchmal stellen Eltern erst am Abend fest, dass der Tag für ihr Baby zu viele Abenteuer und Aufregungen bereitgehalten hat. Obwohl das Kind schon an der Schwelle zum Schlaf steht, wollen die Erlebnisse noch verarbeitet werden und hindern das Kind am Einschlafen. Ihr könnt die Erfahrungen des Tages nicht zurücknehmen, aber ihr könnt das vor Überforderung weinende Baby in seinem Weinen begleiten. Erzählt den Tag noch einmal nach und benennt, wie viel es gesehen und erlebt hat. Beruhigend könnt ihr dem Baby sagen, dass es sicherlich erschöpft ist von diesem Tag. So fasst ihr das Erleben eures Kindes in Worte, spiegelt seine Gefühle und könnt selbst noch einmal nachvollziehen, welche Eindrücke das Kind gesammelt hat. Das kann euch helfen zu erkennen, wo ihr vielleicht in Zukunft Abstriche machen solltet.

WIE DU DEN BECKENBODEN STÄRKST

● **LIEGEN STATT SITZEN**

So schonst du den Beckenboden. Verspürst du ein Druckgefühl oder hast du eine Senkung der Gebärmutter, entlasten Umkehrpositionen, etwa Rückenlage mit aufgestellten Beinen und erhöhtem Becken.

● **AUF DER TOILETTE**

In den ersten Tagen nach der Geburt wird eine gefüllte Blase oft nicht richtig wahrgenommen. Gehe regelmäßig auf die Toilette. Setze dich aufrecht hin, mit geöffneten Beinen. Beim Stuhlgang bewährt sich eine leicht gerundete Haltung, „Po ins Klo". Eine kleine Fußbank hilft dabei. Löse beim Wasserlassen oder Stuhlgang nur die Grundspannung des Beckenbodens. Nicht pressen.

● **RICHTIG STEHEN**

Stehe hüftbreit, belaste die Füße gleichmäßig und verteile dein Gewicht. Mache kein Hohlkreuz und drücke den Rücken nicht durch.

● **GUT SITZEN**

Rücke mit den Beinen nah an die Stuhlkante, ohne einen runden Rücken zu machen. Aktiviere den Beckenboden und schiebe dein Gesäß beim Setzen weit nach hinten.

● **HUSTEN UND NIESEN**

Nimm keine runde oder nach vorn gebeugte Haltung ein. Bleibe aufrecht, drehe den Oberkörper zur Seite und huste in die Armbeuge. Das entlastet den Beckenboden.

● **KINDERWAGEN SCHIEBEN**

Fasse beim Schieben den Griff mit den Händen von unten an. Das hilft dir, aufrechter zu laufen.

● **KREISEN UND LOCKERN**

Bewege dein Becken mehrmals täglich, das verschafft dir schnell wieder mehr Gefühl im Beckenbodenbereich. Verschließe Scheide, Harnröhre und den Schließmuskel des Afters mit deiner Beckenbodenkraft. Ziehe die Sitzbeinhöcker nach innen oben. Verbinde die Anspannung mit einer Bewegung, das trainiert alle drei Schichten des Beckenbodens. Alle Positionen sind geeignet: Rücken- und Bauchlage, Sitzen, Stehen und Vierfüßlerstand.

● **ANSPANNEN UND LÖSEN**

Übe rhythmisches kurzes Anspannen, Lösen und Dauerspannung, indem du die Beckenbodenanspannung für einen Moment oder während einer Bewegung hältst. Melde dich rechtzeitig für einen Kurs bei der Hebamme an. Um wirklich etwas für dich tun zu können, besuche den Kurs ohne Kind, sofern es dir möglich ist.

→ NOCH MEHR TIPPS

Afram, Juliana: Vom Wochenbett zum Workout. Stuttgart: trias 2019
Niersmann, Christine: Rückbildungsgymnastik (DVD)

App „Pelvina", pelvina.de

vonguteneltern.de
thecenter.tv
cantienica.com

Auf das Wesentliche besinnen

Im Wochenbett kann es euch helfen, euch auf das Wesentliche zu besinnen. Eine perfekt aufgeräumte Wohnung steht jetzt nicht an erster Stelle. Setzt eure Prioritäten sinnvoll: Es ist besser, zu schlafen als zu putzen. Einkäufe könnt ihr bestellen, anstatt sie gestresst selbst zu besorgen. Eine Haushaltshilfe auf Zeit ist ein gutes Geschenk – Familie und Freunde freuen sich, wenn sie wissen, worüber ihr euch freut. Sagt großzügig alles ab, was in dieser besonderen Zeit nur zusätzlichen Stress bringt. Auch das Baby profitiert davon, wenn es in diesen ersten Wochen noch nicht mit zu vielen externen Reizen konfrontiert wird. Ohnehin gibt es so viele kleine und große neue Dinge in seinen ersten Lebenswochen, an die es sich gewöhnen muss. Da braucht es nicht noch zusätzliche große Veränderungen. Macht es euch also mit dem Baby als kleine Familie in eurer ganz persönlichen Wochenbetthöhle gemütlich. Das gilt auch, wenn schon Geschwisterkinder da sind. In diesem Fall seid ihr sicherlich viel schneller in „ihrem alten Leben" zurück; versucht aber trotzdem zu organisieren, dass es genug Ruhezeiten für dich und das neue Baby gibt. Rückblickend sind sechs bis acht Wochen keine lange Zeit. Aber die ersten Wochen nach der Geburt sind wertvoll und eine wichtige Zeit, an die ihr beide euch hoffentlich gerne zurückerinnern werdet, wenn das Baby schon etwas älter ist.

1   Meissner, Brigitte Renate: Emotionale Narben aus Schwangerschaft und Geburt auflösen. Mutter-Kind-Bindungen heilen und unterstützen – in jedem Alter. Winterthur: Brigitte Meissner Verlag 2013
2   Ahnert, Lieselotte: (2010): Wieviel Mutter braucht ein Kind? Bindung – Bildung – Betreuung: öffentlich und privat. Heidelberg: Spektrum Akademischer Verlag 2010, S. 82
3   Mierau, Susanne: (2019): Mutter. Sein. Von der Last eines Ideals und dem Glück des eigenen Wegs. Weinheim: Beltz 2019, S. 57

Kapitel 4
Die Stillzeit

Was du in diesem Kapitel übers Stillen lesen kannst:

Warum sie für dein Baby und dich so wertvoll ist

Stillen ist mehr als nur Nahrung: Es verstärkt die emotionale Bindung zwischen deinem Baby und dir. Indem du dein Kind stillst, schenkst du ihm Nähe, Wärme und Liebe, Hülle und Schutz und erfüllst so seine Grundbedürfnisse.

Geht es darum, die Ankunft deines Babys vorzubereiten, dann denkst du sicher an die Dinge, die du für dein Baby brauchst und besorgen möchtest. Doch vieles, was an Vorbereitung zu leisten ist, passiert ganz selbstverständlich durch dich selbst. Schon früh in der Schwangerschaft beginnt sich dein Körper auf die Stillzeit einzustellen. Vielleicht merkst du auch, wie du im Laufe der Schwangerschaft anfängst, dir Gedanken über die spätere Ernährung deines Babys zu machen.

Bereits in der Frühschwangerschaft finden zahlreiche Veränderungen statt, die dein Körper mit Blick auf die nahende Stillzeit vollzieht. Das Brustgewebe wächst und verändert sich; viele Frauen nehmen das als eines der ersten spürbaren und vielleicht auch sichtbaren Schwangerschaftsanzeichen wahr. Der Grund dafür sind bestimmte Hormone, die in der Schwangerschaft in größeren Mengen ausgeschüttet werden. Andere Hormone wie etwa Progesteron sorgen gleichzeitig dafür, dass trotz der Wachstumsvorgänge der Brust noch keine Milch gebildet wird – das wäre ja noch zu früh. Erst nach der Geburt des Mutterkuchens, der Plazenta, kommt es dann zu einem hormonellen Abfall von Progesteron, der die Milchbildung einleitet.

→ BOTENSTOFF DER
LIEBE: OXYTOCIN

Oxytocin (von griechisch
oxys = schnell und tokos =
Geburt) beeinflusst nicht
nur die Wehentätigkeit.
Beim Stillen verstärkt
es auch die emotionale
Bindung der Mutter an ihr
Neugeborenes. Als Bo-
tenstoff der Liebe ist das
Hormon eine Art Starthel-
fer, und zwar überall dort,
wo Bindung und Zugehö-
rigkeit entstehen sollen:
bei frisch Verliebten, beim
innigen Spiel unter Kindern
oder beim frischgeba-
ckenen Vater. Oxytocin
ist dafür verantwortlich,
wenn Eltern völlig vernarrt
in ihr Baby sind. Ohne
den Schutz verlässlicher
Bezugspersonen wäre das
Kind den Gefahren des
Lebens schutzlos ausgelie-
fert. Eltern sollten während
der Schwangerschaft und
nach der Geburt all die
Dinge tun, bei denen Oxy-
tocin ausgeschüttet wird:
singen, spielen, miteinander reden, liebevoll auf-
einander bezogen sein. •

Das Hormon Prolaktin, hauptsächlich für die Muttermilchbildung zustän-
dig, steigt bereits während der Schwangerschaft in seiner Konzentration an.
Weil sich dadurch die milchbildenden Zellen weiterentwickeln, kann es in
der zweiten Schwangerschaftshälfte dazu kommen, dass etwas Muttermilch
austritt. Das ist also ganz normal.

Weder die Größe deiner Brust noch die Tatsache, dass immer mal wieder etwas Milch heraustropft, können etwas über die Milchbildung nach der
Geburt aussagen. Das Stillen selbst ist von vielen Faktoren abhängig. Der
vielleicht entscheidende ist das Saugen deines Babys: Dadurch kommt der
Milchfluss in Gang und dein Körper erhält das Signal, die Milchproduktion
aufrechtzuerhalten. Das Saugen regt die Prolaktinausschüttung an, wodurch
sich Muttermilch überhaupt erst bildet. Gleichzeitig wird ein weiteres wich-
tiges Hormon ausgeschüttet, das Oxytocin. Es bewirkt den Milchspendereflex und sorgt dafür, dass die Muttermilch fließt.

Ist die Nachfrage nach Muttermilch gering und wird die Brust nicht
regelmäßig entleert, beginnen die milchbildenden Zellen langsamer zu
arbeiten. Das ist wichtig zu wissen, damit du verstehst, weshalb das häufige
und ausreichend lange Trinken deines Babys so relevant ist, um gut in die
Milchbildung hineinzukommen und sie aufrechtzuerhalten. Bei sehr geringer oder gar keiner Nachfrage würde dagegen das Abstillen eingeleitet.
Sollte es aus irgendeinem Grund nicht möglich sein, dass dein Baby durch
direktes Stillen die Milchbildung anregt, solltest du deine Brust daher mit
der Hand oder mit Hilfe einer Milchpumpe entleeren. So kannst du deinem
Körper frühzeitig und immer wieder das Signal zur Milchbildung geben.

Weil deine Brust sich verändert und wächst, achte darauf, dass sich BH
und Unterwäsche bequem anfühlen und nichts drückt. Auch nach der Geburt
wird sich deine Brust noch mehrfach verändern. Für die erste Zeit sind etwas
nachgiebigere und auf mehrere Größen einstellbare Still-BHs oder Bustiers
am geeignetsten. Wenn du unsicher bist, wende dich an deine Hebamme oder
lass dich in einem Fachgeschäft beraten. Falls bereits in der Schwangerschaft
etwas Milch austritt, kannst du Stilleinlagen verwenden, um deine Kleidung
vor dem Durchnässen zu schützen; es gibt sie als Einweginlagen oder in der
waschbaren Version aus Materialien wie Wolle/Seide oder Baumwolle.

Deine Brust wird in der Stillzeit stark beansprucht. Mit einem hochwertigen Öl kannst du sie bereits in der Schwangerschaft pflegen. So vermeidest
du zwar nicht immer Dehnungsstreifen, aber deine Haut bleibt elastisch,
wenn sie sich dehnt, und ein mögliches Spannungsgefühl wird gemindert.
Neben der deutlicheren Venenzeichnung wirst du in der Schwangerschaft
auch bemerken, dass die Brustwarze durch die verstärkte Pigmentierung
dunkler wird. Spare beim Einölen diesen Bereich aus, denn die sogenannten Montgomery-Drüsen am Brustwarzenhof sondern bereits ein fettreiches
Sebum ab. Dieser Hauttalg pflegt die Brustwarzen, und nach der Geburt
lockt er mit speziellen Duftstoffen dein Baby in Richtung Brust.

110

Wenn du dich sanft einölst, wirst du dabei mit den Veränderungen deines Körpers vertraut und wie er sich auf die Stillzeit vorbereitet. Die Brust abzuhärten, wie es früher oft empfohlen wurde, ist keine gute Idee – ganz im Gegenteil: Bürstenmassagen oder Ähnliches können sogar zu Verletzungen an der Brustwarze führen. Gehe also immer achtsam und sanft mit deinem Körper um.

Wie bereitet sich das Baby auf das Stillen vor?

Auch wenn dein Baby in deinem Bauch über die Nabelschnur mit allen notwendigen Nährstoffen versorgt wird, bereitet es sich schon auf das Gestilltwerden nach der Geburt vor. Nicht nur die entsprechenden Organe, sondern auch die erforderlichen Reflexe entwickeln sich. Das Saugen trainiert das Baby schon im Bauch, indem es am Daumen lutscht, ebenso wie das Schlucken, indem es das Fruchtwasser trinkt. Auch die Geschmacksbildung beginnt schon früh. Bereits im ersten Schwangerschaftsdrittel entwickeln sich die Geschmacksknospen auf der Zunge deines Babys. Der Geschmack des Fruchtwassers verändert sich, je nachdem, was du gegessen hast. So findet die erste Geschmacksprägung schon in deinem Bauch statt. Grundsätzlich bevorzugen Babys „süß", weil dieser Geschmack in der Natur meist für kohlehydratreiche und ungiftige Nahrungsmittel steht. Auch die Muttermilch hat einen leicht süßlichen Geschmack. Dennoch sollte in der Schwangerschaft nicht allzu viel Süßes auf deinem Speiseplan stehen, sondern ein breites und ausgewogenes Angebot von Lebensmitteln mit einer hohen Nährstoffdichte. Für zwei essen brauchst du nicht, stattdessen ist es gut, bei der Auswahl der Lebensmittel für zwei zu denken: Der reine Kalorienbedarf in der Schwangerschaft ist nur leicht erhöht, der Bedarf an bestimmten Nährstoffen steigt aber deutlich an. Damit dein Baby und du gut versorgt seid, solltest du deine Ernährung gut im Blick haben. Gerne kannst du dich dazu auch von deiner Hebamme beraten lassen.

Wie du dich mental vorbereitest

Dein Körper und dein Baby sind also nach der Geburt gut für das Stillen vorbereitet. Dennoch ist es wichtig, dass du auch theoretisch darüber informiert bist, denn genau wie jede Geburt verläuft auch jede Stillgeschichte ganz individuell und hängt von vielen Faktoren ab. Lass dich von deiner Hebamme oder einer Stillberaterin beraten oder besuche eine Stillgruppe. Auch ein Stillvorbereitungskurs ist manchmal sinnvoll, wenn im

Ruhe, Entspannung und Zufriedenheit beim Stillen stärken dein persönliches Stillvertrauen. Hast du dagegen Angst, bist gestresst oder müde, verringert das dein Gefühl der Selbstwirksamkeit. Vertraue auf deine Fähigkeit zu stillen! Das macht dich sicher und zuversichtlich, dass du stillen und ausreichend Milch für dein Baby bilden kannst. Du erkennst irgendwann, wenn dein Baby zeigt, dass es hungrig oder satt ist. Du legst es nach seinem Bedarf an und lernst es immer besser kennen. Weil Stillen mehr ist als nur Nahrung, ist es nicht schlimm, wenn dein Baby keinen großen Hunger hat und du es trotzdem an deiner Brust anlegst. Genieße beim Stillen den innigen Kontakt und die Nähe mit deinem Kind. Informiere dich gut, sodass du weißt, was den Verlauf des Stillens erschweren kann und wo du Hilfe und Unterstützung findest, sollte es doch zu Problemen kommen. •

Geburtsvorbereitungskurs das Thema Stillen nur kurz angesprochen wird. Geeignete Literatur oder Seiten im Internet, die von Fachpersonen wie einer qualifizierten Still- und Laktationsberaterin (IBCLC) stammen, können deine Stillvorbereitung gut unterstützen. Natürlich ist auch der Austausch mit schon erfahrenen Stillmüttern eine Möglichkeit, sich zu informieren. Kennst du niemanden in deiner Nähe, kannst du dich wegen eines Kontaktes an die Arbeitsgemeinschaft Freier Stillgruppen (AFS) oder die La Leche Liga wenden.[1] Es hilft, wenn du dir klarmachst, dass genau wie jede Geburt auch jede Stillgeschichte sehr individuell und von vielen Faktoren geprägt ist. Weder positive noch negative Erfahrungen von anderen Frauen können eine Voraussage über deinen Stillverlauf machen, denn Stillen ist vielfältig und bunt. Versuche dir bereits während deiner Schwangerschaft ein gutes Stillnetzwerk zu schaffen, das dir bei Fragen oder Problemen zur Seite steht.

Idealerweise hast du eine Hebamme, die dich auch nach der Geburt im Wochenbett und darüber hinaus bis zum Ende der Stillzeit begleitet. Die Kosten dafür werden von den gesetzlichen Krankenkassen übernommen. Überlege dir gut, wo du gebären möchtest, und achte bei der Wahl deines Geburtsortes auch darauf, wie die Stillbegleitung nach der Geburt sich dort gestaltet. Werden dort Bonding, also der unmittelbare Bindungsaufbau zwischen Eltern und Kind, und erstes Anlegen unterstützt? Gibt es speziell geschulte Stillberaterinnen auf der Wochenbettstation? Kliniken, die sich nach dem „Babyfreundlich"-Programm von WHO und UNICEF zertifiziert haben, unterstützen die Eltern-Kind-Bindung und fördern das Stillen gemäß anerkannten und evidenzbasierten Kriterien. Wenn du eine ambulante Geburt planst, ist es besonders wichtig, die Wochenbettbetreuung zu Hause rechtzeitig und mit genügend Vorlauf gut zu organisieren. Die ersten Stilltage sind sehr entscheidend für den weiteren Verlauf. Gut informiert und begleitet gehst du wesentlich entspannter in die Stillzeit. Auch dein Partner beziehungsweise deine Partnerin sollte Bescheid wissen, um dich bei etwaigen Schwierigkeiten gut unterstützen zu können.

Muttermilch tut dem Baby gut

Bestimmt hast du schon häufiger gehört, dass Muttermilch das Beste für dein Kind ist. Aber was genau macht diesen „Zaubertrank" so wertvoll und einzigartig? Jedes Säugetier produziert für seinen Nachwuchs eine Milch, die genau auf dessen Bedürfnisse abgestimmt ist. So ist das auch bei Muttermilch, die sich ganz anders zusammensetzt als etwa Kuhmilch. Während ein Kälbchen vor allem an Muskelmasse zunehmen muss, steht bei Babys die Hirnentwicklung im Vordergrund. Aber auch darüber hinaus gibt es

Die Muttermilch der ers-
ten Tage wird Kolostrum
genannt. Sie ist bestens
an die Bedürfnisse des
Neugeborenen angepasst.
Kolostrum enthält wesent-
lich mehr Eiweiß, aber
weniger Fett und Laktose
als die spätere reife Milch
und ist durch das enthal-
tene Betacarotin dickflüssiger und von gelblicher
Farbe. Später wird die
Muttermilch dünnflüssiger
und eher weißlich sein. Die
Farbe kann aber immer
mal etwas abweichen. Ko-
lostrum enthält besonders
viele Stoffe, die das Im-
munsystem deines Babys
unterstützen. Davon profitiert es gerade in den ersten Tagen, aber auch die
gesamte Stillzeit hindurch.
Kolostrum fördert außer-
dem das Ingangkommen
des ersten Stuhlgangs und
hilft deinem Baby, seinen
Blutzuckerspiegel stabil
zu halten. •

zahlreiche Unterschiede. Die bei uns verfügbare Säuglingsanfangsnahrung ("Pre") basiert zwar auf Kuhmilch, ist aber in ihrer Zusammensetzung stark verändert, da sie sonst von Babys gar nicht gefahrlos getrunken werden könnte. So ist der Eiweißgehalt entsprechend angepasst, und bestimmte fehlende Stoffe werden nachträglich hinzugefügt. Doch eine Vielzahl der natürlichen Inhaltsstoffe der Muttermilch lässt sich nicht künstlich erzeugen. Die Milch aus deiner Brust enthält zum Beispiel über 1000 verschiedene Proteine, die fertige Anfangsnahrung nur einen Bruchteil davon. Auch der Stoffwechsel deines Babys verwertet Muttermilch ganz anders; das kannst du etwa am Stuhlgang deutlich erkennen: Bei Stillkindern unterscheidet er sich in Form, Farbe, Geruch und auch Häufigkeit von dem von Kindern, die mit künstlicher Säuglingsnahrung gefüttert werden.

Kolostrum für einen guten Start

Muttermilch enthält nicht nur alle für eine gesunde Entwicklung notwendigen Nährstoffe sowie Vitamine, Mineralstoffe und Spurenelemente; sie liefert auch wichtige Inhaltsstoffe wie Proteine und Enzyme, die besonders die Immunabwehr deines Babys unterstützen. Die Milch, die in den ersten Tagen aus deiner Brust kommt, ist besonders wertvoll: Das sogenannte Kolostrum steckt voller wichtiger Abwehrstoffe. Auch anschließend ist die Zusammensetzung der Muttermilch auf die Herausforderungen für das Immunsystem deines Kindes abgestimmt –die ganze Stillzeit über, egal wie lange sie auch dauern mag. Künstlich hergestellte Säuglingsmilch ist immer gleich zusammengesetzt, deine Milch hingegen nicht: Sie passt sich den Bedürfnissen des Babys an und verändert sich in den ersten Lebenswochen und auch in der späteren Stillzeit oder wenn dein Kind und du abstillt. Auch innerhalb einer Stillmahlzeit variiert die Zusammensetzung der Muttermilch zum Beispiel in Bezug auf den Fettgehalt.

Übrigens erkranken gestillte Kinder deutlich seltener an Atemwegsinfektionen, Magen-Darm-Erkrankungen und Mittelohrentzündungen. Auch Infekte wie etwa Schnupfen verlaufen milder, wenn du dein Kind stillst. Das Stillen oder auch das Teilstillen senkt zudem das Risiko für den plötzlichen Kindstod (SIDS – sudden infant death syndrome). Die Gesundheit deines Kindes profitiert auch Jahre später noch positiv von deiner Milch: Ehemals gestillte Kinder neigen seltener zu Übergewicht oder zu Diabetes mellitus, der Zuckerkrankheit. Außerdem hat das Trinken an der Brust einen positiven Einfluss auf die Kieferentwicklung des Babys. Durch das Training der Kaumuskulatur wird die Kieferentwicklung optimal unterstützt: Das kindliche Saugbedürfnis wird auf natürliche Weise befriedigt, und es kommt zu weniger Zahnfehlstellungen.

→ DIE NEUN PHASEN DER MAGISCHEN ERSTEN STUNDE [2]

1. Der Geburtsschrei
Unmittelbar nach der Geburt stoßen die meisten Babys einen Schrei aus. Kinder, die sehr entspannt zur Welt kommen, schnaufen manchmal einfach nur.

2. Entspannung
Nach der Geburt liegt das Neugeborene entspannt und ruhig im Hautkontakt mit dir.

3. Erwachen
Schon etwa drei Minuten nach der Geburt fängt es an, die Augen zu öffnen. Mit seinem Mund, dem Kopf und den Schultern beginnt es kleine Bewegungen zu machen.

4. Aktivität
Bereits etwa acht Minuten nach der Geburt kannst du vermehrte Suchbewegungen des Kopfes und Saugbewegungen wahrnehmen.

5. Erholung
Zwischen den aktiven Phasen pausiert dein Baby in der ersten Stunde immer wieder, um sich zu erholen.

6. Robben
Etwa 35 Minuten nachdem es geboren ist, beginnt das Baby mit kurzen, reflexartigen Aktivitäten zur Brust zu robben.

Wie Stillen dein Baby fördert

Dein Baby profitiert nicht nur von deiner Milch, sondern auch vom Stillen selbst. Deine Haut an der deines Kindes – das ist Nähe und Geborgenheit, die dein Kind genießt und für seine Entwicklung braucht. Der Hautkontakt, den ihr beide beim Stillen habt, unterstützt den Aufbau der Bindung zwischen euch beiden, und auch die Wärmeregulation des Neugeborenen profitiert davon. Beim Stillen werden alle Sinne des Babys gefördert. Die sogenannten Montgomery-Drüsen auf deinem Brustwarzenhof sondern den ganz individuellen „Mama-Duft" ab, den das Baby riechen und erkennen kann. Dass sich die Muttermilch geschmacklich verändert, je nachdem, was du gerade gegessen hast, wurde bereits erwähnt. Wusstest du, dass der Abstand zwischen der Brust und dem Gesicht der Mama der ist, in dem ein Baby am besten sehen kann? Auch das Fühlen und das Hören werden gefördert, wenn das Baby an deiner Brust die Wärme deines Körpers spürt und deine Stimme hört. Während ihr stillt, bist du deinem Baby ganz nah, nimmst es mit all deinen Sinnen wahr und lernst es so jeden Tag ein bisschen besser kennen. Die körperliche und emotionale Nähe bilden ein starkes Band der Liebe zwischen euch: Dein Baby erfährt das Glück und die Gewissheit, in seiner Gesamtheit angenommen zu werden. Es lernt von seiner Mutter, was es heißt, zu lieben und geliebt zu werden. Diese erste Partnerschaft bildet die Grundlage seines Vertrauens in das Leben und in die Welt. Das Baby entwickelt ein Urvertrauen, das es ihm erst ermöglicht, soziale Beziehungen zur Mitwelt aufzubauen.

Auch deine Gesundheit profitiert vom Stillen. Nach der Geburt fördert es die Rückbildung deiner Gebärmutter. Dadurch wird die Stärke und Dauer der nachgeburtlichen Blutung reduziert und das Risiko einer Anämie gesenkt. Das Risiko für Erkrankungen wie Brustkrebs vor der Menopause, Eierstockkrebs oder Diabetes Typ 2 ist deutlich geringer als bei Frauen, die nicht gestillt haben.

Wie du zu stillen beginnst

Idealerweise geht es dir und deinem Baby nach der Geburt so gut, dass ihr ausreichend Zeit im intensiven und ungestörten Hautkontakt verbringen könnt. So findet ihr beide am besten in das Stillen hinein. Nackt und dabei gut zugedeckt kann dein Baby so auch wichtige Körperfunktionen wie die Temperatur oder das Atmen am besten regulieren. Die ersten Hungerzeichen lassen nicht lange auf sich warten. Innerhalb der ersten Lebensstunde wirst du beobachten, wie dein Baby unruhiger wird und sich auch mehr bewegt.

7. Gewöhnung
Bereits 45 Minuten nach der Geburt fängt dein Baby an, mit dir vertraut zu werden, indem es deine Brust knetend betastet und an der Brustwarze leckt.

8. Saugen
Ungefähr 60 Minuten nach der Geburt nimmt das Baby deine Brustwarze in den Mund und beginnt daran zu saugen. Hast du während der Geburt beispielsweise schmerzstillende Medikamente erhalten, die dein Bewusstsein etwas trübten, kann längere Zeit im Haut-zu-Haut-Kontakt erforderlich sein, bis das Neugeborene die vorangehenden Phasen abschließt und anfängt zu saugen, da es über deinen Kreislauf von diesen Medikamenten ebenfalls beeinträchtigt werden kann.

9. Schlafen
Etwa eineinhalb bis zwei Stunden nach der Geburt schläft das Baby – und manchmal auch du selbst – ein. •

Es macht mit seinem Kopf Suchbewegungen nach rechts und links, vor allem, wenn es vielleicht schon den individuellen Geruch deiner Brustwarze wahrnimmt. Manche Babys öffnen den Mund und machen schmatzende Geräusche, andere saugen an ihrer Hand oder etwas anderem, was gerade in Mundnähe ist. Mit diesen frühen Hungerzeichen machen Babys auf ihr Stillbedürfnis aufmerksam. Spätestens jetzt solltest du dein Baby auf dem Weg zur Milchquelle unterstützen.

Weil Babys wie alle Säugetiere über verschiedene frühkindliche Reflexe verfügen, sind sie in der Lage, nach der Geburt vom Bauch der Mutter bis zur Brust zu robben. Der amerikanische Kinderarzt Marshall Klaus beschrieb dieses Verhalten, das er „Breast Crawl" nannte.[3] Gib deinem Baby die Zeit, die es dafür braucht, oder unterstütze es dabei, so an deiner Brust anzukommen, dass es die Brustwarze gut mit seinem kleinen Mund erfassen kann. Die britische Hebamme Suzanne Colson stellte fest, dass das Anlegen mittels dieser angeborenen motorischen Frühreflexe der Babys, bei denen die Schwerkraft als Hilfe genutzt wird, in den „klassischen" aufrechten Stillpositionen erschwert oder sogar verhindert wird.[4] Als Eltern müsst ihr die Reflexe nicht alle kennen; ihr solltet aber wissen, dass sie für lange Zeit in einer zurückgelehnten Stillposition mit viel Hautkontakt genutzt werden können, um das Stillen zu initiieren und das Baby zu einem aktiven Partner in der Stillbeziehung zu machen. Bist du in der Anfangszeit noch unsicher oder hast Schwierigkeiten, das Baby korrekt anzulegen, hilft dir das Stillen in einer intuitiven, zurückgelehnten Stillposition.

Für den Anfang hat es sich bewährt, das Baby in einer Bauch-zu-Bauch-Lage zu stillen. Das ist einfach für euch beide und du kannst dabei nichts falsch machen. Lehne dich dafür in einer angenehmen Position zurück, halb liegend oder halb sitzend. Achte darauf, dass dein Kopf sowie der Oberkörper und die Arme bequem abgestützt sind. Stabilere Polster oder Kissen sind meist besser geeignet als die instabilen Stillkissen, die schnell verrutschen. Dein Baby liegt gemütlich Bauch auf Bauch auf dir, sodass es die Brustwarze gut erreichen kann. Seine Nase ist so konzipiert, dass das Baby genug Luft bekommt, auch wenn es aussieht, als würde es mit der Nase im Brustgewebe versinken – also kein Grund zur Sorge.

In dieser intuitiven Stillposition musst du jetzt eigentlich nichts weiter tun als abzuwarten, bis dein Baby von selbst mittels entsprechend aktivierter Stillreflexe die Brustwarze erfasst. Natürlich kannst du es mit deine Worten und Berührungen beruhigen und es nach deinem Gefühl beim Stillbeginn unterstützen. Wichtig ist aber, dass du es selbst bist, die das Kind anlegt, und niemand anderes. Lass dir bei Bedarf ein paar Tipps dafür geben und vertraue darauf, dass ihr beide – dein Baby und du – das selbst am besten könnt.

Auf folgende Punkte kannst du achten, um zu erkennen, dass dein Baby gut angelegt ist: Es hält mit seinen Lippen nicht nur die Spitze der Brustwarze umschlossen, sondern hat auch viel des umliegenden Gewebes im Mund.

Dafür hat es den Mund so weit geöffnet wie du, wenn du in ein üppig belegtes Brötchen beißen würdest. Spitzt das Baby beim Stillen die Lippen, muss es den Mund noch weiter öffnen; dasselbe gilt auch, wenn es beim Trinken die Wangen einzieht. Beim Ansaugen der Brustwarze entsteht ein Vakuum. Um dein Baby von der Brust zu lösen und es erneut anzulegen, schiebst du deinen kleinen Finger sanft und vorsichtig in den Mundwinkel deines Kindes. Hat dein Baby „Pausbäckchen" und kannst du beim Stillen die Muskelarbeit des Kiefers bis zu den Ohren beobachten, hat es genug Brust im Mund.

Wie fühlt es sich an zu stillen? Gerade die ersten Stillmomente beschreiben viele Mütter als intensiv. Es braucht meist etwas Zeit, bis sich die Brustwarzen an die anfangs ungewohnte Belastung gewöhnt haben. Damit ist allerdings nicht gemeint, dass sich das Stillen schmerzhaft anfühlt oder deine Brustwarzen gereizt sind. Auch wunde oder gar blutige Brustwarzen weisen immer darauf hin, dass etwas noch nicht ganz passend ist. Ist der Mund des Babys weit genug geöffnet und hat die Zunge sich dementsprechend über die untere Zahnleiste abgesenkt, kann die Brustwarze so im Mund liegen, dass sie auch bei häufigem und langem Stillen nicht gereizt oder verletzt wird. Deshalb ist es wichtig, von Anfang an gut auf ein angenehmes Anlegen zu achten. Manchmal können auch schnalzende oder schmatzende Geräusche beim Stillen auf eine ungünstige Anlegetechnik hinweisen. Kann dein Baby gut stillen, wirst du nur sein Schlucken hören. Hole dir bei Beschwerden oder Auffälligkeiten rasch die Unterstützung von Hebamme oder Stillberaterin. Zähne zusammenbeißen ist in dieser Situation nicht sinnvoll.

Für ein neugeborenes Baby ist das Stillen anstrengend. Meist schläft es dabei ein; die geballten Fäuste öffnen sich und die Hände entspannen. Die Saugbewegungen werden seltener und vielleicht gleitet die Brustwarze von alleine aus dem Mund, wenn das Kind eingeschlafen ist.

Häufige kleine Stillmahlzeiten

Der Magen deines Babys ist in den ersten Tagen gerade einmal so groß wie eine Murmel und hat nur Platz für fünf bis sieben Milliliter Flüssigkeit. Deshalb kann es anfangs nur kleine Mengen Muttermilch zu sich nehmen und muss das entsprechend häufig tun. Am ersten Tag ist es förderlich, wenn du dein Baby mindestens sechs- bis achtmal anlegst, damit die Milchbildung in Gang kommt. Die Stillfrequenz nimmt in den nächsten Tagen weiter zu, wenn du dein Kind nach Bedarf anlegst. Sollte es am ersten Lebenstag noch etwas müde sein, kannst du es sanft wecken, indem du es streichelst, behutsam ausziehst oder wickelst. Mit ausgiebigem Hautkontakt förderst du die Stillbereitschaft deines Babys; deshalb kann es gerne unbekleidet bis auf eine Windel viel Zeit mit dir Haut an Haut verbringen.

Biete deinem Baby immer wieder die Brust an, wenn es wach und aufmerksam ist. Stillen ist am einfachsten, wenn du feinfühlig auf die frühen Hungerzeichen deines Babys achtest: Es macht dann kleine Bewegungen und dreht den Kopf hin und her. Dabei öffnet es immer wieder den Mund und sucht nach Nahrung. Manche Babys schmatzen dabei auch, lecken mit der Zunge an ihren Fingern oder Fäusten und geben glucksende Laute von sich. Indem du seine Bedürfnisse erkennst und prompt erfüllst, stärkst du das Urvertrauen deines Babys. Es erfährt, dass es gehört wird und in Sicherheit ist. Du kannst es nicht verwöhnen! Der Hunger deines Babys richtet sich nicht nach festen Zeiten oder Rhythmen. Stille dein Baby nach Bedarf und immer dann, wenn es nach der Brust zu suchen beginnt oder die frühen Hungerzeichen zeigt. Weint dein Baby, ist das ein spätes Hungerzeichen. •

Die ersten Tage

Die Stillfrequenz nimmt in den ersten Tagen stetig zu. Zehn bis zwölf oder sogar mehr Stillmahlzeiten in 24 Stunden sind völlig normal. Lege dein Baby nach Bedarf an, also immer, wenn es mit seinen frühen Hungerzeichen darauf aufmerksam macht. Stillen nach Bedarf richtet sich aber auch nach deinen Bedürfnissen: Fühlt sich deine Brust sehr schwer oder gespannt an, darfst du dein Baby auch sanft wecken und zum Stillen animieren. Durch das häufige Anlegen kommt die Milchbildung gut in Gang. Du kannst spüren, wie sich deine Brust und auch die Milchmenge verändern. Wenn du ausreichend oft stillst, vermeidest du Spannungsgefühle oder Schmerzen, wenn die Milchproduktion zwischen dem zweiten und vierten Tag so richtig in Gang kommt. Das ist meist verbunden mit einer initialen Brustdrüsenschwellung, dem Milcheinschuss. Deine Brust fühlt sich dann prall, schwer und warm an, weil mehr Blut und Lymphflüssigkeit im Brustdrüsengewebe zirkulieren. Auch deine Körpertemperatur kann deshalb leicht erhöht sein. In diesen Tagen kannst du auch den Abfall der Schwangerschaftshormone deutlicher spüren, und auch der Schlafmangel der letzten Tage macht sich jetzt meist bemerkbar. Am besten verbringst du diese Tage gut umsorgt zusammen mit deinem Baby im Bett. Besuch ist in dieser Zeit besonders anstrengend. Zieht euch in eure Wochenbetthöhle zurück und umgebt euch nur mit Menschen, die euch guttun und euch unterstützen.

Das Wochenbett ist nicht nur die Zeit, in der sich dein Körper von der Schwangerschaft und der Geburt erholt und regeneriert. Im Wochenbett lernt ihr das Baby immer besser kennen und wachst als Mutter oder Vater in eure neuen Rollen. Mit der Milchbildung und dem Stillen vollbringt dein Körper erneut eine Höchstleistung. Das verdient nicht nur Anerkennung, sondern auch einen geschützten Rahmen. Als Mutter solltest du dich im Wochenbett erholen und ausruhen: Das Baby wird euch mit seinen Bedürfnissen ohnehin rund um die Uhr beschäftigen. Während sich die Babypflege oder das Tragen, Halten und Beruhigen auf mehrere Personen verteilen lässt, liegt das Stillen allein bei dir. Entsprechend solltest du von anderen Aufgaben entlastet sein. Schaffe dir schon vor der Geburt die Struktur, die du dafür brauchst; am besten baut ihr ein Helfernetzwerk für das Wochenbett auf.

Intuitiv zu stillen ist einfacher

Das intuitive Stillen Bauch auf Bauch ist auch für die weitere Wochenbettzeit eine gute Stillposition. Achte wirklich darauf, dass du bequem liegen oder gut abgestützt sitzen kannst.

Natürlich kannst du dein Baby auch in anderen Positionen wie Seitenlage, Wiege- oder Rückenhaltung stillen. Achte darauf, dass du dein Baby immer schön nah zu deiner Brust hin bewegst und nicht umgekehrt. Egal welche Stillposition du wählst: Dein Kind soll sein Köpfchen dabei nicht verdrehen müssen, sonst liegt deine Brustwarze nicht ideal in seinem Mund und es kann zu Reizungen oder gar Verletzungen der Mamille kommen. Außerdem ist für dein Baby auch das Schlucken in einer solchen Haltung deutlich erschwert. Mit ein wenig Übung findest du schnell heraus, in welchen Haltungen das Stillen für euch besonders angenehm ist. Hab keine Sorge, wenn du am liebsten zurückgelehnt mit diversen Kissen oder Polstern stillst. Im Laufe der Zeit wird sich das Stillen einspielen und ihr werdet immer und überall unkompliziert und diskret stillen können – auch unterwegs. Du wirst also später sicherlich nicht mit Stillkissen oder anderen Hilfsmitteln hantieren müssen, wenn du im Café oder in der Bahn stillst. Stillen ist ein Lernprozess für Mutter und Kind. Nehmt euch jetzt im Wochenbett genug Zeit dafür. Zum Stillenlernen gehören auch mehr oder weniger kleine und große Hürden und Schwierigkeiten. Es ist wichtig, dass du sie ernst nimmst und dir schnell Hilfe holst.

Gerade Beschwerden, die mit Schmerzen einhergehen, gehören zu den häufigsten Gründen, weshalb Frauen unbeabsichtigt vorzeitig abstillen. Wie die meisten Frauen wirst du in den ersten Stilltagen die zunächst ungewohnte Beanspruchung der Brustwarzen spüren. Das ist ganz normal. Wenn der Milchspendereflex einsetzt, bessert sich das meist rasch und die anfängliche Empfindlichkeit hört auf. Halten Schmerzen an, ist das immer ein Warnsignal. Sie können je nach Ursache in unterschiedlichen Momenten und sogar zwischen den Stillmahlzeiten auftreten. Eine ungünstige Anlegetechnik ist die häufigste Ursache, aber auch anatomische Besonderheiten des Babys wie ein verkürztes Zungen- oder Lippenbändchen können dazu führen, dass die Brustwarze während des Stillens nicht optimal im Mund platziert ist. Schon kleine Abweichungen können hier zu Reizungen führen. Kontaktiere also bei auftretenden Problemen frühzeitig deine Hebamme oder eine Stillberaterin.

Sei zurückhaltend mit dem Schnuller

Darum ist es auch wichtig, das Baby in der ersten Zeit nicht durch andere Saugoptionen wie einen Schnuller zu irritieren. Das Saugen am Schnuller und an der deiner Brust unterscheidet sich deutlich. Es gibt Kinder, die problemlos zwischen beiden Saugtechniken hin und her wechseln können. Einige sind aber auch so irritiert, dass das Saugen an der Brust nicht mehr adäquat gelingt. Da du das im Voraus nicht weißt, verzichte zumindest anfangs auf einen Beruhigungssauger, bis sich das Stillen gut eingespielt hat. Zudem

121

WIE DAS STILLEN GANZ EINFACH GELINGT

● **ENTSPANNE DICH**

In einer zurückgelehnten Stillposition kannst du dich entspannen und musst das Baby nicht selbst halten, nur manchmal etwas stützen. Dein Oberkörper ist die ideale Liegefläche für dein Baby.

● **NUTZE PHYSIKALISCHE GESETZE**

Das Baby wird von der Schwerkraft zu deinem Körper hingezogen, nicht von ihm weg. Auch die Brust wird nicht von der Schwerkraft aus dem Mund des Babys gezogen.

● **LASS DEIN BABY MACHEN**

Durch die Berührungen an der Körpervorderseite des Babys werden mehr Stillreflexe ausgelöst, es kann sich besser orientieren und sogar gänzlich ohne Hilfe die Brust gut erfassen.

● **LASS DIE MILCH FLIESSEN**

Die Entspannung, der geringere Stress und das bessere Erfassen der Brust durch das Kind lassen deine Milch leichter fließen, sodass deine Brüste besser entleert werden.

● **VERHALTE DICH INTUITIV**

Du musst nicht nachdenken, eine bestimmte Stillposition einnehmen oder das Baby „korrekt" anlegen. Du brauchst nicht zu befürchten, dabei etwas falsch zu machen. Du kannst es ganz deinem Baby überlassen oder ihm ein wenig helfen, wenn du den Impuls verspürst.

● **SCHONE DEINE BRUSTWARZEN**

Wenn das Baby die Brust selbst erfasst, kommt es seltener zu schmerzenden oder wunden Brustwarzen.

● **SPÜRE DIE NÄHE DEINES BABYS**

Der angenehme Körperkontakt fühlt sich für euch beide gut an. Dadurch und durch das Stillen wird das Liebeshormon Oxytocin ausgeschüttet; es fördert und stärkt die Bindung zwischen deinem Kind und dir.

● **BEIDE HÄNDE FREI**

Du hast beim Stillen die Hände frei und kannst dein Baby streicheln, etwas trinken oder essen. Dein Baby und du könnt leicht Blickkontakt miteinander haben.

→ LESETIPPS

Regine Gresens: Intuitives Stillen. Dem eigenen Gefühl vertrauen – Die Beziehung zum Baby stärken – Einfach und entspannt. München: Kösel 2019

Joachim Bauer: Warum ich fühle, was du fühlst. Intuitive Kommunikation und das Geheimnis der Spiegelneurone. München: Heyne 2016

→ LINKTIPPS

stillkinder.de
still-lexikon.de
afs-stillen.de
lalecheliga.de
bdl-stillen.de

birgt ein Schnuller immer die Gefahr, dass sich dein Baby über sein eigentliches Hungerbedürfnis „hinwegnuckelt". Das kann sich negativ auf sein Körpergewicht auswirken. Falls du meinst, dein Baby brauche einen Sauger zur Beruhigung, besprich dich am besten mit deiner Hebamme oder der Stillberaterin, damit es beim Stillen nicht zu Irritationen kommt.

So pflegst du deine Brustwarzen

Die Pflege deiner Brustwarzen ist ganz unkompliziert: Lass nach dem Stillen die mit Muttermilch benetzten und noch feuchten Brustwarzen an der Luft trocknen, bevor du den BH wieder schließt. Falls du Stilleinlagen verwendest, achte darauf, sie regelmäßig zu wechseln. Empfehlenswert sind auswaschbare Stilleinlagen aus Seide, denn Seide enthält ein Protein, dass Wundheilung fördert; zudem wirkt die Seide antibakteriell und fühlt sich auf deiner Brust angenehm weich und wärmend an. Achte auch darauf, die Brust warm zu halten; Nässe oder Kälte verträgt eine Brust in der Stillzeit schlecht und reagiert nicht selten mit einer Brustentzündung. Beim Duschen mit Duschgel oder Eincremen mit Körperlotion solltest du die Brustwarzen und den Bereich um sie herum aussparen. Sind die Brustwarzen leicht gereizt, wende dich damit an deine Hebamme oder eine Stillberaterin. Probiere bei Problemen wechselnde Stillpositionen aus, da die Mamille in dem Bereich, in dem der Unterkiefer des Babys liegt, am stärksten belastet wird. Lass dir deshalb bei Schmerzen von deiner Hebamme zeigen, wie du dein Baby asymmetrisch anlegen kannst, damit sich deine Brustwarzen erholen können.

Wenn die Brustwarzen entzündet sind

Gereizte oder verletzte Brustwarzen bieten Eintrittsmöglichkeiten für Bakterien, die zu einer Infektion führen können. Auch ein Pilzbefall der Brustwarze oder der Milchgänge verursacht starke Schmerzen. Gefäßkrämpfe in den Brustwarzen führen ebenfalls zu starken Schmerzen beim oder nach dem Stillen. In diesen Fällen ist meist eine Behandlung notwendig, um die Beschwerden zu lindern und die Ursache zu beheben. Suche dir dafür einen kompetenten Ansprechpartner, der mit dir einen geeigneten Behandlungsplan erstellt. Es ist wichtig, dass die Schmerzen und Beschwerden rasch gelindert werden, damit das Weiterstillen nicht gefährdet ist. Achte auch auf eine gute Handhygiene; so vermeidest du, dass Erreger in die Wunde gelangen. Die Haut zu desinfizieren trocknet sie jedoch tendenziell aus. Deine Hebamme kann dich auch hierbei gut beraten.

Milchstau und Entzündung der Brust erkennen

Während der Stillzeit kann es zu einem Milchstau kommen, der vielfältige Ursachen haben kann. Manchmal ist Stress der Grund; Hormone wie Adrenalin, die dann ausgeschüttet werden, wirken sich ungünstig auf das Stillen aus. Es gibt aber auch mechanische Ursachen wie einen BH-Träger, der die Milchgänge abdrückt, oder es hat sich ein Häutchen gebildet, das den Milchgang verschließt. Auch längere Stillpausen können zu einem Milchstau führen. Lokal auftretende Schmerzen an deiner Brust und eine verhärtete, rote Stelle sind mögliche Anzeichen dafür. Betroffene Frauen fühlen sich oft unwohl und haben manchmal auch eine erhöhte Körpertemperatur. Neben dem Finden und Beheben der Ursache sind häufiges Anlegen und Bettruhe sehr wichtig. Kontaktiere bei einem Milchstau deine Hebamme oder wende dich an eine Stillberaterin, damit ihr die geeigneten Maßnahmen für deine Situation besprechen könnt.

Ein Milchstau kann sich zu einer entzündlichen Erkrankung der Brust, einer Mastitis, entwickeln. Der Grund: Wunde Brustwarzen sind anfällig für Bakterien, die zu einer Brustentzündung führen können. Eine Mastitis muss in der Regel medikamentös behandelt werden. Sollten sich die mit dem Milchstau verbundenen Beschwerden nicht innerhalb von 24 Stunden bessern oder kommt hohes Fieber dazu, solltest du dir unbedingt medizinischen Rat für die weitere Behandlung einholen. Im schlimmsten Fall kann eine nicht behandelte Brustentzündung dazu führen, dass sich eine Eiteransammlung im Brustdrüsengewebe bildet, die operativ behandelt werden muss. Es ist also wirklich wichtig, dass du in der Stillzeit gut auf dich und deinen Körper achtest. Frühzeitig wahrgenommene Beschwerden lassen sich meist gut und rasch behandeln.

Zu wenig Muttermilch?

Liegt dein Kind beim Stillen satt und zufrieden an deiner Brust, ist das ein schönes Gefühl. Dein Partner und du freut euch, wenn die Hebamme oder der Kinderarzt bestätigen, dass euer Baby gut wächst und gedeiht.

Vermutest du, dass deine Milch nicht mehr reichen könnte, weil sich nach einigen Wochen deine Brust plötzlich weicher und „leerer" anfühlt, wird dich die Hebamme wahrscheinlich beruhigen können, wenn dein Baby weiterhin gut gedeiht und altersentsprechend zunimmt. Zusammen mit ihr kannst du am Gewicht oder am Urin und Stuhlgang deines Babys ablesen, ob es etwas mehr gebrauchen könnte. Es sollte also immer genau geschaut werden, inwieweit ein Anlass für Sorgen da ist. Sind Gewicht oder Ausscheidungen in ihrer Menge, Farbe und Frequenz auffällig, müssen entsprechende Maßnahmen eingeleitet werden. Die erste und wichtigste Maßnahme ist das Bemühen, die Milchproduktion zu erhöhen.

Am einfachsten gelingt das, wenn du dein Baby häufiger anlegst und es ausgiebiger trinkt. Sollte das nicht möglich sein, kannst du auch mit Hilfe einer Milchpumpe, etwa einer elektrischen Intervallpumpe mit Doppelpumpset, versuchen, die Milchmenge zu erhöhen. Verbringe viel Zeit mit deinem Kind im direkten Hautkontakt. Du brauchst jetzt Ruhe, Zeit und am besten jemanden, der dich gut umsorgt. In den meisten Fällen lässt sich so die Milchmenge in kurzer Zeit adäquat steigern. Ob es erforderlich ist, deinem Baby vorübergehend oder auch längerfristig abgepumpte Muttermilch oder eine zusätzliche spezielle Babynahrung zuzufüttern, solltest du sorgfältig abwägen. Fütterst du zu voreilig zu, kann es sein, dass deine Milchproduktion noch weiter zurückgeht; so würdest du unter Umständen ein unbeabsichtigtes vorzeitiges Abstillen einleiten. Hol dir also auf jeden Fall fachlich kompetente Unterstützung. In seltenen Fällen können sich bestimmte Erkrankungen, die das Hormonsystem beeinflussen, ungünstig auf die Milchmenge auswirken. Auch die Art der Geburt oder ein hoher Blutverlust dabei können die Milchproduktion negativ beeinflussen. Und schließlich kann es am Baby liegen, wenn die Milchbildung nicht adäquat angeregt wird – etwa weil es durch eine Neugeborenengelbsucht schnell müde wird und so nicht genügend trinkt oder sich überhaupt zu selten meldet. Ursachenforschung und eine darauf abgestimmte Behandlung sind auch hier entscheidend.

Hilfe, es kommt zu viel Muttermilch!

Kommt beim Stillen zu viel Milch, kann dein Baby sie kaum schlucken. Ist das jedes Mal so, wird es womöglich unruhig und lässt die Brust immer wieder los. Manche Kinder spucken oder weinen in dieser Situation vermehrt und machen so auf das Überangebot an Milch aufmerksam. Oft stillen die Babys nur kurz, können nicht entspannen und schlafen während des Stillens auch nicht ein. Im Allgemeinen gedeihen die Babys zwar trotzdem gut; manchmal führt häufiges Loslassen oder zu kurzes Stillen jedoch auch zu einer unzureichenden Gewichtszunahme. Kommt zu viel Milch, läuft meist auch zwischen den Stillmahlzeiten Muttermilch aus der Brust. Häufiger treten auch Milchstaus auf, wenn die Brüste wesentlich mehr produzieren, als das Baby braucht.

Wie kannst du diesem Überangebot entgegenwirken? Stillpositionen, bei der dein Kind „bergauf" trinken muss, sind ideal. Die Schwerkraft fördert nämlich das Fließen der Milch noch zusätzlich. Eventuell kann es dir helfen, vor dem Stillen etwas Milch aus der Brust auszustreichen, sodass

das Baby mit dem ersten Milchspendereflex nicht gleich regelrecht mit Muttermilch „geduscht" wird. Bei vielen Müttern pendelt sich die Milchbildung nach den ersten Wochen ein und die entsprechenden Schwierigkeiten nehmen ab. Sollte das nicht der Fall sein, kannst du versuchen, die Milchmenge durch ein geeignetes Stillmanagement zu reduzieren, etwa durch komplettes Entleeren der Brust und Blockstillen: Entleere eine Brust komplett mit Hilfe einer Milchpumpe und stille in definierten Zeiträumen immer nur mit dieser Brust. Die andere, noch gefüllte Seite pausiert und signalisiert deinem Körper, dass er weniger Muttermilch produzieren soll. Lass dich dabei aber immer von einer Hebamme oder Stillberaterin begleiten, damit die Milchmenge nicht zu stark zurückgeht oder du einen Milchstau bekommst.

Wenn das Baby die Brust ablehnt

Im Laufe der gesamten Stillzeit kann es immer wieder mal zu Phasen kommen, in denen dein Baby die Brust ablehnt. Irrtümlicherweise halten Mütter das häufig für ein Signal, dass ihr Kind abstillen will. Verweigert dein Baby im ersten Lebensjahr von heute auf morgen die Brust, kannst du davon aber nicht ausgehen; schließlich sind Säuglinge in dieser Zeit auf eine adäquate Versorgung mit Milch angewiesen. Eher ist in diesen Situationen ein Stillstreik die Ursache. Die Auslöser dafür sind vielfältig: Vielleicht ist dein Baby irritiert, weil du stark duftende Pflegeprodukte verwendet hast. Oder du hast etwas gegessen, was den Geschmack der Muttermilch beeinflusst; das gilt auch für Medikamente, die du einnimmst. Vielleicht brechen die ersten Zähne durch und das neue, ungewohnte Gefühl im Kiefer stört das Baby beim Stillen. Je nach Alter ist dein Baby vielleicht auch einfach neugierig und zu abgelenkt beim Stillen.

Erfahrungsgemäß trinken „streikende" Stillkinder nachts oder im Halbschlaf deutlich besser. Lege dein Baby also ganz frühzeitig an, wenn es gerade wach zu werden beginnt. Ein gemeinsames Wannenbad mit viel Haut-zu-Haut-Kontakt kann den Stillstreik ebenfalls unterbrechen. Meist normalisiert sich die schwierige Stillsituation nach einigen Stunden oder wenigen Tagen. Nur wenn dein Kind die Brust komplett verweigert, ist die Entleerung per Hand oder Milchpumpe angezeigt. Am besten fütterst du oder noch besser dein Partner dem Kind die abgepumpte Muttermilch mit einem kleinen Becher. Verzichte in dieser Zeit besser auf das Fläschchen und auch auf andere Sauger wie einen Schnuller. Wenn dein Baby sein Saugbedürfnis nicht auf andere Art und Weise stillt, ist es motivierter, wieder an der Brust zu trinken. Ein Stillstreik ist auch emotional anstrengend. Nehmt euch genug Zeit und Ruhe, damit zurechtzukommen. Lass dich von deiner Hebamme oder deiner Stillberaterin beruhigen und fachlich begleiten.

Immer wieder hört man,
dass Mütter Babys nicht in
den Schlaf stillen sollten:
„Die gewöhnen sich noch
daran!" Der Einwand ist
völlig korrekt: Babys ge-
wöhnen sich daran. Aber
genau das sollen sie auch,
damit sie bekommen,
worauf Mutter und Kind
programmiert sind: warme
Milch und Körperkontakt
zum Einschlafen. •

Stillen in der Nacht

Das Stillbedürfnis deines Babys ist nicht auf den Tag begrenzt. Gerade Neugeborene brauchen häufige kleine Mahlzeiten rund um die Uhr. Erst nach
und nach lernt dein Baby überhaupt einen gewissen Tag-und-Nacht-Rhyth-
mus kennen. Die Frequenz der nächtlichen Stillmahlzeiten nimmt damit
etwas ab. Phasenweise kann es sich aber auch wieder deutlich erhöhen, zum
Beispiel bei Babys, die etwa sechs Monate alt sind. In dieser Zeit passieren
viele Entwicklungsschritte. Das Baby wird mobiler und entdeckt mehr und
mehr von seiner Umwelt. Viele Kinder sind tagsüber damit so beschäftigt,
dass sie gar keine „Zeit" mehr zum Stillen haben und das dann nachts ausgiebig nachholen. Manchmal hilft es ein wenig, wenn ihr euch tagsüber zum Stillen etwas zurückzieht. Selbst dann kann das Trinken kurz und eher unruhig
sein, weil es eben überall etwas zu sehen und zu hören gibt. Auch das Zahnen
kann das Stillverhalten beeinflussen, ebenso wie erste Infekte, die öfter in
der zweiten Babyjahrhälfte auftreten. Untersuchungen haben gezeigt, dass
Babys im Alter von sechs bis neun Monaten häufiger aufwachen als in der
Zeit davor. Das zu wissen macht dich zwar nicht weniger müde, kann dich
aber beruhigen, einfach weil es normal ist.

Stillende Mütter werden nachts zwar häufiger geweckt, ihre gesamte
Schlafdauer ist aber sogar etwas länger als die von Müttern, die mit dem
Fläschchen füttern. Natürlich lässt sich das Stillen nicht an den Partner
abgeben, weshalb ihr schauen solltet, dass du anderweitig entlastet wirst und
genug Schlaf bekommst. Achtet als Eltern gut auf eure Schlaf- und Kraftre-
serven. Das ist wichtig, damit es euch gut geht und ihr entspannt und liebevoll auf die vielen Bedürfnisse eures Babys eingehen könnt. Anhaltender
Schlafmangel sorgt für eine gereizte Stimmung und erhöht sogar das Unfall-
risiko, weil er das Reaktionsvermögen herabsetzt. •

Zeit für festere Nahrung

Die meisten Babys sind mit rund sechs Monaten bereit für neue Esserfahrun-
gen, manchmal auch etwas früher. Vor dem fünften Lebensmonat sollte ein
Baby auf keinen Fall Beikost angeboten bekommen. Viele Kinder zeigen auch
mit einem halben Jahr noch nicht allzu großes Interesse; das ist völlig okay.
Eltern sollten dem Baby dann ein Angebot machen, aber sich weder Sorgen
noch dem Kind Druck machen, wenn es noch etwas mehr Zeit braucht.

Es gibt einige Merkmale, die dir zeigen, ob dein Baby bereit ist, sich nicht
mehr ausschließlich von deiner Milch zu ernähren. Auf jeden Fall sollte es stabil und alleine sitzen können. Es muss sich noch nicht von ganz allein hinsetzen

können; dieser Entwicklungsschritt folgt meist erst, nachdem es Krabbeln gelernt hat. Wenn dein Kind aber bei dir auf dem Schoß sitzt, sollte es mit nur etwas Unterstützung im unteren Rücken den Rumpf gut aufrecht halten können. Wenn es dabei noch zu sehr zusammensackt, gib ihm einfach noch etwas Zeit. Bereit für die Beikost ist dein Kind, wenn es das Essen wie Spielzeug und andere Dinge gezielt mit den Händen greifen und zum Mund führen kann. Die dafür erforderliche Koordination der Motorik und des Sehvermögens entwickelt sich meist auch rund um den sechsten Monatsgeburtstag.

Damit dein Baby festere Nahrung im Mund aufnehmen kann, sollte sein Zungenstoßreflex nicht mehr vorhanden sein. Dieser Reflex hat die Funktion, das Baby davor zu schützen, dass es potenziell gefährliche Sachen in den Mund nimmt. Der Zungenstoßreflex wird sinnvollerweise beim Stillen nicht aktiviert. Wenn dein Baby also den Löffel mit Brei oder andere angebotene Lebensmittel gleich wieder mit der Zunge herausschiebt, warte ruhig noch ein Weilchen.

Bei vielen Babys brechen mit etwa sechs Monaten die ersten Zähnchen durch. Da dies aber auch wesentlich früher oder deutlich später der Fall sein kann, ist der erste sichtbare Zahn kein zwingender Grund, mit der Beikost zu beginnen. Viel wichtiger ist, ob dein Baby schon Kau- und Mahlbewegungen machen kann. Die festere Nahrung – und dazu gehört auch Brei – muss im Mund ganz anders hin und her bewegt werden als die Muttermilch beim Stillen. Die dafür erforderlichen Kieferbewegungen kannst du beobachten, wenn dein Baby auf einem Spielzeug herumkaut.

Wichtig ist, dass ihr euch als Eltern bewusst macht, dass die Beikost zunächst nur zur Muttermilch dazukommt und keine Stillmahlzeiten ersetzt. Das Baby soll die neuen Nahrungsmittel erst einmal nur kennenlernen und ausprobieren dürfen. Wenn es hungrig ist, wird es verständlicherweise erstmal weiterhin sein Stillbedürfnis äußern. Bitte gebt diesem Bedürfnis immer nach! Erst nach und nach wird das Baby erfahren, dass auch Beikost sättigen kann. Weil das bei jedem Kind unterschiedlich ist, bilden Tabellen oder Beikostpläne nur selten die Realität ab. Schaut stattdessen auf die Bedürfnisse eures Babys: Ist es gerade bereit und neugierig darauf, neue Nahrung auszuprobieren? Ein müdes oder kränkelndes Baby wird andere Bedürfnisse haben. Ob das Baby für die Beikost bereit ist, hängt auch von seiner Tagesform ab. Wir Erwachsenen haben ja auch nicht jeden Tag die gleichen Bedürfnisse, wenn es ums Essen geht. Geht also das Thema Beikost ohne bestimmte Erwartungen und Stress an. Eure Aufgabe ist es, eurem Baby ein altersgemäßes, gesundes Nahrungsangebot zu machen und für eine angenehme Atmosphäre beim Essen zu sorgen. Was und wie viel es dann isst, bestimmt das Baby selbst.

All das gelingt am unkompliziertesten, wenn ihr das Baby von Anfang an am Familientisch miteinbezieht. Sicher hast du schon einige Mahlzeiten stillend und einhändig essend am Esstisch verbracht. Später schaut euch das Baby vom Schoß aus beim Essen zu und beobachtet ganz genau, was die „Großen" da machen. Wenn der passende Zeitpunkt gekommen ist, hat es Freude daran, nun auch selbst richtig mitmachen zu dürfen. Gemeinsam am Tisch zu sitzen und zu essen ist ein wichtiger Bestandteil des Familienlebens: Zum einen hat das gemeinsame Essen eine wichtige soziale Komponente, zum anderen sind Eltern und auch Geschwister wichtige Vorbilder, wenn das Baby essen durch Nachahmen lernt.

Der Weg zur Beikost

Beikost sind nicht nur pürierte Breimahlzeiten, die du mit dem Löffel fütterst. Dein Baby kann auch selbst zum Essen greifen und damit entsprechend umgehen. Für den Beginn sind gedünstete Gemüsesticks gut, die das Baby selbst in den Mund nimmt. Es zerkleinert sie mit Hilfe der Kauleiste, dem Gaumen und der Zunge so, dass die Nahrung geschluckt werden kann. Stücke, die es nicht handhaben kann, spuckt es einfach wieder aus. Der Würgereflex liegt bei Babys weit vorne auf der Zunge und schützt es davor, sich zu verschlucken. Dein Baby sollte immer aufrecht sitzen und nicht allein gelassen werden, wenn es isst. Lass es das Essen selbst in die Hand und in den Mund nehmen. Nur so kann es entsprechend seiner Fähigkeiten damit umgehen. Das fördert nicht nur seine Motorik, sondern stärkt auch seine Esskompetenzen nachhaltig. Außerdem erlaubt dieser Weg der Beikosteinführung tatsächlich gemeinsame Mahlzeiten, weil die Eltern die Hände frei haben und selbst in Ruhe essen können.

Natürlich spricht auch nichts dagegen, dem Baby Brei als erste Beikost anzubieten. Wichtig ist es, das Baby achtsam zu füttern. Bevor der Löffel in den Mund wandert, sollte das Baby den Mund auch selbst geöffnet haben. Es soll die Nahrung selbstständig mit den Lippen vom Löffel aufnehmen und darf das Tempo beim Essen selbst bestimmen. Wie ist es überhaupt, gefüttert zu werden? Um dafür ein Gefühl zu bekommen, ist es sehr hilfreich, sich als Eltern einmal gegenseitig zu füttern. So merkt ihr schnell, wie sensibel der Mundbereich ist und was sich gut oder nicht gut anfühlt. Auch gefütterte Babys wollen meist gerne aktiv mitmachen. Sie möchten auch einen Löffel halten oder die Finger mal in den Brei tauchen und ablecken. Ermögliche deinem Kind diese Erfahrungen, denn Essen muss mit allen Sinnen erlernt werden. Dein Baby möchte die neuen Speisen nicht nur sehen, riechen und schmecken, sondern auch fühlen und sogar hören, was damit bei Berührung passiert. Mach dir immer wieder bewusst, dass jede noch so vermeintlich langweilige Gemüsesorte wie eine Karotte für dein Baby eine ganz neue Erfahrung und vielleicht auch Herausforderung ist. Bestimmt gibt es auch einige Nahrungsmittel, in die du nicht einfach hineinbeißen würdest; auch

„Stille dein Baby oder Kleinkind so lange, wie es sich für euch beide gut und stimmig anfühlt."

Erwachsene machen sich durch Sehen, Riechen, Fühlen und letztlich durch das Schmecken ein eigenes Bild von bisher unbekannten Nahrungsmitteln.

Für eine breifreie Beikost spricht auch, dass Babys die einzelnen Lebensmittel in ihrer ursprünglichen Version erleben. Im Brei lassen sich die Zutaten meist nicht mehr erkennen und wahrscheinlich auch nicht einzeln herausschmecken. Auch klassische Breipläne empfehlen, spätestens zum zehnten Lebensmonat allmählich zur unpürierten Familienkost überzugehen. Der Umgang mit nicht zu Brei verarbeiteten Lebensmitteln muss schließlich geübt werden. Gib deinem Kind die Gelegenheit dazu. Da jedes Kind und jede Familie unterschiedlich ist, gibt es keinen „idealen Beikostweg". Das Breifüttern lässt sich auch prima damit kombinieren, dem Baby Fingerfood zum Selbstessen anzubieten.

Auch wenn es viele Literatur und Links zum Thema Beikost gibt – lass dich vor dem Beginn von deiner Hebamme beraten. Sie ist auch bei weiterer auftretenden Fragen oder Sorgen die passende Ansprechpartnerin. Bis zum Ende der Stillzeit kannst du bei Still- oder Ernährungsschwierigkeiten die Beratung durch eine Hebamme in Anspruch nehmen.

Trotz Beikost weiterstillen?

Trotz der eingeführten Beikost wird dein Baby über die Muttermilch gut versorgt. Sie enthält nach wie vor alle benötigten Nährstoffe und stärkt mit ihren Inhaltsstoffen das Immunsystem des Kindes. Da euer Baby nun immer mobiler wird und dadurch auch mit neuen Erregern in Kontakt kommt, ist diese Unterstützung besonders wertvoll. Führst du die Beikost im Schutz des Stillens ein, profitiert dein Baby auf vielen Ebenen davon, so zum Beispiel mit einer besseren Verdauung. Verhält sich das Baby allgemein oder auch nur phasenweise zurückhaltend in Sachen Beikost, wird es in der Regel weiterhin durch die Muttermilch gut versorgt. Wichtig ist, dass es auch weiter nach Bedarf stillen kann und dass du die Stillmahlzeiten nicht von dir aus reduzierst. Auch die Weltgesundheitsorganisation (WHO) empfiehlt, in den ersten sechs Monaten ausschließlich zu stillen. Parallel zur Einführung von adäquater Beikost spricht sich die WHO dafür aus, bis zum zweiten Geburtstag des Kindes oder auch darüber hinaus weiterzustillen.

Im ersten Lebensjahr sind Kinder unbedingt noch auf eine Versorgung mit Muttermilch angewiesen. Mütter, die während dieser Zeit bereits abstillen, müssen statt des Stillens eine adaptierte Säuglingsnahrung, sogenannte Pre-Milch, füttern. Das ist wichtig zu wissen, damit bei der Einführung der Beikost kein Druck für die Kinder entsteht, wenn sich dadurch die Stillmahlzeiten nicht entsprechend reduzieren. Auch im zweiten Lebensjahr nehmen viele Kinder noch einen beachtlichen Teil ihrer benötigten Nährstoffe über die Muttermilch auf. Es gilt, immer auf die Bedürfnisse des Kindes zu schauen und sie mit den eigenen Bedürfnissen in Einklang zu bringen. Still dein Baby oder Kleinkind also so lange, wie es sich für euch beide gut und stimmig anfühlt. Willst du das Stillen reduzieren oder ganz einstellen, kannst du auch diesen Schritt jederzeit zum persönlich passenden Zeitpunkt gehen. Wenn deine Gedanken und Gefühle dazu vielleicht noch ambivalent sind, kann dir eine Still- beziehungsweise Abstillberatung helfen. Dort bekommst du alle Erläuterungen, die du brauchst, um eine gut informierte und für dich passende Entscheidung treffen zu können.

Was Normalzeitstillen bedeutet

Beginnt mit der Beikost der Abschied vom Stillen? Obwohl Mütter selbst meist gedanklich noch gar nicht bei diesem Thema sind, wird ihnen die Frage häufig von Außenstehenden gestellt. Tatsächlich gibt es eine gewisse gesellschaftliche Erwartung, dass mit dem Einführen von fester Kost nun das Stillen reduziert und allmählich ganz eingestellt wird. Doch dein Baby denkt zu diesem Zeitpunkt noch gar nicht an ein Abstillen. Das ist logisch und ein Grund dafür, weshalb Kinder im gesamten ersten Lebensjahr als Säuglinge gelten: Sie nehmen ihre hauptsächliche Nahrung, nämlich die Milch, saugend zu sich. Das bleibt auch zunächst mit dem Beginn der Beikost so. Ein zu frühes Reduzieren der Stillmahlzeiten wäre sogar mit der Gefahr verbunden, dass das Baby nicht ausreichend mit allen nötigen Nährstoffen versorgt wird.

Mit rund sechs Monaten steigt die Stillfrequenz noch einmal an – das ist ganz normal. Dein Baby entwickelt sich rasant weiter und wird immer mobiler. Die Energie dafür holt es sich mit der Muttermilch. Zugleich braucht es auch Momente der Entspannung und Geborgenheit, um die vielen neuen Erfahrungen und Eindrücke zu „verdauen". All das bekommt es beim Stillen. Denn Stillen ist mehr als Milch trinken und davon satt werden: Auch das Bedürfnis nach Nähe wird dabei gestillt, und das Kind findet Trost, wenn es kleinere oder größere unangenehme Erfahrungen gemacht hat. Als Mutter helfen dir die beim Stillen ausgeschütteten Hormone, mit mehr Gelassenheit durch den oft ganz schön fordernden Babyalltag zu kommen. Stillpausen tun auch der Mama gut.

Weil in Deutschland die meisten Kinder schon im ersten Lebensjahr abgestillt werden, wird beim Stillen über den ersten Geburtstag hinaus oft vom Langzeitstillen gesprochen. Doch eigentlich entspricht das evolutionsbiologisch gesehen völlig der Norm und vor allem den Bedürfnissen von Kindern in diesem Alter. Das „natürliche" Alter zum Abstillen beginnt erst mit etwa zweieinhalb Jahren und kann auch weit darüber hinaus liegen. Statt vom Langzeitstillen kann daher ganz selbstverständlich vom Normalzeitstillen

Wenn du noch schwanger bist oder gerade erst dein neugeborenes Baby im Arm hältst, kannst du dir vielleicht nur schwer vorstellen, wie es einmal sein könnte, ein laufendes oder sogar schon sprechendes Kleinkind zu stillen. Doch keine Sorge, du musst dich nicht hier und heute auf eine Stilldauer festlegen. Genieße das Stillen im Hier und Jetzt, egal wie alt dein Baby gerade ist. Das erste Jahr ist geprägt von vielen Veränderungen und Entwicklungsschritten, und so ist das auch mit dem Stillen. Du musst dir nicht drei Monate nach der Geburt schon überlegen, wie das Stillen sich mit deiner Berufstätigkeit oder der Kitaeingewöhnung vereinbaren lässt, denn bis dahin wird so viel passieren, dass du unmöglich sagen kannst, wie eure Stillbeziehung dann aussehen wird. Beschäftige dich also am besten erst dann mit diesen Themen und organisatorischen Fragen, wenn sie wirklich anstehen. •

gesprochen werden. Doch oft werden Kleinkinder oder Kindergartenkinder mit einem Schnuller oder einer Milchflasche als selbstverständlicher wahrgenommen als eine Mutter, die ihr zwei- oder dreijähriges Kind stillt.

Den individuellen idealen Abstillzeitpunkt solltet ihr beiden – du und dein Kind – festlegen, nicht die Menschen um dich herum oder deren vorherrschende Erwartungen. Aus gesundheitlicher Sicht spricht vieles für eine längere Stillzeit. Mutter und Kind profitieren beide davon.

Überlegungen zum Abstillen

Das Abstillen ist für dich, aber auch für dein Kind eine große Veränderung. Ganz plötzlich mit dem Stillen aufzuhören ist nur äußerst selten erforderlich. Auch wenn du Medikamente einnimmst oder eine Operation ansteht, ist das fast nie ein Grund dafür. Häufig wird hier dennoch eine voreilige Abstillempfehlung ausgesprochen. Hole dir auf jeden Fall eine zweite Meinung von einer entsprechend fachkompetenten Person ein, wenn du unsicher bist. Der natürliche Prozess des Abstillens sieht vor, dass sich das Stillen über Monate oder auch Jahre ganz allmählich reduziert, wobei es phasenweise auch immer wieder vor- und zurückgehen kann. So möchte ein krankes Kleinkind vielleicht plötzlich nur noch stillen; dein Körper stellt sich in kurzer Zeit darauf ein und fährt durch das häufigere Stillen die Milchproduktion schnell wieder hoch. Genauso geht sie auch wieder zurück, wenn das Kind mehr Beikost isst und längere Stillpausen am Tag und in der Nacht entstehen. So kann sich auch die Brust den Veränderungen am besten anpassen und du riskierst keinen Milchstau. Die Stillhormone fallen langsam ab, was deinem allgemeinen und psychischen Befinden besser bekommt als ein abrupter Hormonabfall.

Aber auch für dein Kind ist ein langsamer Abschied vom Stillen einfacher, als wenn dieses von Geburt an so vertraute körperlich und seelisch nährende Ritual von heute auf morgen beendet wird. Wenn du das Abstillen etwas forcieren möchtest, reduziere zunächst die Stillmahlzeiten, die für dein Kind nicht ganz so bedeutsam sind. Das morgendliche Stillen oder das Stillen bei der Einschlafbegleitung ist den meisten Kindern besonders wichtig und sollte daher als Letztes wegfallen. Hat euer Kind Hunger oder Durst, könnt ihr ihm etwas anderes als die Brust anbieten. Ist das Stillen gerade eher ein Nähe- und Entspannungsbedürfnis deines Kindes, könnt ihr stattdessen mit ihm kuscheln, spielen oder ihm etwas vorlesen. Manchmal klappt diese „Ablenkung" unkompliziert, manchmal reagieren Kinder aber auch sehr ungehalten darauf. Gesteht eurem Kind seine Gefühle zu und begleitet es liebevoll hindurch.

Dasselbe gilt auch für eure Nächte. Meist ist das nächtliche Stillen weniger ein Hungerbedürfnis als ein vertrautes Ritual, das hilft, wieder

→ DAS GEHT: MUTTER-
MILCH AUFBEWAHREN

Generell lässt sich Mut-
termilch gut auch länger-
fristig lagern. Ungekühlt
kannst du sie bei einer
Raumtemperatur bis
ca. 21 Grad Celsius etwa
sechs bis acht Stunden
aufbewahren. Danach
sollte sie aber umgehend
verfüttert werden. Wenn
die Muttermilch länger
aufbewahrt werden soll,
solltest du sie direkt nach
dem Abpumpen in den
Kühlschrank bzw. in die
Tiefkühltruhe geben. Es
gibt spezielle Mutter-
milchgefrierbeutel, es
funktioniert aber auch in
einem sauberen ver-
schlossenen Fläschchen
oder einem anderen
sauberen Behälter. Bei ca.
4 Grad kann die Mutter-
milch bis zu drei Tage im
Kühlschrank aufbewahrt
werden. Am längsten hält
sie aber tiefgefroren; bei
einer konstanten Tempe-
ratur von -17 Grad kann
sie sogar mehrere Monate
aufbewahrt werden. •

oder überhaupt einzuschlafen. Solange sich das für dich richtig anfühlt und du genug Schlaf bekommst, brauchst du daran nichts zu ändern. Wird aber dein Schlafbedürfnis zu sehr beeinträchtigt, besteht auch die Möglichkeit, das Stillen nachts deutlich zu reduzieren, ohne gleich ganz abstillen zu müssen. Lass dich auch zu diesem Thema beraten oder tausche dich mit anderen Müttern in deiner Stillgruppe aus. Aber lass dich nicht von deinem Umfeld bei Entscheidungen verunsichern, die nur du selbst treffen kannst. Gerade jenseits der ersten Babyzeit ist das Stillen bunt und jede Stillbeziehung ist einzigartig.

Berufstätig mit Stillkind

Wenn du recht früh wieder berufstätig sein willst, ist es natürlich wichtig, rechtzeitig zu organisieren, wie sich das Stillen damit vereinbaren lässt. Informiere dich zunächst über das geltende Mutterschutzgesetz[5]; es gilt auch für die Stillzeit. In Deutschland zum Beispiel dürfen Mütter in der Regel sechs Wochen vor und acht Wochen nach der Geburt nicht arbeiten. Ob du dir dein Kind danach zum Stillen bringen lässt, von zu Hause aus arbeitest oder Muttermilch für dein Baby abpumpst, hängt von vielen Faktoren ab. Berufstätigkeit und Stillen schließen sich nicht aus; dein Arbeitgeber profitiert sogar davon, weil gestillte Kinder seltener krank sind und du weniger Fehlzeiten am Arbeitsplatz hast, die kompensiert werden müssen.

Falls du regelmäßig abpumpen willst, mache dich bereits ein paar Wochen vor dem Arbeitsbeginn mit dem Handling vertraut. Du kannst jetzt schon mit dem Pumpen beginnen und so einen kleinen Muttermilchvorrat anlegen. An das Abpumpen muss sich deine Brust meist erst etwas gewöhnen. Es ist also ganz normal, wenn anfangs nur kleine Mengen Milch auf diesem Weg gewonnen werden können. Natürlich kannst du deine Brust auch mit der Hand entleeren. Wenn du aber regelmäßig abpumpen wirst, ist eine kleine elektrische Pumpe meist komfortabler. Informiere dich über die Möglichkeiten, um die für dich beste Option zu finden. Wichtig ist auch, dass es an deinem Arbeitsplatz einen Raum gibt, in dem du ungestört abpumpen und die Muttermilch anschließend kühl stellen kannst.

Das Baby mit Muttermilch füttern

Mache die Person, die in deiner Abwesenheit dein Baby versorgt, mit dem Auftauen und Erwärmen von Muttermilch vertraut. Manche Stillkinder möchten nicht am Fläschchensauger trinken. Dann kannst du die abgepumpte

DU KANNST STILLEN!

● **DENKE POSITIV**
Schreib dir alle Gründe auf, warum du stillen wirst, und nimm dir vor: Ich schaffe das!

● **SUCH DIR VERSTÄRKUNG**
Verbringe so viel Zeit wie möglich mit stillenden Müttern und umgib dich mit Unterstützern für deine Stillzeit.

● **INFORMIERE DICH GEZIELT**
Informiere dich über das Stillen aus guten Quellen[6]. Nicht alle Kinderärzte verfügen über gutes Stillwissen. Hör dir keine Horrorstorys an und meide Infomaterial von Säuglingsnahrungs- und Flaschenherstellern.

● **GLAUBE AN DICH**
Vertraue deinem Körper und deinem Baby. Die Natur hat dich und dein Baby zum Stillen geschaffen.

● **LEHNE DICH ZURÜCK**
Beginne das Stillen in einer bequemen, zurückgelehnten Stillposition mit dem bäuchlings auf dir liegenden Baby. In aufrechten Positionen klappt das Anlegen leichter, wenn ihr beide schon ein eingespieltes Team seid.

● **NUTZE DIE SCHWERKRAFT AUS**
In zurückgelehnter Stillposition wird das Baby von der Schwerkraft zu deinem Körper hingezogen und nicht von ihm weg. Auch deine Brust wird nicht von der Schwerkraft aus dem Mund des Babys gezogen. Erfasst dein Baby die Brust selbst, kommt es seltener zu schmerzenden oder wunden Brustwarzen.

● **LERNE DEIN KIND KENNEN**
Bleib entspannt, warte ab und lerne dein Baby kennen. Stillen ist nicht nur Ernährung, sondern auch Kommunikation und Beziehung.

● **SEI FEINFÜHLIG**
Achte auf die frühen Hungerzeichen und beginne das Stillen mit einem ruhigen Baby.

● **VERTRAUE DEINEM BABY UND DIR**
Lass dich bezüglich der Abstände und Dauer der Stillmahlzeiten von deinem Baby führen. Die Nachfrage regelt das Angebot und der Rhythmus kommt vom Kind. Vertraue auch deinem Gefühl! Was sich gut und richtig anfühlt, ist es auch.

● **SEI DEM BABY NAH**
Halte und beruhige dein Baby im Hautkontakt oft zwischen deinen Brüsten, sprich leise mit ihm und nimm Blickkontakt mit ihm auf. Du hast beide Hände frei, kannst es streicheln oder selbst etwas essen oder trinken.

● **TU DIR ETWAS GUTES**
Belohne und lobe dich für deine Anstrengungen und selbst die kleinsten Fortschritte. Lass dich dabei von kleinen Hindernissen nicht verunsichern.

● **LASS DIR HELFEN**
Folge Ratschlägen von anderen nur, wenn du dich damit wohlfühlst und ihnen vertraust. Hol dir frühzeitig kompetente Hilfe, wenn es schwierig ist.

Muttermilch auch alternativ mit einem kleinen speziellen Becher geben. Zum Thema Stillen und Berufstätigkeit wie auch zum Umgang und Füttern von abgepumpter Muttermilch kannst du dich von deiner Hebamme beraten lassen.

Stillen stellt automatisch eine besondere Nähe zwischen dir und deinem Kind her. Selbst die engagiertesten Väter kennen die zeitweilige Bevorzugung der Mama. Aus evolutionsbiologischer Sicht ist das absolut sinnvoll: Das Kind macht den Elternteil zur Hauptbindungsperson, der seine Ernährung sicherstellt. Entsprechend ist bei stillenden Müttern oft die Sorge groß, ob es denn auch mal ohne sie geht. Aber auch noch häufig stillende Kinder können von anderen liebevollen Bezugspersonen betreut werden. Diese haben dann andere Strategien, wenn das Kind Hunger, Durst oder ein Nähe- oder Trostbedürfnis hat; liebevolles Füttern, Tragen, Wiegen und gemeinsames Spielen werden seine Bedürfnisse erfüllen. Dennoch ist dein Kind vielleicht phasenweise frustriert darüber, dass das Stillen gerade nicht zur Verfügung steht. Dann sollte sich die Betreuungsperson nicht schlecht oder abgelehnt fühlen, sondern das Kind liebevoll in seinen Gefühlen begleiten. Nach und nach werden die neuen Abläufe vertraut und mit der jeweiligen Bezugsperson positiv verbunden sein.

1   afs-stillen.de, lalecheliga.de
2   Kajsa Brimdyr, „The Magical Hour" (DVD), 2011
3   Klaus, Marshall: Mother and Infant: Early Emotional Ties. In: Pediatrics 1998, 102 (Suppl. E1), S. 1244–1246, hier S. 1244; pediatrics.aappublications.org/content/102/Supplement_E1/1244
4   Colson, Suzanne: What Happens to Breastfeeding When Mothers Lie Back? Clinical Lactation 2010, 1, S. 9–12; unter: biologicalnurturing.com/pages/downloadarticles.html
5   In der Schweiz gibt es keine Elternzeit. Viele Infos zum Thema Stillen und Arbeiten finden Eltern hier: stillfoerderung.ch/logicio/pmws/stillen__arbeit__de.html
6   stillkinder.de

Kapitel 5
Wenn du nicht stillst

Was du in diesem Kapitel über Flaschenfütterung lesen kannst:

Das Baby mit der Flasche füttern

Auch wenn du nicht stillst, braucht dein Baby den Körperkontakt zu dir. Gib ihm beim Füttern mit der Flasche die Nähe und Geborgenheit, die es für seine Entwicklung braucht.

Jedes Baby braucht Körperkontakt, Wärme, Zuwendung und Nahrung, um sich gesund zu entwickeln. Werden diese Bedürfnisse prompt, adäquat und verlässlich erfüllt, fühlt sich dein Baby sicher und angenommen. Damit wird sein Urvertrauen gestärkt und es entsteht eine innige und sichere Bindung zwischen euch als Eltern und eurem Kind. Den engen Körperkontakt zu ihren Bezugspersonen, der für Babys elementar ist, bekommen Kinder, die nach Bedarf gestillt werden, ganz automatisch mit der Nahrungsaufnahme. Du solltest wissen, dass es nicht nur entweder die Brust oder die Flasche gibt, um das Baby zu ernähren; dazwischen sind noch verschiedene andere Wege möglich.

Wenn du genug Milch hast, aber das Stillen an der Brust gar nicht oder noch nicht möglich ist oder du vorübergehend von deinem Baby getrennt bist, zum Beispiel um zu arbeiten, kannst du deine Muttermilch mit einer guten elektrischen Miet-Milchpumpe abpumpen, sodass dein Baby sie aus einer Saugerflasche trinken kann. Das wird oft auch als „Pumpstillen" bezeichnet.

→ WERTVOLLE ERSTE
  MILCH FÜR DEIN BABY

Selbst wenn du von vornherein weißt, dass Stillen oder Abpumpen für dich nicht in Frage kommen, kannst du bereits ab der 37. oder 38. Schwangerschaftswoche und kurz nach der Geburt die erste Milch, das Kolostrum, per Hand aus deinen Brüsten ausstreichen, in kleinen Spritzen oder Gefäßen einfrieren und dem Neugeborenen die darin enthaltenen besonders wertvollen Stoffe für sein Immunsystem mitgeben. Das ist wie eine erste Impfung, die die Natur dem Baby noch mit auf den Weg gibt. Lass dich von deiner Hebamme oder einer qualifizierten Stillberaterin am besten schon in der Schwangerschaft darin unterstützen, den für eure Situation passenden Weg für die Ernährung des Babys zu finden. Mehr über das Kolostrum kannst du auf Seite 114 lesen. •

Falls dein Baby vorübergehend oder dauerhaft zusätzlich Flaschennahrung braucht, weil deine Milch nicht oder noch nicht ausreicht, ist es ideal, wenn du mit Hilfe eines Brusternährungssets das Baby an der Brust zufütterst. Das Set besteht aus einem Behälter mit Zusatznahrung sowie dünnen, flexiblen Schläuchen, die an die Brustwarzen der Mutter geklebt werden, sodass beim Saugen zusätzliche Milch fließt. So wird dein Baby weiterhin an deiner Brust satt und nicht vom Wechsel zwischen Brust und Flasche irritiert oder beim Saugen verwirrt. Auf diese Weise ist es sogar möglich, ein Adoptiv- oder Pflegekind an der Brust zu ernähren, um den Bindungsaufbau zu unterstützen.

Körperkontakt bei jeder Mahlzeit

Füttert ihr das Baby nur zusätzlich mit der Flasche, erleichtert die sogenannte bedürfnisorientierte Flaschenfütterung, auch Paced Bottle Feeding genannt (englisch „pace": der Schritt, die Geschwindigkeit, das Tempo), dem Baby den Wechsel zwischen Flasche und Brust. Die Methode des langsamen, schrittweisen Fütterns imitiert dabei das Trinken an der Brust. Sie gibt dem Baby mehr Kontrolle über die Geschwindigkeit bei der Fütterung und ermöglicht es ihm, Pausen zu machen und langsamer zu trinken. Gleichzeitig reduziert sich durch diese schrittweise und sanfte Fütterungsmethode die Gefahr, dass dein Baby die Brust verweigert, weil es nicht durch den Wechsel zwischen Brust und Flasche irritiert wird.

Um das Baby auf diese Weise zu füttern, setzt du es aufrecht auf deinen Schoß. Stütze seinen Kopf, Hals und oberen Rücken gut mit einer Hand ab, sodass du sein Gesicht siehst und ihr Augenkontakt haben könnt. Mit der anderen Hand hältst du die Flasche von unten waagerecht im rechten Winkel zum Körper des Babys. Stimuliere mit der noch leeren Spitze des Saugers die Oberlippe deines Babys, damit es seinen Mund richtig weit öffnet, lass es dann den Sauger einsaugen oder führe ihn langsam so weit ein, dass die Lippen auch den breiteren Teil des Saugers umschließen. Stecke dem Baby nie den Sauger in den Mund, ohne dass es dazu bereit ist!

Lass das Baby für eine kurze Zeit saugen, ohne dass es Milch bekommt, so wie an der Brust, bevor der Milchspendereflex ausgelöst wird. Halte die Flasche weiter flach und hebe nur den Boden der Flasche etwas an, sodass sich die Spitze des Saugers mit Milch füllt, nicht aber der ganze Sauger. Auf diese Weise muss das Baby selbst dafür sorgen, dass die Milch in seinen Mund gelangt, und trainiert so auch seine gesamten Gesichts- und Mundmuskeln besser, statt dass die Schwerkraft ihm diese Arbeit abnimmt.

Da die Milch aus der Brust nicht kontinuierlich fließt, machen Babys natürliche Pausen beim Trinken, um zu atmen, wenn der Milchfluss nachlässt.

MIT DER FLASCHE RICHTIG FÜTTERN

● SELBST FÜTTERN

Füttert euer Baby so oft wie möglich selbst. So kann es ähnlich wie beim Stillen eine vertraute Ernährungsbeziehung zu euch als seinen primären Bezugspersonen aufbauen. Gebt diesen wichtigen Kontakt nicht ohne zu zögern an andere ab.

● WIE BEIM STILLEN

Gib die Flasche stets im engen Körper- oder Hautkontakt. Zieh das Baby dazu bis auf die Windel aus und lege eine dünne Decke über euch, damit es über den Rücken nicht auskühlt.

● RICHTIG FÜTTERN

Das Baby sollte nicht liegend mit der Flasche gefüttert werden. Bei einer von oben nach unten gerichteten Flasche hat es keine eigene Kontrolle über den Milchfluss, sodass es sich leichter verschluckt.

● ERKENNE DEN HUNGER

Achte und reagiere bereits auf die allerersten frühen Hungerzeichen deines Babys wie Aufwachen, Schmatzen, Mundöffnen oder körperliche Unruhe, damit es nicht zu lange warten muss, bis die Flasche fertig zubereitet ist und sein Hunger gestillt wird.

● SEI ENTSPANNT

Nimm zum Füttern eine bequeme Position ein und stütze deine Arme rechts und links mit festen Kissen oder einem Stillkissen, damit du entspannt bist und dir die Zeit nehmen kannst, die dein Baby für eine ruhige Mahlzeit benötigt.

● NACH BEDARF FÜTTERN

Füttere dein Baby nach seinem Bedarf, nicht zu festen Zeiten oder in bestimmten Abständen. Einen annähernd gleichen Tagesrhythmus entwickeln Babys beim Trinken erst nach einigen Wochen oder Monaten. Auch die Trinkmengen deines Babys sind nicht immer gleich; mal trinkt es mehr, mal weniger und meldet sich dafür wieder etwas eher für die nächste Mahlzeit.

● LANGSAM UND SCHRITTWEISE

Damit das Baby bei der Flaschenfütterung die Führung behält und die Mahlzeiten länger dauern, wird heute das sogenannte Paced Bottle Feeding empfohlen, das dem Trinkverhalten an der Brust ähnelt.

● ACHTSAMES TEMPO

Wenn das Baby die Kontrolle hat, trinkt es ruhiger, möglicherweise auch kleinere Mengen und bekommt weniger Verdauungsprobleme.

„Das Baby braucht keine bestimmte Menge pro Mahlzeit trinken. Es soll nach dem Füttern zufrieden sein."

→ DIESE ZEICHEN
ZEIGEN, DASS DEIN
BABY EINE PAUSE
BRAUCHT

- Weit aufgerissene
  Augen
- Geweitete Nasenflügel
- Zusammengezogene
  Augenbrauen
- Angestrengter, ge-
  stresster Gesichtsaus-
  druck
- Der Sauger wird aus
  dem Mund geschoben
- Das Baby macht Arme
  und Beine steif, spannt
  sich an oder drückt
  sich weg
- Nahrung läuft aus
  dem Mund oder wird
  herausgespuckt
- Das Baby verschluckt
  sich
- Seine Lippen werden
  blau •

Diese Pausen braucht es auch beim Trinken aus der Flasche. Wenn dein Baby drei- bis fünfmal hintereinander geschluckt hat, lehnst du es mit dem Oberkörper ein wenig nach vorn und senkst den Boden der Flasche etwas, sodass sich die Spitze des Saugers leert, um ihm eine kleine Pause von drei bis fünf Sekunden zum Atmen zu verschaffen.

Beginnt dein Baby dann nach ein paar Sekunden weiterzusaugen, lehnst du es wieder zurück und hebst den Boden der Flasche etwas an, sodass sich die Spitze des Saugers wieder mit Milch füllt und es erneut drei- bis fünfmal hintereinander saugen und schlucken kann. Wechsle nach etwa der Hälfte der Mahlzeit das Baby und die Flasche von der einen auf die andere Seite, um – wie beim Stillen – auch seine Augen-Hand-Koordination zu fördern. Achte außerdem auf kleinste Zeichen von Stress bei deinem Baby, die anzeigen, dass es eine Pause braucht.

Fahre wechselweise mit Phasen des Saugens und Schluckens sowie Atempausen so lange fort, bis dein Baby zeigt, dass es satt ist: Es beginnt dann nach der Pause nicht wieder zu saugen. Ein weiteres Zeichen sind seine entspannten, geöffneten Hände oder wenn es den Sauger aus dem Mund schiebt, den Kopf wegdreht oder entspannt einschläft.

Versucht nicht, das Baby zum Weitertrinken oder zum Austrinken der zubereiteten Nahrungsmenge zu drängen. Das Baby muss keine bestimmte Menge pro Mahlzeit trinken. Es soll nach der Mahlzeit zufrieden sein und mit seiner gesamten Tagestrinkmenge in etwa entlang seiner Gewichtsperzentile weiter zunehmen.

Wenn das Baby die Kontrolle hat, trinkt es ruhiger, möglicherweise auch kleinere Mengen und bekommt weniger Verdauungsprobleme. Falls es beim Trinken noch Luft schluckt, kannst du es zwischendurch oder nach der Mahlzeit aufstoßen lassen. Oft ist das aber gar nicht erforderlich. Nach einigen Tagen des Paced Bottle Feedings wird dein Baby anfangen, die Flaschenfütterung selbst zu steuern, indem es von sich aus eine Pause einlegt und aufhört zu saugen. Ihr könnt dann einfach seiner Führung folgen, es etwas nach vorne beugen und den Flaschenboden senken. Die Mahlzeiten aus der Flasche sollten beim Paced Bottle Feeding in den ersten Wochen etwa 20 bis 30 Minuten und auch bei einem älteren Baby noch etwa 10 bis 15 Minuten dauern, damit es dabei auch sein Saugbedürfnis befriedigen kann. Eine über die Flasche gezogene Stulpe oder Socke hilft dir, mehr auf die Zeichen deines Babys als auf die jeweils getrunkene Menge zu achten. Falls dich die Mengenangaben auf der Nahrungspackung verunsichern, kannst du diese Tabelle mit Klebeband abkleben und so dein Vertrauen in das Baby und seine Signale stärken.

Wichtig ist, dass ihr als Eltern für mögliche Veränderungen flexibel bleibt. Wenn das Baby wächst oder einmal krank ist oder bei anderen besonderen Vorkommnissen können sich seine Trinkmenge sowie die Häufigkeit seiner Mahlzeiten vorübergehend oder dauerhaft ändern. Wenn du deinem

→ PERZENTILE –
WAS IST DAS?

Länge und Gewicht deines Kindes werden im Vorsorgeuntersuchungsheft in Perzentilenkurven eingetragen, um seine Entwicklung mit der Entwicklung gleichaltriger gesunder Kinder zu vergleichen. Alle Kurven zwischen der 3. Perzentile (P3) und der 97. (P97) zeigen normale Verläufe. Die 50. Perzentile (P50) stellt dabei den mittleren Verlauf dar: 50 Prozent der gleichaltrigen Kinder sind schwerer oder größer und 50 Prozent sind leichter oder kleiner. Liegen die Werte eines Kindes auf der 3. Perzentile (P3), sind nur 3 Prozent der Gleichaltrigen noch leichter oder kleiner; 97 Prozent sind schwerer oder größer. Bei Werten auf der 97. Perzentile (P97) ist es umgekehrt: 97 Prozent der Gleichaltrigen sind leichter oder kleiner. •

Baby nach dem Füttern zum Befriedigen seines Saugbedürfnisses einen Schnuller gibst, biete ihn ihm im Körperkontakt mit dir an. Halte es auch beim Saugen am Schnuller im Arm oder trage es in einer Tragehilfe. So fühlt sich dein Baby von dir sicher umhüllt und geborgen.

Auch wenn dein Baby nach einigen Monaten bereits in der Lage ist, seine Flasche selbst zu halten, solltest du ihm weiter die Flasche halten und es dabei auf deinen Schoß setzen. Die Kommunikation und eure körperliche Nähe bei den Mahlzeiten bleiben im ganzen ersten Lebensjahr und auch danach wichtig für seine Entwicklung und die Eltern-Kind-Bindung. Denn das Liebeshormon Oxytocin wird – sogar noch bei Erwachsenen – durch alle Arten von angenehmem Kontakt sowie bei gemeinsamen Mahlzeiten ausgeschüttet.

Welche Nahrung ist die richtige?

Pre-Nahrung ähnelt in ihrer Nährstoffzusammensetzung der Muttermilch am meisten. Als Kohlehydrat enthält sie nur Milchzucker (Laktose) und kann im gesamten ersten Lebensjahr nach Bedarf gefüttert werden.

1er-Nahrung hat denselben Energiegehalt (in Kalorien) wie Pre-Nahrung. Sie enthält aber zusätzlich geringe Mengen weiterer Kohlehydrate, wie zum Beispiel Stärke, Maltose oder Maltodextrin. Dadurch ist sie etwas dickflüssiger und soll das Baby länger sättigen. Die Fütterung von 1er-Nahrung ab der Geburt ist nicht zu empfehlen, da im Darm von Neugeborenen das Enzym P-Amylase fehlt, das zur Verdauung von Stärke erforderlich ist; es wird erst nach etwa zwei Monaten zunehmend von der Bauchspeicheldrüse gebildet. In Österreich darf 1er-Nahrung zudem grundsätzlich nicht nach Bedarf gegeben werden, um einer Überernährung und damit einer Entwicklung von Übergewicht vorzubeugen.

HA-Nahrungen gibt es ebenfalls als Pre- und 1er-Nahrung. HA steht für hypoallergen, das bedeutet weniger allergieauslösend. Bei HA-Nahrung ist das Eiweiß teilweise aufgespalten (teilhydrolysiert); die Eiweißbruchstücke werden daher vom Körper nicht so leicht als Fremdeiweiße erkannt und sollen seltener Allergien auslösen. Durch das aufgespaltene Eiweiß schmeckt HA-Nahrung leicht bitter. Aus diesem Grund dürfen HA-Nahrungen neben Milchzucker (Laktose) auch andere Kohlehydrate wie Haushaltszucker (Saccharose) oder Traubenzucker (Glucose/Dextrose) zugesetzt werden. Der bittere Geschmack wird von Babys aber im Allgemeinen gut akzeptiert, wenn sie von Beginn an mit einer HA-Nahrung gefüttert werden. Der allergievorbeugende Effekt einer dauerhaften Fütterung von HA-Nahrung ist jedoch wissenschaftlich bislang nicht schlüssig nachgewiesen.

147

Die ideale Flasche oder den optimalen Sauger gibt es nicht. Wähle zum Füttern vor allem eine Flasche, die du gut in der Hand halten kannst, statt einer Flasche, die vom Hersteller damit beworben wird, dass sie besonders „brustähnlich" ist. Zu empfehlen ist eine Slow-Flow-Flasche mit einem langsamen Slow-Flow-Sauger mit kleinem Saugerloch. Tatsächlich geht es aber mehr darum, wie du die Flasche gibst, als darum, welche Flasche und welchen Sauger du verwendest. •

Gib deinem Baby nur dann bis zum Beginn der Beikosteinführung eine HA-Nahrung (Pre oder 1er), wenn du nicht oder nicht ausschließlich stillst und wenn zusätzlich ein familiäres Allergierisiko besteht. Das liegt vor, wenn mindestens ein Elternteil oder ein Geschwisterkind bereits eine Allergie hat. Nicht gestillte Babys ohne erhöhtes Allergierisiko brauchen keine HA-Nahrung. Nach dem Beginn der Beikost kann dein Kind normale Pre- oder 1er-Nahrung trinken, da es nun ohnehin mit zahlreichen Nahrungsmittelallergenen in Kontakt kommt.

Folgenahrungen enthalten zusätzliche Kohlehydrate. Sie sind nicht für die Ernährung von Geburt an geeignet. Wegen des Risikos einer Überernährung und des Übergewichts dürfen sie nur entsprechend den Angaben auf der Verpackung gefüttert werden.

Tipps für die Zubereitung

Wenn dein Baby sowohl abgepumpte Muttermilch als auch Flaschennahrung mit der Flasche erhält, füttere immer zuerst die Muttermilch und danach gegebenenfalls noch die Flaschennahrung. Mische nicht beides in einer Flasche zusammen, damit du keine Muttermilchreste weggießen musst. Jede Flasche sollte immer erst kurz vor dem Füttern frisch und hygienisch einwandfrei gemäß den Anweisungen auf der Packung zubereitet werden. Für Babynahrung kann normales Leitungswasser verwendet werden. Nur wenn die Qualität des örtlichen Leitungswassers oder der Hausleitungen nicht für Babys geeignet ist, solltet ihr abgefülltes, stilles Mineralwasser mit der Angabe „für die Zubereitung von Säuglingsnahrung geeignet" verwenden. Zum Füttern sollte die Temperatur der Nahrung nicht höher als 37 Grad Celsius sein. Erhitze die Nahrung für das Baby niemals in der Mikrowelle, da diese ungleichmäßige „heiße Stellen" erzeugt, die das Baby im Mund verbrühen können. Restmengen, die das Baby nicht getrunken hat, solltet ihr nicht warmhalten oder für die nächste Mahlzeit wieder erwärmen. Flaschen, Sauger, Ring und Deckel sollten direkt nach dem Füttern mit heißem Wasser, Geschirrspülmittel und einer separaten Flaschenbürste gereinigt und mit klarem Wasser abgespült werden sowie einmal täglich ausgekocht werden. Anschließend schlagt ihr alle Utensilien bis zur nächsten Verwendung in ein sauberes Tuch ein oder bewahrt sie in einem verschlossenen sauberen Behälter auf.

149

Kapitel 6
Schlafen

Wie Baby und Eltern gut schlafen

Babys schlafen anders. Sie wachen häufiger auf und schlafen ungern alleine. Liegt dein Kind nah bei dir, fühlt es sich geborgen und sicher und kann gut schlafen. Der gemeinsame Schlafrhythmus hat auch für dich viele Vorteile.

Hast du eigentlich gewusst, dass Babys in fast allen Kulturen der Welt in der Nähe ihrer Mutter oder ihres Vaters schlafen, im gleichen Bett oder zumindest im selben Raum? Nur bei uns in Europa und in den USA schlafen viele Babys alleine in ihrem Bett im Kinderzimmer. Gleichzeitig beherrscht das Thema Schlaf junge Familien wie kein anderes. Warum sind viele Eltern unsicher, wenn es um die natürlichste Sache der Welt geht? Vielleicht liegt es daran, dass Neugeborene einfach anders schlafen. Eltern sind darüber oft beunruhigt. Werden sie dann nachts durch das Baby geweckt, schlafen sie oft selbst schlecht.

Für Mütter beginnen die schlaflosen Nächte oft schon vor der Geburt: Anfangs ist es weniger dein Baby, das dich vom Schlafen abhält, sondern die große körperliche Umstellung. Da sind vor allem die häufigen Toilettengänge: Da die Nieren stärker durchblutet werden, muss sich die Blase öfter entleeren. Später drückt das Baby auf die Harnblase, sodass du nachts öfter aufstehen musst. Vielleicht sorgen verstärkte Übelkeit oder Sodbrennen für unruhige Nächte. Auch vermehrtes Grübeln oder intensives Träumen kann dazu beitragen, dass du schlechter einschläfst oder nachts öfter aufwachst. Über den gut gemeinten Tipp, sich noch mal richtig auszuschlafen, bevor das Baby kommt, können viele Schwangere daher nur müde lächeln.

153

Gerade in den letzten Wochen vor der Geburt findet sich manchmal keine richtig entspannte Liegeposition mehr, und auch sehr aktive Bewegungen deines Kindes können dich vom Schlafen abhalten. Vielleicht beobachtest du, dass dein Baby ein bestimmtes Schlafmuster hat: Ungefähr ab der 36. Schwangerschaftswoche entwickeln sich deutlich unterscheidbare Phasen, in denen dein Kind schläft oder wach ist. Im Bauch sind diese Phasen jedoch nicht an den Rhythmus von Tag und Nacht oder an deinen eigenen Schlafrhythmus gebunden.

Bei Erwachsenen verteilen sich die Zeiten, in denen sie schlafen oder wach sind, relativ gleichmäßig in zwei große Abschnitte. Das bedeutet, dass du abends zu einer bestimmten Zeit müde wirst, nachts schläfst, morgens aufwachst und dann für den Rest des Tages wach bist. Dieser sogenannte zirkadiane Rhythmus wird einmal in 24 Stunden durchlaufen. Bei Babys hingegen verteilen sich die Schlaf- und Wachphasen über den Tag und die Nacht – das ist vor der Geburt so und auch noch eine ganze Weile danach. Erst allmählich lernt euer Kind den Wechsel von Tag und Nacht kennen. Ein Baby *kann* sich also zunächst noch gar nicht nach dem Schlafverhalten der Eltern richten. Deshalb ist es umso wichtiger, dass ihr euer Schlafverhalten dem des Babys anpasst. Das kann durchaus eine große Herausforderung sein. Macht euch daher immer wieder bewusst, dass das gänzlich andere Schlafverhalten eures Babys keine Frage des „Wollens", sondern des „Könnens" ist. Das bezieht sich nicht nur auf den Tag-Nacht-Rhythmus, sondern auch darauf, wann und wie lange euer Baby ein- und durchschläft.

Babys haben kürzere Schlafrhythmen

Doch egal ob es um den Schlaf von Babys, Kindern oder Erwachsenen geht: Immer lassen sich verschieden tiefe Schlafabschnitte beobachten. Die leichtere und auch aktivere Schlafphase wird als „REM-Schlaf" bezeichnet. Die Abkürzung REM steht für Rapid Eye Movement – das sind schnelle Augenbewegungen, die in der aktiven Phase des Schlafes hinter den geschlossenen Lidern stattfinden. Blutdruck und Herzschlag sind höher als in der Tiefschlafphase, die auch „Non-REM-Schlaf" genannt wird.

In der REM-Phase träumt ein Baby mehr und verarbeitet dabei Erlebtes. Das könnt ihr sogar sehen: Bemerkt ihr die schnellen Augenbewegungen eures Babys, befindet es sich in einer leichten Phase seines Schlafes. Legst du dein Baby im REM-Schlaf ab, ist die Wahrscheinlichkeit deutlich größer, dass es dabei gleich wieder aufwacht. Bei Erwachsenen findet der REM-Schlaf eher am Ende eines durchschnittlich 90 Minuten langen Schlafzyklus statt. Säuglinge durchlaufen dagegen zuerst eine REM-Schlafphase, bevor es in den Tiefschlaf geht.

→ WAS BEDEUTET
DURCHSCHLAFEN?

Nicht selten wird es als elterliches Verdienst angesehen, wenn das Baby gut schläft. Dabei ist es der Reifungs- und Entwicklungsprozess des Kindes, der völlig individuell verläuft. Eltern haben also nicht „alles richtig gomacht", wenn ihr Kind ein unkomplizierter Schläfer ist. Sie haben auch nichts falsch gemacht, wenn ihr Kind längerfristig schlecht ein- oder nicht durchschläft. Es empfiehlt sich, den Begriff „Durchschlafen" realistisch zu handhaben. In Studien zum Babyschlaf ist damit ein durchgehendes Schlafen von fünf bis sechs Stunden nach Mitternacht gemeint. Babys schlafen nun einmal nicht früh am Abend ein und wachen erst am nächsten Morgen zu einer elternfreundlichen Zeit wieder auf. Nachts wach zu werden ist keine Laune des Babys, sondern ein ganz normales Verhalten: Die Entwicklung seines Gehirns braucht viel Energie, und die wird durch Milch geliefert. Entsprechend oft meldet sich dein Baby. •

Mit einer durchschnittlichen Dauer von nur 50 bis 70 Minuten ist der Schlafzyklus deines Babys deutlich kürzer als etwa bei dir. Während Erwachsene ungefähr 20 bis 25 Prozent des Schlafes im REM-Zustand verbringen, ist dieser bei Neugeborenen etwa doppelt so lang. Auch wechseln sich REM- und Tiefschlafphase bei Babys wesentlich schneller ab. Das erklärt neben den generell kürzeren Schlafzyklen, weshalb sie nachts so häufig wach werden.

Die vermehrte Zeit im aktiveren REM-Schlaf braucht das Baby für seine Entwicklung. Das Gehirn verarbeitet währenddessen das Erlebte und Nervenzellen verknüpfen sich. Da das Gehirn noch weiter wachsen und sich entwickeln muss, verbringt das Baby also aus gutem Grund die Hälfte seines Schlafs in REM-Phasen.

Wie viel Schlaf braucht ein Baby?

Schlaf dient dazu, dass sich der Mensch körperlich und geistig erholen kann. In der Nacht regenerieren sich die Organe und das Immunsystem, es finden Entgiftungsprozesse statt und selbst die Wundheilung ist besonders aktiv. Wichtig ist der Schlaf vor allem auch für das Gehirn, das den ganzen Tag auf Hochtouren läuft: Im Schlaf wird die Flut an Eindrücken, aufgenommenen Informationen und Erlebnissen sortiert und verarbeitet. Bei Babys hat das sich noch entwickelnde Gehirn besonders viele neue Sinneseindrücke und Reize zu integrieren. Es ist deshalb nur allzu verständlich, dass ein Baby dafür entsprechend viel Schlaf braucht. Doch auch was „viel Schlaf" bedeutet, unterscheidet sich von Kind zu Kind, genau wie auch bei Erwachsenen: Sie schlafen im Durchschnitt sieben bis acht Stunden, wobei manche Menschen schon nach sechs Stunden ausgeschlafen sind, während andere mehr als neun Stunden Schlaf benötigen.

Babys haben in den ersten drei Lebensmonaten eine durchschnittliche Schlafdauer[1] von 14 bis 17 Stunden täglich. Aber auch nur elf oder sogar 19 Stunden Schlaf können angemessen sein. Wenn ihr bereits Kinder habt, wisst ihr, wie unterschiedlich nicht nur das Schlafverhalten, sondern auch das Schlafbedürfnis der Geschwister ausfällt. Das Bedürfnis zu schlafen entwickelt sich im Laufe des Lebens dahin, dass Erwachsene im Schnitt ein Drittel ihrer Zeit mit Schlafen verbringen.

Besonders im Säuglings- und Kleinkindalter verändern sich die Bedürfnisse schnell und die Gesamtdauer des Schlafes nimmt allmählich ab. So schlafen Babys im Alter von vier bis elf Monaten im Schnitt zwölf bis 15 Stunden, wobei manche nur zehn Stunden brauchen und andere 18. Kinder im Alter von ein bis zwei Jahren brauchen durchschnittlich noch elf bis 14 Stunden Schlaf, manche aber auch nur neun oder sogar 16 Stunden.

„Das gemütlichste Bett, der kuscheligste Teddy oder die App, die Herzschlaggeräusche abspielt: All das kann nicht die Geborgenheit durch elterliche Nähe ersetzen."

Schlafbedürfnisse sind individuell

Als Eltern könnt ihr zwar die Schlafbedingungen eures Kindes beeinflussen, nicht aber das Schlafbedürfnis, das euer Kind individuell mitbringt. Es ist deshalb auch nicht sinnvoll, den Schlaf und das Schlafverhalten seiner Kinder miteinander zu vergleichen. Vielmehr ist es wichtig, einen eigenen Weg zu finden, wie sich die Schlafbedürfnisse innerhalb der Familie vereinen lassen. Erwartungen und gut gemeinte Ratschläge von Großeltern, Freunden oder Kolleginnen bewirken häufig zusätzlichen Druck. Viel wichtiger ist es, sich ausreichend Zeit zu nehmen, um erst einmal in Ruhe euer Baby und sein Schlafverhalten kennenzulernen. Dabei haben Zahlen und Tabellen nur eine orientierende Funktion und sind keine Vorgaben, die es einzuhalten gilt. Wenn ihr euch Gedanken darüber macht, ob euer Baby zu lang, zu kurz oder nicht genügend schläft, sprecht mit der Hebamme, eurer Kinderärztin oder dem Kinderarzt darüber. Die meisten schwierigen Schlafsituationen beruhen nicht auf einer tatsächlichen Schlafstörung, sondern eher auf Erwartungen, die nicht zum jeweiligen Kind passen.

Welche Erwartungen Eltern haben

Vielleicht habt ihr euch schon vor der Geburt Gedanken darüber gemacht, wie die zukünftigen Nächte mit dem Baby aussehen werden. Befragt man Eltern weltweit, ab wann sie erwarten, dass Kinder alleine ein- und die ganze Nacht durchschlafen, erhält man sehr unterschiedliche Antworten.[2] Eltern aus westlichen Ländern wünschen sich das bereits von einem vier bis sechs Monate alten Säugling; in Staaten wie Costa Rica, dem afrikanischen Kamerun oder in Indien erwarten Mütter und Väter dagegen nicht, dass ihr Kind durchschläft, ehe es dreieinhalb Jahr alt ist – und sie gehen davon aus, dass es erst in einem Alter von fünf bis sechs Jahren alleine einschlafen kann.

Tauscht ihr euch mit anderen oder den eigenen Eltern aus, hört ihr vielleicht, dass deren Kind oder ihr selbst als Kind früh und unkompliziert durchgeschlafen habt. Vielleicht war das tatsächlich so, vielleicht ist es aber auch nur die selektive Erinnerung der Eltern. Wir alle neigen dazu, gerade herausfordernde Erfahrungen wie etwa durchwachte Nächte mit einem unruhigen, schreienden Kind zu vergessen, sobald diese Phase vorüber ist. Wahrscheinlich sorgt dieser Umstand auch dafür, dass Eltern sich selbst nach anstrengenden Babyphasen entscheiden, weitere Kinder zu bekommen.

In diesem Zusammenhang darf auch nicht vergessen werden, dass viele Annahmen über das Durchschlafen von Säuglingen aus Zeiten

→ DAS BRAUCHEN
FAMILIEN, UM GUT
SCHLAFEN ZU
KÖNNEN

- Beobachtet euer Baby: Ist es müde? Nur wenn es müde ist, wird es auch einschlafen.
- Die Grundbedürfnisse des Babys sind erfüllt: Hunger und Durst sind gestillt, ihm ist weder zu warm noch zu kalt und es fühlt sich sicher, meist durch Körperkontakt.
- Vor allem in der Zeit nach der Geburt fühlen sich viele Babys durch die Nähe zu ihren Eltern umsorgt und sicher. Diese Gewissheit hilft ihnen, von einer Schlafphase in die nächste gleiten zu können.[3]
- Auch der Elternschlaf ist wichtig: Ihr braucht ausreichend Schlaf für Wohlbefinden, geistige Fähigkeiten und zur Entspannung. Nur dann könnt ihr überhaupt feinfühlig auf das Baby und andere Menschen eingehen.
- Schlaft also, wann immer es geht. Ist das tagsüber nicht möglich, versucht zumindest auszuruhen. •

stammen, in denen nur wenige Säuglinge voll gestillt wurden. Das nächtliche Aufwachverhalten von mit künstlicher Säuglingsnahrung gefütterten Babys unterscheidet sich tatsächlich von dem gestillter Babys. Das bedeutet aber nicht, dass stillende Mütter deshalb müder sind oder generell weniger schlafen.

Darüber hinaus gibt es Kinder, die schon früh längere durchgehende Schlafphasen haben. Das kann dauerhaft so sein oder auch nur zeitweise. Manche Entwicklungsphasen gehen mit einem höheren Energiebedarf einher, weshalb das Baby dann nachts mehr Hunger hat und öfter aufwacht. Andere Kinder wiederum benötigen in solchen Zeiten weniger Energie. Solange das Kind sich gut entwickelt, muss man daran auch nichts ändern. Ebenso wenig müssen Eltern an ihrem Kind etwas ändern, wenn es nachts häufiger aufwacht. Der für ein gutes Gedeihen notwendige Energiebedarf unterscheidet sich oft erheblich von Kind zu Kind. In der Regel aber reguliert das Baby seine nächtlichen Nahrungsbedürfnisse so, dass sie seinem Bedarf entsprechen. Wenn du unsicher bist, sprich deine Hebamme oder Stillberaterin darauf an. Auch wenn du dein Baby mit der Flasche fütterst, sind diese beiden deine Ansprechpartnerinnen.

Gemeinsam besser schlafen

Wo das Baby die Nacht verbringt, hat großen Einfluss auf seinen Schlaf. Schläft es nicht mit seinen Eltern zusammen in einem Raum, werden womöglich feinere Signale, die darauf hindeuten, dass das Kind etwa Hunger hat, nicht wahrgenommen und beantwortet. Das Fazit aus solchen Nächten lautet dann möglicherweise, das Baby habe „durchgeschlafen". Weil es aber eben schwieriger für die Eltern ist, auf die subtilen Zeichen ihres Babys zu reagieren, wenn es in einem anderen Raum schläft, wird in Deutschland von der Bundeszentrale für gesundheitliche Aufklärung[4] empfohlen, dass ein Kind bis mindestens zum ersten Geburtstag die Nacht im gleichen Zimmer wie die Eltern verbringen sollte.

Dadurch reduziert sich auch deutlich das Risiko für den plötzlichen Säuglingstod (sudden infant death syndrome, kurz SIDS genannt). Die gleichmäßigen Atemgeräusche der Eltern haben zudem vermutlich einen positiven Einfluss auf die Atemregulation des Babys. Darüber hinaus hat es etliche weitere Vorteile, wenn Babys nah bei ihrer Mutter schlafen: So wird sie selbst seltener aufgeweckt. Trotzdem vermitteln Werbung, Zeitschriften und der Besuch in Fachgeschäften, dass schon Babys ihr eigenes Kinderzimmer mit dem eigenen Bett darin brauchen. Lasst euch nach Möglichkeit davon nicht beeinflussen und versucht die Schlafumgebung zu finden, die zu euren Bedürfnissen und zu denen des Babys passt.

„Babys gewöhnen sich daran, in den Schlaf gestillt zu werden. Genau das sollen sie auch."

Bekommt ihr als Eltern nicht genügend Schlaf und seid morgens sehr müde, ist meist nicht die gesamte Schlafdauer eures Babys das Problem, sondern *wann* es schläft, denn Säuglinge verteilen ihren Schlafbedarf sowohl auf verschieden große Portionen als auch auf Tag und Nacht. In 24 Stunden kommt es im Durchschnitt zu fünf bis acht Schlafphasen. Wann diese jedoch sind, unterscheidet sich nicht nur von Kind zu Kind, sondern oft auch noch von Tag zu Tag. Bei den meisten Kindern lässt sich erst mit ungefähr drei bis vier Monaten ein leichter vorhersehbarer Schlaf-wach-Rhythmus erkennen. Oft verlagern sich die längeren Schlafphasen erst nach den ersten beiden Lebensmonaten zunehmend in die Nacht, wobei Babys weiterhin nachts häufiger aufwachen: mit etwa drei Monaten im Schnitt bis zu dreimal.

Dass euer Baby nachts wach wird, hängt auch mit seiner jeweiligen Entwicklungsphase zusammen. Im Alter zwischen sechs und neun Monaten werden Babys sogar bis zu fünfmal in der Nacht wach, denn in dieser Zeit passiert viel: Zähnchen kommen, das Baby beginnt zu krabbeln und seine Umgebung zu erforschen. Auch die Einführung der Beikost ist zunächst eine Herausforderung. In der Nacht muss also viel Neues verarbeitet werden. Mit zwölf Monaten wachen die Kinder dann im Schnitt wieder nur dreimal pro Nacht auf. Auch Kinder im Alter von einem, zwei oder drei Jahren werden nachts weiterhin noch regelmäßig wach. Das braucht euch als Eltern nicht zu beunruhigen. Das Wissen darüber soll euch vielmehr den Druck nehmen, etwas Bestimmtes tun zu müssen, damit das Baby „schnell durchschläft". Zugleich soll es dazu ermutigen, in diesen durchaus etwas unruhigen Jahren mit weniger Schlaf gut auf sich selbst und die eigenen Ressourcen zu achten.

Was braucht dein Baby, um einzuschlafen?

Bestimmt habt ihr euch schon vor der Geburt viele Gedanken um den „richtigen" Schlafplatz für euer Baby gemacht. Ist der Schlafsack warm genug, die Matratze atmungsaktiv? Wird es die Melodie der Spieluhr mögen? Doch ist das Baby erst einmal auf der Welt, zeigt es euch schnell, was seine wirklichen Bedürfnisse sind – auch in Bezug auf das Einschlafen. Warm und geborgen schläft dieser kleine Mensch am besten auf dem Arm ein, oder auch direkt beim Stillen und Füttern: Sanft gleitet das Baby dabei in den Schlaf und die Brustwarze oder der Sauger aus dem Mund. Auch beim anderen Elternteil ins Tragetuch gekuschelt und dem Herzschlag lauschend, findet das Baby

WAS DEN BABYSCHLAF NOCH UNTERSTÜTZT

● **RITUALE SCHAFFEN**

Wiederkehrende Rituale können das Schlafengehen vorbereiten. Sie werden zu einem Rhythmus, der Sicherheit bietet. Das abendliche Waschen, das Umziehen und das Vorsingen oder Vorlesen läuten den Nachtschlaf langsam und zunehmend vertraut ein.

● **DRAUSSEN SEIN**

Frische Luft wirkt sich positiv auf den Schlaf aus. Warst du mit dem Baby am Tag mindestens eine halbe Stunde lang im Freien, schlaft ihr nachts besser und länger.

● **SEI AUFMERKSAM**

Achte auf die Müdigkeitszeichen des Kindes. Es kommt nicht unbedingt auf die Uhrzeit an, zu der du es hinlegst. Hat es etwa spät am Nachmittag noch geschlafen, verschieben sich zeitliche Abläufe entsprechend nach hinten.

● **ACHTE DIE BEDÜRFNISSE**

Richtet euch auch beim Abendessen nach den Bedürfnissen und dem Entwicklungsstand des Babys. Vielleicht möchte es Brei oder das Abendessen als Fingerfood oder es verlangt danach, gestillt zu werden. Nichts davon ist besser oder schlechter in Hinblick auf sein Schlafverhalten. Nur hungrig wird ein Baby nicht einschlafen können.

● **OHNE ZWANG**

Die wesentliche Voraussetzung, um den Weg in den Schlaf zu finden, ist Müdigkeit. Schlaf lässt sich nicht erzwingen. Um wirklich müde zu sein, braucht ein Kind genug Bewegung und Anregung, wenn es tagsüber wach ist. Wart ihr zum Beispiel noch am frühen Abend zum Einkaufen unterwegs, habt ihr damit die Phase der Müdigkeit beim Kind durch zu viel Stimulation übergangen. Es dauert meist wieder fast eine Stunde, bis sich das nächste Schlaffenster beim Kind öffnet.

● **MACHT BREI MÜDE?**

Der Einfluss des abendlichen Essens auf den nächtlichen Schlaf wird oft überbewertet. An Beikost gewöhnte Babys schlafen nicht besser; der oft gepriesene Abendbrei sorgt nicht automatisch für mehr Schlaf.

● **BLAUES LICHT MACHT WACH**

Das bläuliche Licht von Smartphones, Tablets und Bildschirmen hindert das menschliche Gehirn daran, das Schlafhormon Melatonin ausreichend zu bilden. Deshalb sollten diese Geräte in der Zeit vor dem Schlafengehen nicht verwendet werden. Übrigens weist auch die Muttermilch, die in der Nacht gebildet wird, eine höhere Konzentration an Melatonin auf und ist daher besonders schlaffördernd für das Baby.

besonders leicht in den Schlaf. Vielleicht lässt es sich aus diesen gemütlichen Einschlafszenarien heraus sogar gut in den Kinderwagen oder ins eigene Bettchen legen; vielleicht zeigt es aber auch unmittelbar sein Unbehagen, wenn ihr genau das versucht. Aber keine Sorge, das liegt nicht daran, dass ihr etwas falsch macht oder mit dem Baby etwas nicht stimmt.

Damit es gut in den Schlaf findet, müssen die Bedingungen für das Baby passen. Die grundlegende Voraussetzung für das Einschlafen ist: Es muss wirklich müde sein, denn ein Mensch schläft nur, wenn er wirklich ausreichend müde und entspannt ist. Während Erwachsene das selbst spüren und darauf mehr oder weniger reagieren, braucht ein Baby dabei elterliche Hilfe. Das bedeutet, die Müdigkeit des Kindes wahrzunehmen und darauf angemessen einzugehen. Nicht angemessen wäre es, das müde Kind zu unterhalten, es in die Luft zu werfen oder wild zu kitzeln. Statt stimulierende Angebote zu machen, sorgt ihr als Eltern in dieser Situation für eine sanfte und feinfühlige Begleitung in den Schlaf. Indem ihr es umhertragt und wiegt, indem du es stillst, streichelst oder leise singst, helft ihr eurem Kind dabei, sich zu entspannen.

Neugeborene schlafen meist schon beim Trinken ein, weil das für sie mit Anstrengung verbunden ist. Viele Babys lassen sich auch noch gut ablegen, wenn sie auf dem Arm eingeschlafen sind. Doch oft ändert sich das nach den ersten Wochen. Ab der vierten Lebenswoche nehmen dann bei vielen Babys Unruhe, untröstliches Weinen und Schreien zu. Häufig fallen diese Phasen auf den späten Nachmittag und in den frühen Abend – also genau die Zeit, in der auch die elterlichen Akkus schon ein wenig leer sind. Die Ursache für das Weinen ist aber nicht immer Müdigkeit, sondern womöglich auch Überreizung oder einfach „Heimweh nach der Gebärmutter". Als dein Baby noch im Bauch war, wurde es rund um die Uhr mit allem versorgt, was es brauchte. Tag und Nacht hat es deine Nähe gespürt. Nun braucht das Baby Zeit, sich an das neue Leben außerhalb des Bauches zu gewöhnen. Um diese Umstellung zu meistern, benötigen viele Babys zeitweise besonders viel Nähe und Körperkontakt, damit sie sich wie „zu Bauchzeiten" sicher und geborgen fühlen.

Müdigkeitsanzeichen deines Babys

Müdigkeit zeigt sich nicht nur durch Weinen und meist schon eine Weile, bevor das Kind anzeigt, dass es nicht mehr kann. Dein Baby hat vielleicht einen starren oder glasigen Blick oder es gähnt. Es wendet sich von einer Aktivität ab und dreht den Kopf weg. Vielleicht werden auch seine Bewegungen unkoordinierter. Etwas ältere Babys reiben sich auch die müden Augen mit geballten Fäusten.

Auf all diese Signale solltest du zügig reagieren, weil sich hier das sogenannte Schlaffenster deines Babys zeigt. Werden die Signale übergangen oder haltet ihr das Kind durch bestimmte Angebote sogar weiterhin munter, statt ihm beim Entspannen zu helfen, dauert es in der Regel fast wieder eine Stunde, bis sich ein neues Schlaffenster öffnet. Deshalb ist ein übermüdetes Baby irgendwann so „über den Punkt", dass es statt zu schlafen nur noch schreien kann. Andererseits können Babys unter guten Bedingungen meist immer und überall schlafen. So kannst du auch unterwegs auf die Schlafbedürfnisse deines Kindes eingehen, es im Tuch oder einer Trage nah bei dir halten und den Tagesablauf deinen Aufgaben und Bedürfnissen entsprechend gestalten.

Tiefer Schlaf braucht Geborgenheit

Um selbst bei großer Müdigkeit loslassen und in den Schlaf sinken zu können, brauchen Menschen jeden Alters bestimmte Bedingungen. Stell dir einmal vor, wie gut du wohl schlafen könntest, wenn du nachts an einem kühlen, windigen Bahnhof die letzte Bahn verpasst hast und nun bis zum nächsten Morgen auf den Zug warten musst. Wahrscheinlich wirst du an diesem Ort trotz größter Müdigkeit kaum ein Auge zumachen. Das Gefühl, sicher, warm und geborgen zu sein, ist eine wichtige Voraussetzung, um schlafen zu können.

Das gilt besonders für dein Baby, denn es erinnert sich noch gut daran, dass es in deinem Bauch genau diese idealen Bedingungen rund um die Uhr genossen hat. Das Fruchtwasser war immer etwa 37 Grad warm. Das Gefühl von Hunger gab es nicht, und vor allem konnte das Baby dich hören und spüren. Unmittelbar nach der Geburt muss ein Baby nun eine Vielzahl von Aufgaben selbst übernehmen: Es muss selbst atmen, essen, Nahrung verstoffwechseln und ausscheiden. Auch die Körpertemperatur selbst zu regulieren ist nach der Geburt eine neue Herausforderung für dein Baby. Hinzu kommen etliche neue Sinneseindrücke, die das Baby verarbeiten muss. All das ist neu und herausfordernd. Euer Baby braucht eure Unterstützung dabei – das gilt besonders auch für den Schlaf.

Ohne Bindung geht es nicht

Spürt ein Kind, dass seine Bezugspersonen prompt, zuverlässig und adäquat auf seine geäußerten Bedürfnisse eingehen, kann es ein Gefühl von Geborgenheit entwickeln. Das von Anfang an aktivierte Bindungsverhalten der Eltern

„Babys schlafen besser, wenn sie ruhige, rhythmische Tage haben und vor dem Schlafen nochmal ausgiebig gestillt oder im Körperkontakt mit einer Flasche gefüttert werden."

sorgt dafür, dass sie entsprechend auf ihr Kind reagieren: Babys sehen niedlich aus und verhalten sich auch so, damit sich seine Eltern, aber auch andere Menschen besonders fürsorglich um das kleine Wesen kümmern. Dies geschieht unbewusst. Das Baby wiederum reagiert zunehmend spezifischer auf ihm vertraute Menschen, die sich ihm liebevoll zuwenden. Für ein Baby ist das überlebenswichtig, denn ohne Unterstützung ist es hilflos und zahlreichen Gefahren ausgesetzt. Zu früheren Zeiten in der Menschheitsgeschichte wurde das Baby im ungünstigsten Fall von wilden Tieren gefressen, wenn es sich nicht nah bei den Eltern und damit in Sicherheit befand. Bindung bietet aber nicht nur Schutz, sondern unterstützt auch die Entwicklung des Kindes und hilft ihm zu lernen: Nur wenn ein Kind sich sicher und geborgen fühlt, beginnt es, seiner Umgebung mehr und mehr Aufmerksamkeit zu schenken. Sind die Eltern der sichere Hafen, lässt sich von hier aus die Welt erkunden.

Ist euer Baby dann müde vom Entdecken, unterstützt ihr als vertraute Bindungspersonen seinen Weg in die Entspannung und damit in den Schlaf. In Haut- und Körperkontakt mit euch zu sein, hilft dem Neugeborenen dabei, seine Körpertemperatur angemessen zu regulieren. Ihr seid also für euer Baby sozusagen die allerbeste Wärmflasche.

Nähe und Nahrung geben Sicherheit

Eure Nähe signalisiert dem Baby, dass es sicher ist und kein „böser Wolf" es verschlingen kann. Es spürt, dass jemand da ist, wenn es Hunger und Durst bekommen sollte, die Windel unangenehm voll ist oder wenn ihm plötzlich zu warm oder zu kalt werden sollte. Ihr helft dem Baby auch, mit seinen Gefühlen zurechtzukommen: Ihr beruhigt es, wenn es überreizt und gestresst ist; ihr tröstet es, wenn es traurig ist. Ihr bietet Schutz, wenn es Angst hat. Und natürlich freut ihr euch mit ihm und unterstützt seine Neugier. Das Gefühl, gesehen und geliebt zu werden, hilft dem Baby, ein Selbstwertgefühl zu entwickeln und Urvertrauen aufzubauen.

Um auf sich und seine Bedürfnisse aufmerksam zu machen, hat euer Baby von Geburt an ein bestimmtes Verhaltensrepertoire. Es quengelt oder weint also nicht, um euch zu ärgern, sondern es will euch zeigen, dass es in diesem Moment eure Nähe und Hilfe braucht. Gerade in anstrengenden Phasen ist es wichtig, sich das immer wieder zu verdeutlichen.

Um entspannt loslassen und einschlafen zu können, braucht ein Baby also vor allem vertraute Menschen, die es liebevoll in den Schlaf begleiten und ihm, wenn es aufwacht, nah sind und ihm Geborgenheit schenken, damit es erneut in den Schlaf gleiten kann. Das Schlafen im sicheren, gemeinsamen Familienbett oder in einem Beistellbett nah am Elternbett wirkt sich auch auf das nächtliche Stillen und die Milchbildung positiv aus.

165

Schlafen nahe der Brust

Mütter stillen ihr Kind häufiger, wenn sie Co-Sleeping (in diesem Kontext auch „Breastsleeping" genannt) praktizieren. Der Zeitraum des ausschließlichen Stillens – im Schnitt die ersten sechs Monate – sowie die gesamte Stilldauer sind bei Müttern und Kindern länger, die zusammen schlafen. Geprägt durch die Evolution verbringen Babys die Nacht nah bei ihren Müttern, weil sie eben auch nachts mit Nahrung versorgt werden müssen. Bei Säugetieren bestimmt die Zusammensetzung der Muttermilch neben der Wachstumsart des Nachwuchses auch die Säugefrequenz und die körperliche Nähe im Schlaf. Junge Säugetiere, die schon kurz nach der Geburt stehen und laufen können wie etwa Kälbchen, erhalten von ihren Müttern eine Milch, die sich anders zusammensetzt; sie hat eine längere Verdauungszeit, und so kann das Kälbchen mit längeren Nahrungspausen gut zurechtkommen. Solche Jungtiere werden von ihren Eltern nicht getragen und mitgenommen. Sie verhalten sich ruhig, sodass Fressfeinde nicht auf sie aufmerksam werden.

Häufiges Stillen ist normal, auch nachts

Die Bestandteile der Milch sind auch auf die Bereiche des Körpers ausgelegt, die in der ersten Zeit nach der Geburt am schnellsten wachsen: Beim Baby ist das vor allem das Gehirn. Muttermilch fördert dessen Entwicklung und baut zudem unser einzigartiges Verdauungs- und Immunsystem auf. Die deutlich eiweißreichere Kuhmilch hingegen ist auf die Wachstumsbedürfnisse eines Kälbchens abgestimmt, das rasch an Muskelmasse zunehmen soll. Deshalb dürfen nicht gestillte Säuglinge keine reine Kuhmilch erhalten, sondern nur die auf ihre besonderen Nährstoffbedürfnisse angepasste „Pre-Nahrung". Die zeitweilig hohe nächtliche Still- und Fütterungsfrequenz ist also nichts, was dein Baby aus einer Laune heraus fordert, sondern gehört zum gesunden Verhaltensrepertoire eines Säuglings: Die Entwicklung seines Gehirns braucht viel Energie, Milch liefert sie. Entsprechend oft meldet sich dein Baby.

Das Saugbedürfnis befriedigen

Das Saugen dient dem Baby nicht nur zur Nahrungsaufnahme, es wirkt auch beruhigend und entspannend. Schläft das Kind dabei ein, geschieht das also nicht nur, weil es satt ist. Wie der Begriff „Säugling" schon sagt, haben Babys

Wie das nächtliche Stillen empfunden wird, ist nicht nur von Mutter zu Mutter, sondern oft auch von Nacht zu Nacht unterschiedlich. Das Aufwachverhalten deines Babys verändert sich im Lauf des ersten Lebensjahres und auch darüber hinaus immer wieder. Ist dein Kind das Einschlafen an der Brust gewohnt, wird es wahrscheinlich auch beim nächtlichen Aufwachen davon ausgehen, gestillt zu werden. Das Baby hat in diesen Momenten nicht unbedingt Hunger oder Durst; das Stillen fungiert vielmehr als Brücke zurück in den Schlaf: Das Baby entspannt sich durch das Saugen und schläft wieder ein. Bist du permanent erschöpft, denkst du vielleicht über ein nächtliches Abstillen nach. Es ist aber durchaus möglich, das Stillen nachts zu verringern, ohne generell abzustillen. Indem du ausgiebig mit ihm kuschelst, statt es zu stillen oder zu füttern, kannst du deinem Baby dabei helfen. •

grundsätzlich ein Saugbedürfnis. Saugen wirkt sogar schmerzlindernd. Und beim Saugen an der Brust (oder auch beim Füttern mit der Flasche, wenn das in einer Atmosphäre stattfindet, die ähnliche Geborgenheit vermittelt) erfährt das Baby gleichzeitig Nähe und Zuwendung. Das Stillen des Saugbedürfnisses ist auch ohne Hunger wichtig für dein Baby, daher können und sollten die Zeiten an der Brust nicht begrenzt werden. Nahrungsaufnahme und generelles Saugbedürfnis gehen fließend ineinander über, weshalb gerade in der Anfangszeit ein künstlicher Beruhigungssauger das Stillen und auch die Milchbildung empfindlich stören kann. Wenn du deinem Baby einen Schnuller geben möchtest, warte damit so lange, bis sich beides gut eingespielt hat. Deine Hebamme oder eine Stillberaterin kann dich in dieser Frage beraten, auch wenn du dein Baby nur mit der Flasche fütterst.

An der Brust einzuschlafen ist ein einfacher Weg für dein Baby, sich geborgen zu fühlen und darüber in den Schlaf zu finden. Dieses „Einschlafstillen" bietet auch den meisten Müttern eine kleine Ruhepause im Babyalltag. Solange es euch beiden gut damit geht, brauchst du nichts daran zu verändern. Gestillte Kinder können aber auch vom Papa in den Schlaf begleitet werden. Er ersetzt das Stillen durch ein anderes beruhigendes Ritual wie Tragen, Schuckeln oder Wiegen. Einschlafrituale wie diese verbindet euer Baby dann in der Regel mit dem Vater. Von dir wird dein Baby weiterhin erwarten, dass du es in den Schlaf stillst. Bekommt dein Kind die Flasche zum Einschlafen immer vom Papa, können die beschriebenen Einschlafrituale für deinen Partner ebenso zu einer Ruhepause werden.

Liebevoll bei der Nahrungsumstellung begleiten

Hat das Baby über sein erstes Lebensjahr hinaus nachts noch ein entsprechendes Muttermilchbedürfnis, ist es wichtig, mit der Umstellung nicht zu früh zu beginnen. Eine neue Schlafbrücke zu etablieren, kann für Kind und Eltern herausfordernd sein: Die meisten Babys reagieren erst einmal mit viel Unmut und Weinen, sobald sich lieb gewonnene Rituale verändern. Indem ihr ausgiebig mit ihm kuschelt, statt es zu stillen oder zu füttern, könnt ihr eurem Baby dabei helfen. Auch sollte für dich und dein Kind der Zeitpunkt passen, damit du es liebevoll dabei begleiten kannst. Ist es krank oder erlebt anderweitig eine stressige Phase wie Zahnen oder Eingewöhnung in der Kita, sollten ihm zusätzliche Veränderungen erspart bleiben. Für ein individuelles Vorgehen beim nächtlichen Abstillen oder dem Entwöhnen der Flasche kannst du eine Stillberatung von einer Hebamme in Anspruch nehmen. Die Kosten dafür werden von den gesetzlichen Krankenkassen übernommen. Eine Hebamme kann dich bis zum Ende der Beikosteinführung begleiten.

Auch Babys, die nicht gestillt werden, sollten mit ihren Eltern in einem Raum schlafen – etwa in einem Beistellbett, das direkt am Bett der Eltern angebracht ist. So nehmen die Eltern schon frühe Hungerzeichen bei ihrem Kind wahr und können entsprechend mit der Zubereitung der Flaschennahrung beginnen. Das Kind erlebt dadurch, dass seine Bedürfnisse gut erkannt und möglichst rasch befriedigt werden, was sein Urvertrauen und sein Sicherheitsgefühl stärkt. Da die Pre-Nahrung etwas schwerer verdaulich ist, wachen Kinder, die nicht gestillt werden, nachts seltener aufgrund von Hunger auf. Das Zubereiten der Nahrung und das Füttern mit der Flasche unterbrechen den Schlaf jedoch wesentlich stärker: Mütter, die ausschließlich stillen, schlafen durchschnittlich 40 bis 45 Minuten länger, wie eine Untersuchung gezeigt hat.[5] Das beim Stillen ausgeschüttete Bindungshormon Oxytocin hilft zudem dem Baby dabei, wieder schneller einzuschlafen. Das Flaschegeben lässt sich dagegen gut auf beide Eltern verteilen, sodass ein größerer Schlafmangel zumindest abgemildert werden kann. Stellt euch schon am Tag gut auf das nächtliche Füttern ein, indem ihr alle erforderlichen sauberen Utensilien bereitstellt. Auch das Milchpulver lässt sich vordosieren und warmes oder kaltes Wasser schon in eine Thermoskanne abfüllen. Die Pre-Nahrung muss aber immer frisch vor dem Füttern angerührt werden. Schafft euch auch nachts einen gemütlichen und warmen Ort, an dem ihr bequem mit dem Baby im Arm sitzen und ihm sein Fläschchen geben könnt.

Beim Schlafen stillen

Auch das nächtliche Bedürfnis nach Nahrung verändert sich im ersten Lebensjahr immer wieder. Was dein Baby individuell braucht, kann keine Tabelle abbilden. Es wird herausfordernde, aber auch unkomplizierte Nächte geben. Das nächtliche Trinkverhalten bildet Wachstumsschübe genauso ab wie andere Entwicklungsphasen. Gerade beim Stillen lässt sich die Nahrungsaufnahme nicht eindeutig vom allgemeinen Saugbedürfnis deines Kindes abgrenzen. Das gemeinsame Schlafen, auch Breastsleeping genannt, erleichtert die nächtlichen Unterbrechungen, die das Stillbedürfnis deines Babys mit sich bringt. Schläfst du als Mutter leicht, ist meist auch das Baby im Leichtschlaf. Das bedeutet, dass es sich auch nur dann zum Stillen meldet. So musst du deinen Schlaf zum Stillen nicht komplett unterbrechen, dein Tiefschlaf bleibt geschützt. Schläft das Baby im eigenen Bett, lässt sich diese „Abstimmung" nicht beobachten: Das Baby wird wach, auch wenn du vielleicht gerade im Tiefschlaf liegst. Außerdem hilft euch das gemeinsame Schlafen dabei, die feinen Zeichen des Babys nachts schnell wahrzunehmen und angemessen darauf zu reagieren.

Gemeinsam besser schlafen?

Babys haben ein großes Bedürfnis nach Nähe – wie groß, werdet ihr nach der Geburt bemerken. Auch wenn ihr schon einen besonders schönen und gemütlichen separaten Schlafplatz für euer Baby im Schlafzimmer eingerichtet habt, solltet ihr über eine Alternative nachdenken. Der Schlafplatz im Familienbett ist eine sichere und gute Option, wenn einige wichtige Kriterien bedacht werden. Unsichere oder gar gefährliche Schlafsituationen können sich hingegen daraus ergeben, wenn das normalerweise im eigenen Bett schlafende Baby in anstrengenden Nächten von übermüdeten Eltern mit ins Bett oder sogar mit aufs Sofa genommen wird.

So schläft das Baby sicher

Das Baby braucht genügend Platz. Es sollte nicht in einem ohnehin schon engen Schlafarrangement „dazwischengequetscht" werden, sondern einen eigenen, ausreichend großen und gut belüfteten Schlafplatz haben. Am besten liegt es neben der Mutter, da sie die höchste Reaktionsbereitschaft auf die Signale des Babys hat. Selbstverständlich muss das Bett seitlich und später bei mobileren, größeren Babys auch am Kopf- und Fußende so gesichert sein, dass das Kind nicht herausfallen kann. Wird das Baby aktiver oder wächst zum Kleinkind heran, entscheiden sich einige Eltern auch für eine Matratze auf einem Lattenrost am Boden als sicheren und stressfreien Schlafplatz. Im Internet finden sich zahlreiche Modelle sowie DIY-Ideen unter dem Stichwort „Familienbett bauen".

Die Matratze sollte nicht zu weich oder durchgelegen sein. Wasserbetten sind meist nicht fest genug und eignen sich daher nicht als Schlafplatz. Sofas und Sessel sind ebenfalls keine Option, ganz im Gegenteil: Gerade das gemeinsame Schlafen auf dem Sofa gilt als Risikofaktor für den plötzlichen Kindstod (SIDS).[6,7,8]

Euer Baby sollte in einem eigenen Schlafsack liegen. Er muss auf die Körpergröße des Kindes abgestimmt sein, damit er während der Nacht nicht hochrutschen und die Atmung des Kindes behindern kann. Material und Dicke des Stoffs sind abhängig von der Raumtemperatur und auch von eurem Baby selbst, je nachdem, welches Wärmebedürfnis es hat. Natürliche Stoffe wie Wolle und Seide wirken temperaturausgleichend und eignen sich daher besonders gut. Zum einen ist es für ein Neugeborenes noch eine große Herausforderung, seine Körpertemperatur zu halten; zum anderen soll es aber auch nicht überwärmt werden. Für besonders heiße Nächte empfiehlt sich ein dünner Schlafsack aus Seide oder Baumwollmusselin. Die Kleidung

- Babys sind „Traglinge". In einem Tuch oder einer Trage fühlen sie Nähe und Geborgenheit. Sie hören den Herzschlag des Trägers bzw. der Trägerin und nehmen den vertrauten Geruch wahr. Die wiegenden Bewegungen beim Tragen machen das Tuch zum idealen Schlafort.
- Auch das gleichmäßige Schaukeln des Kinderwagens kann das Baby in den Schlaf wiegen. Die frische Luft beim Spazierengehen unterstützt das Einschlafen zusätzlich.
- Manche Babys schlafen im Kinderwagen allerdings trotzdem nicht, weil sie sich zu weit von ihren Bezugspersonen entfernt fühlen.
- Einkäufe lassen sich gut im Kinderwagen transportieren. Statt das Auto zu nehmen, kannst du mit deinem Baby im Tragetuch Bahn fahren oder deine Einkäufe im Kinderwagen nach Hause schieben. •

eures Babys im Schlafsack sollte ebenfalls aus Naturmaterialien sein. Nur mit einem Body bekleidet, wird das Baby im Schlafsack nicht überwärmt, hat aber trotzdem eine schützende und begrenzende Hülle. Eine Mütze oder Haube sollte es nachts nicht tragen, weil das die Körpertemperatur erhöhen könnte. Generell sollten Bekleidung und Schlafsack nach der Temperatur am Schlafort ausgewählt werden.

18 Grad Celsius gelten als ideale Raumtemperatur. Je nach Wohnsituation und Außentemperatur ist diese Empfehlung natürlich nicht immer einzuhalten. Achtet aber darauf, dass der Schlafraum immer gut durchlüftet ist, und zieht euer Baby der Raumtemperatur entsprechend an. Ebenso wie zu warme Kleidung können auch Unterlagen wie Felle oder zu dicke Schlafsäcke zu einer Überwärmung führen. Im Winter muss die Kleidung entsprechend der kühleren Umgebungstemperatur ebenfalls angepasst werden. Beim gemeinsamen Schlafen reguliert das Baby seine Temperatur auch über den Hautkontakt mit der Mutter; berücksichtigt das bei der Auswahl der Kleidung und des Schlafsacks für euer Kind.

Kissen oder Decken braucht euer Baby nicht. Auch eure Kopfkissen und Bettdecken sollten so liegen, dass sie nicht über das Baby rutschen können. Manche Mütter verzichten ganz auf ein Kopfkissen oder nutzen ein kleineres Modell als zuvor. Kuscheltiere, Polsterungen und andere Gegenstände, die ein Erstickungs- oder Verletzungsrisiko bergen, gehören nicht an den Babyschlafplatz in eurem Familienbett.

Am besten aufgehoben ist das Baby neben seiner Mutter. Gerade beim Stillen nimmt sie eine typische und dem Baby zugewandte seitliche Schlafhaltung ein: Mit ihren Knien und dem oberhalb des Babykopfs abgelegten Arm formt sie ganz natürlich eine Art Nest. So kann das Baby sich fast von alleine im Schlaf andocken, wenn es das Bedürfnis hat, gestillt zu werden. Partner oder Geschwisterkinder sollten nicht neben dem Baby liegen, damit sie sich im Tiefschlaf nicht aus Versehen so hinlegen, dass die Atmung des Babys behindert werden könnte. Auch Haustiere gehören nicht mit dem Baby zusammen ins Bett.

Auf dem Rücken oder in Bauchlage?

Experten empfehlen, dass Babys auf dem Rücken schlafen, da die Bauchlage ihre Atmung behindern könnte. Nachts wird zwar meist in Seitenlage gestillt, aber das Baby darf natürlich auch dabei einschlafen: Da es direkt neben der Mutter liegt, kann es sich nicht aus Versehen auf den Bauch rollen. Für größere und mobilere Babys gilt: Drehen sie sich nachts selber auf den Bauch, braucht kein Elternteil Wache zu halten, um das Baby umzudrehen. Wichtig ist nur, darauf zu achten, dass sich keine Kissen oder Kuscheltiere in

Beim plötzlichen Kindstod Kindstod (sudden infant death syndrome, SIDS) stirbt ein Säugling plötzlich ohne erkennbare Ursache. Zum Glück kommt es heutzutage sehr selten dazu; mögliche Risikofaktoren sind inzwischen gut erforscht, sodass Eltern sie aktiv vermeiden können. Zu den größten Gefahren zählt das Rauchen. Es sollte bereits in der Schwangerschaft unbedingt unterbleiben, da davon für das Baby auch weitere gesundheitliche Probleme vor und nach der Geburt ausgehen können. Außerdem sollte das Baby im Schlaf nicht überwärmen: Eine angemessene Raumtemperatur und ein gelüfteter Schlafraum verringern das SIDS-Risiko. •

der Nähe des Gesichts eures Kindes befinden, die seine Atmung einschränken könnten. Ist euer Baby hingegen tagsüber wach, bietet ihm immer mal wieder die Bauchlage an. Das ist wichtig, damit es bestimmte Bewegungskompetenzen entwickelt. Zugleich schützt das Liegen auf dem Bauch den Hinterkopf vor einer möglichen Abplattung (Plagiozephalie) durch zu langes Liegen auf dem Rücken. Für manche Babys ist die Rückenlage aber auch eine Position mit zu wenig Halt. Da kann es hilfreich sein, die Beinchen mit einer kleinen Decke zu unterlagern. Mit einem Kissen an den Füßen könnt ihr dem Baby zusätzliche Begrenzung und Stabilität geben.

Rauchen erhöht das Risiko für SIDS merklich. Ein Baby nimmt die giftigen Inhaltsstoffe im Zigarettenqualm nicht nur auf, wenn jemand in seiner unmittelbaren Nähe raucht; auch beim Passivrauchen gelangen die schädlichen Substanzen über die Ausatemluft des Rauchers, über seine Haut oder über die beim Rauchen getragene Kleidung in den Körper des Kindes. Daher dürfen Babys nicht mit einem Elternteil, der Raucher oder Raucherin ist, gemeinsam in einem Bett schlafen.

Achtet darauf, dass ihr auch nachts adäquat auf euer Baby und seine Bedürfnisse eingehen könnt. Manche Medikamente sowie der Konsum von Alkohol oder Drogen können die Reaktionsfähigkeit von Eltern herabsetzen. Dasselbe gilt, wenn die Eltern oder ein Elternteil sehr erschöpft sind. Unter solchen Umständen sollte das Baby auf keinen Fall mit den Eltern in einem Bett schlafen.

Stillen schützt das Baby

Auch Stillen scheint das SIDS-Risiko deutlich zu senken. Selbst wenn das Baby nur teilweise gestillt wird, hat das einen schützenden Effekt. Im Vergleich zu Babys, die nicht gestillt werden, wachen gestillte Kinder nachts leichter und häufiger auf, was die Gefahr eines Atemstillstands verringert. Gemeinsam in einer sicheren Schlafumgebung die Nacht zu verbringen, fördert zudem eine gelingende Stillbeziehung. Ausschließlich mit dem Fläschchen gefütterte Kinder sollten im eigenen Bett gleich neben dem Elternbett schlafen, zumal sie schlechter zu wecken sind, was bei einem Atemstillstand erschwerend hinzukommen kann. Untersuchungen haben gezeigt, dass sich die Atmung des Babys durch einen Schnuller verbessern kann. In diesem Zusammenhang kann dem Baby ohne Zwang ein Schnuller angeboten werden. Diese Empfehlung ist aber nicht auf gestillte Kinder zu verallgemeinern, weil ein Schnuller mehr oder weniger große Auswirkungen auf das Stillverhalten und die gebildete Milchmenge hat. Mit dem Schnuller kann sich das Baby auch mal über ein vorhandenes Hungerbedürfnis „hinwegschnullern". Nuckelt es häufiger am Schnuller, fehlt der Brust zudem die für

die Milchbildung wichtige Stimulation durch das Saugen. Außerdem ist die Saugtechnik am Schnuller eine andere als an der Brustwarze, was das Baby während des Anlegens beim Saugen verwirren kann. Eltern sollten ihrem Baby daher erst dann einen Schnuller anbieten, wenn sich das Stillen gut eingespielt hat. Besprecht mit eurer Hebamme oder Stillberaterin, ob für euer Baby ein Schnuller sinnvoll sein könnte. Unbeabsichtigte Stillprobleme lassen sich so vermeiden.

Als sich Ende der 1980er Jahre die Empfehlung durchsetzte, Babys nicht länger auf dem Bauch, sondern auf dem Rücken schlafen zu lassen, reduzierte sich die Anzahl an SIDS-Fällen in den folgenden Jahren deutlich – ebenso durch den Rat, dass Babys ihren Schlafplatz im Schlafzimmer der Eltern haben sollten: Die gleichmäßigen Atemgeräusche von Mutter und Vater haben offenbar einen positiven Einfluss auf die Atemregulation des Babys. Eltern bemerken zudem viel schneller Unregelmäßigkeiten etwa bei der Atmung des Kindes. Und schließlich erleichtert die Nähe des Babys seiner Mutter das nächtliche Stillen.

Ist das Baby im Auto eingeschlafen, solltet ihr es nach der Fahrt aus der Transportschale nehmen. Die halb sitzende Position, die es in der Schale hat, überlastet die noch instabile Rumpfmuskulatur. Außerdem kann sich die leicht gestauchte Haltung auch ungünstig auf die Atmung auswirken; das gilt besonders für sehr zarte oder zu früh geborene Babys. Mittlerweile gibt es zwar Autotransportschalen mit einer komplett flachen Liegeposition; trotzdem solltet ihr diese außerhalb des Autos nicht als dauerhaften Aufenthaltsort für das Baby nutzen. Die Gurte verhindern, dass es sich darin ausreichend bewegen kann. Viele Kinder neigen auch dazu, in der Transportschale vermehrt zu schwitzen.

Unabhängig von diesen Empfehlungen zur Vermeidung des plötzlichen Kindstodes solltet ihr als Eltern immer auf Besonderheiten bei eurem Baby achten. Dazu gehören eine veränderte Hautfarbe, veränderte Atemgeräusche, vermehrtes Schwitzen oder andere Auffälligkeiten. Kontaktiert im Zweifelsfall die betreuende Kinderärztin, den Kinderarzt oder die Hebamme.

Welche Bedürfnisse haben Eltern?

Natürlich hat nicht nur das Baby Bedürfnisse, was den Schlaf angeht. Auch Eltern brauchen genügend davon, um das Leben als Familie bewältigen zu können. Der Schlafalltag verändert sich sehr, wenn das Baby geboren und zu Hause ist. Auch wenn die meisten Eltern ahnen, dass diese Umstellung anstrengend werden könnte, wissen sie doch erst aus Erfahrung, wie unfassbar müde sich das Elternsein an manchen Tagen anfühlen kann. Zugleich erleben sie, was sie dennoch alles leisten können. Untersuchungen haben gezeigt, dass Mütter in den ersten drei Monaten nach der Geburt mit durchschnittlich einer Stunde Schlaf pro Nacht weniger auskommen müssen als zuvor; Vätern hingegen fehlen nur 13 Minuten – was auch daran liegt, dass die stillende Mutter nachts die Hauptbezugsperson für das Baby ist. Um das auszugleichen, kann es sinnvoll sein, dass der besser schlafende Partner morgens aufsteht und das wache Kind übernimmt, während die Mutter ein Stündchen Schlaf nachholen oder einfach noch etwas ruhen kann. Achtet von Anfang an bewusst darauf, denn der Schlafmangel der Eltern relativiert sich in der Regel erst wieder von selbst, wenn das Kind ins Vorschulalter kommt.

Gerade unter Eltern heißt es oft, schlafen sei überbewertet – was natürlich ein netter Versuch ist, auf ironisch-humorvolle Weise mit dem Thema Schlafmangel umzugehen. Tatsächlich aber hat Schlaf viele wichtige Funktionen. Zwar entwickeln sich Eltern im Vergleich zu ihrem Baby zumindest körperlich nicht mehr so umfassend weiter, doch auch als Erwachsene brauchen sie ausreichend Schlaf, um gesund zu bleiben. Dabei handelt es sich um mehr als reine Ruhephasen, auch wenn sich Körper und Geist im Schlaf regenerieren. Genau wie bei einem Kind verarbeiten sie nachts im Gehirn, was sie tagsüber erlebt und gelernt haben. Gedächtnisinhalte organisieren sich sinnvoll. Auch Zellreparaturen und das Zellwachstum finden vermehrt nachts statt, ebenso ist jetzt das Immunsystem aktiv. Blutzucker und Fettstoffwechsel werden buchstäblich „im Schlaf" im Gleichgewicht gehalten.

Wenn der Schlaf fehlt

Starker Schlafmangel oder sogar Schlafentzug können sich auf vielfältige Weise zeigen, nicht nur durch dunkle Augenringe oder erhöhte Reizbarkeit. Selbst die durch Schlafmangel hervorgerufene schlechte Laune hat ihre Auswirkungen: Wer zu wenig schläft, fühlt sich gestresst und verliert seine Feinfühligkeit. Für Eltern ist diese aber besonders wichtig, um die Bedürfnisse ihres Babys rechtzeitig und richtig zu erkennen und adäquat darauf zu reagieren. Einem älteren Kind kann man erklären, dass die Eltern gerade dies oder jenes nicht tun können, weil sie einfach zu müde sind. Ein Baby hingegen versteht das noch nicht und kann es nicht einordnen, wenn die Resonanz auf seine Zeichen so ganz anders ausfällt, als es das gewohnt ist. Fehlt Eltern zu viel Schlaf, kann das im Extremfall zu starken Aggressionen führen, vor denen ein Kind unbedingt zu schützen ist. Auch deshalb ist es entscheidend, dass Eltern ihren anhaltenden Schlafmangel ernst nehmen und sich nachhaltige Lösungen überlegen.

Schlafmangel kann auch das Risiko für einen Unfall erhöhen. Die Muskeln reagieren verzögert, die Konzentration ist herabgesetzt und mögliche

Gefahrenquellen werden nicht oder erst zu spät erkannt. Massiver Schlafentzug kann Gedächtnislücken oder sogar Halluzinationen auslösen. In so einem Zustand ist es schwer genug, gut auf sich selbst zu achten; der zusätzlichen hohen Verantwortung für ein Baby kann man dann kaum gerecht werden. Dauerhafter Schlafmangel schwächt zudem das Immunsystem; entsprechend nimmt das Risiko für körperliche und psychische Erkrankungen zu.

Bei akutem Schlafmangel ist es keine Lösung, ihn durch koffeinhaltige Getränke oder andere stimulierende Substanzen zu kompensieren. Auch geht es nicht darum, „durchzuhalten", sondern einen Weg zu finden, den eigenen Schlafbedarf mit den Bedürfnissen des Babys in Einklang zu bringen. Da sich dessen Schlafverhalten kaum verändern lässt, ist es umso wichtiger, die nächtlichen Bedingungen für die Eltern zu verbessern. Tipps wie früher ins Bett zu gehen helfen natürlich nicht, wenn das Baby zu diesem Zeitpunkt am Abend noch wach ist. Auch das entspannende Wannenbad mit Lavendelzusatz wird eine Mutter kaum allein genießen können, wenn das Baby sein abendliches „Gebärmutterheimweh" nur im engen Körperkontakt mit ihr lindern kann. Macht euch vor allem immer wieder eines bewusst: Die Natur hat es nicht vorgesehen, dass Eltern gerade die anstrengende Babyzeit ganz alleine bewältigen, so wie es in heutigen Kleinfamilien oft der Fall ist. Holt euch in Situationen wie diesen externe Hilfe. Mit Versagen hat das nichts zu tun: Indem ihr Unterstützung erbittet und annehmt, handelt ihr als Eltern verantwortungsvoll.

Schlafmangel überwinden und ihm vorbeugen

Überlegt euch, wer bei einem „Schlafnotfall" Erste Hilfe leisten könnte – und zwar, bevor er akut eintritt. Lebt ihr als Paar zusammen, ist der Partner oder die Partnerin die erste Anlaufstelle. Auch dann gilt: Klärt vorab, wie ihr Abhilfe schaffen wollt, denn Schlafmangel macht nicht nur müde, sondern auch aggressiv. Die spontane Suche nach einer Lösung aus der Situation heraus führt meist nur zu Streit. Ist der Schlafmangel akut, hilft es nur, sich direkt auszuschlafen. Organisiert für diesen Fall, dass der Partner oder Großeltern, Freunde oder Babysitter, zu denen das Baby eine Bindung hat, es für ein paar Stunden übernehmen. Vielleicht wird es auch nötig, dass sich Mutter oder Vater an einem solchen Tag krankmelden, selbst wenn es euch komisch vorkommt, nur weil der Partner zu müde ist. Bedenkt jedoch noch einmal, welche körperlichen und psychischen Auswirkungen massiver Schlafmangel mit sich bringen kann. Fehlender Schlaf macht krank und rechtfertigt, dass sich jemand anderes hauptsächlich um das Baby kümmert.

Damit ein Schlafnotfall gar nicht erst eintritt, solltet ihr schon erste Anzeichen für einen drohenden Schlafmangel beachten und nicht übergehen.

In intensiven Wachstums-
phasen meldet sich das
Baby häufiger zum Stillen,
meistens am Abend. Es
möchte stillen, schläft ein
und will kurz darauf gleich
wieder gestillt werden.
Erst nach ein paar Stun-
den entsteht eine längere
Schlafphase mit Stillpau-
se. Zeigt dein Baby ein
solches Verhalten, ist es
kein Hinweis auf zu wenig
Muttermilch. Voreiliges
Zufüttern wäre sogar kon-
traproduktiv. Das häufige
Stillen in kurzen Abstän-
den, auch Clusterfeeding
genannt, kommt vor allem
bei jüngeren Babys vor. Es
tritt häufiger in intensiven
Wachstumsphasen deines
Babys auf und hilft dabei,
die Milchmenge auf seine
Bedürfnisse abzustimmen.
Mach es dir dann mit dei-
nem Kind gemütlich, als
wolltest du am Lagerfeuer
sitzen und dort stillen.
Stelle dir selbst etwas
Gutes zu essen und Tee
oder Wasser in Griffnähe
bereit. Versuche zu ent-
spannen. Vielleicht kannst
du etwas mitdösen. •

Seid ihr nur ein bisschen müde, habt ihr noch genug Energie, um zu überlegen, wie sich weitere schlaflose Zeiten mit dem Baby am besten aufteilen lassen. Kinder, die nicht gestillt werden, kann auch der Partner nachts füttern. Stillt die Mutter, übernimmt er vielleicht andere nächtliche Aufgaben wie das Wickeln und steht morgens mit dem Baby zusammen auf, damit die Mutter noch etwas Schlaf nachholen kann, auch wenn das nicht dasselbe ist wie aus-zuschlafen.

Prüft gerade in Phasen mit besonders anstrengenden Nächten, ob sich am Tag Zeiten finden lassen, in denen du dich als Mutter mit hinlegen kannst, wenn das Kind schläft. Der oft wiederholte Satz „Schlafe, wenn dein Baby schläft" ist in der Realität nicht immer leicht umzusetzen: Manchmal sind Geschwisterkinder zu betreuen, oder das Baby schläft tagsüber nur in der Trage oder beim Spazierengehen im Kinderwagen ein. Bieten sich Gelegenheiten für eine Schlaf- oder Ruhepause, neigen Mütter allerdings dazu, gerade in diesen Momenten am Tag besonders viel erledigen zu wollen – den Abwasch, die Wäsche oder die E-Mails. Mache deshalb Schlafen oder Ausruhen zur Priorität auf deiner To-do-Liste an müden Tagen. Denn bei näherer Betrachtung können viele Punkte darauf besser warten als dein Körper, der gerade dringend eine Pause braucht.

Versuche als Mutter, dir wegen des Schlafens keinen Druck zu machen. Wenn du tagsüber Schlaf nachholen willst, dafür aber gerade nur 90 Minuten Zeit hast, weil dann das Baby wieder wach ist oder Hunger hat, kann das zusätzlich für Stress sorgen. Trotz größter Müdigkeit schläfst du dann vermutlich schlechter ein – und schon gar nicht auf Knopfdruck. Nimm dir in solchen Situationen einfach nur vor, auszuruhen: Mach es dir gemütlich, leg die Füße hoch und stell dein Handy auf lautlos. Gib dich deinen Tagträumen hin. Lies oder hör etwas, das dir guttut, besonders, wenn deine eigenen Gedanken dich gerade eher stressen. Ruh dich einfach aus. Wenn du dabei einschläfst, ist das genauso gut, wie einfach nur zu entspannen. Vielleicht döst du auch nur etwas. Beides hilft dir, dich zu entspannen.

Eltern haben keinen wirklichen Feierabend mehr. Gerade sehr kleine Kinder brauchen Mutter und Vater rund um die Uhr. Auch später am Abend und in der Nacht gibt es noch genug Bedürfnisse, bei denen Eltern ihre Kinder unterstützen müssen. Deshalb fällt es euch vielleicht nicht leicht, von einem trubeligen Tagesmodus auf Abendruhe umzuschalten, selbst wenn ihr sehr müde seid. Versucht dennoch durch ein kleines Ritual die Abendruhe einzuläuten. Das kann eine heiße Milch mit Honig sein, die ihr mit Muße trinkt, oder ein Tee, dessen Kräuter sanft beruhigend wirken, wie etwa Melisse oder Lavendel. Ein wohliges Entspannungsbad wäre sicherlich schön, ist aber gerade mit Baby nicht immer machbar. Als einfache Alternative bietet sich ein warmes Fußbad mit Heilpflanzen wie Rose oder Lavendel als Badezusatz an. Besonders gut tut das bei abendlichen Dauerstillphasen.

→ ELTERN STELLEN
TAGSÜBER DIE NACHT
EIN

Vielen Eltern ist nicht bewusst, wie stark ihr Tagesablauf den Schlaf ihrer Kinder beeinflusst. Viele Babys schlafen besser, wenn sie ruhige, rhythmische Tage haben und vor dem Schlafen nochmal ausgiebig gestillt oder in Ruhe und mit viel gemeinsamem Kuscheln mit einer Flasche gefüttert werden. Das gilt auch für Kinder, die schon feste Nahrung essen. Ein Zubettgehen in Ruhe ist wichtig. Viele Eltern unterschätzen, dass Babys oft schon nachmittags um fünf Uhr nicht mehr können und der ruhige Abend eingeleitet werden muss, auch wenn das Kind erst um acht schläft. Eine schnelle Einkaufstour im nahe gelegenen Supermarkt kurz vor sieben kann das Einschlafen bei Kindern unter drei Jahren stark verzögern, weil sie die vielen Eindrücke erst noch verarbeiten müssen. •

Wenn es dir schwerfällt abzuschalten, können Hörbücher, Musik oder Podcasts dabei helfen, das Gedankenkarussell etwas langsamer fahren zu lassen oder sogar anzuhalten. Oder du probierst eine Entspannungs-, Achtsamkeits- oder Meditations-App. Schreib dir unerledigte Aufgaben für den nächsten Tag auf; so kannst du sie in der aktuellen Situation besser loslassen. Notiere dir drei Dinge, für die du heute dankbar bist – das hilft dir dabei, innerlich zur Ruhe zu kommen.

In den Schlaf und durch die Nacht begleiten

Einige Schlaftipps für Eltern von kleinen Babys sind darauf ausgelegt, dem Kind ein bestimmtes Verhalten anzutrainieren, zu dem es in dieser Phase seiner Entwicklung aber noch gar nicht bereit ist. So kann zum Beispiel ein sechs Monate altes Baby in der Regel nicht alleine ein- oder gar durchschlafen. Evolutionsbiologisch ist es wichtig und sinnvoll, dass es sich immer wieder rückversichert, dass seine Bezugspersonen noch in unmittelbarer Nähe sind. Hätte ein Baby in der Steinzeit alleine in einer Höhle gelegen, wäre es zu einer leichten Beute für Raubtiere geworden. Auch heute verhält sich ein Baby nicht anders: Es weiß nicht, dass es in der sicheren, warmen Wohnung vor Wind und Wetter, aber auch gefräßigen Tieren geschützt ist. Das geborgene Gefühl, in Sicherheit zu sein, ist für ein Baby unmittelbar mit dem nahen Kontakt zu seinen Eltern verknüpft. Gerade zum Schlafen braucht es diese Gewissheit ganz besonders.

Babys können nicht schlafen lernen!

Dennoch funktionieren auch sogenannte Schlaflern-Programme. Sie basieren alle mehr oder weniger darauf, dass das Baby für einen immer länger werdenden Zeitraum allein in seinem Bett gelassen wird und Eltern ihre Beruhigungsstrategien nicht nach Gefühl, sondern nach Programm und Stoppuhr anwenden. Die meisten Babys reagieren auf solch dosierte Nähe mit Weinen und Schreien. Die Eltern sollen diesen – wie oben beschrieben – evolutionsbiologisch sinnvollen Protest nun über einen bestimmten Zeitraum aushalten. Man spricht in diesem Kontext von einem „kontrollierten Schreien". Doch für ein Baby gerät alles außer Kontrolle, auch wenn es nur einige Minuten nach seinen Eltern ruft und diese nicht entsprechend reagieren. Das Schlaflern-Programm sieht vor, dass Eltern erst nach fünf, zehn oder mehr Minuten zu ihrem Kind gehen dürfen, was viele selbst nur schwer aushalten. Wie das Kind schütten auch Eltern Stresshormone aus, die aber gerade das Schlafen verhindern. Die Hoffnung auf bessere Nächte lässt erschöpfte Eltern vielleicht dennoch am Schlaflern-Programm festhalten. Tatsächlich hören einige Kinder nach einer Weile auf zu schreien und zu weinen und schlafen vielleicht sogar längere Zeit am Stück. Das Kind hat aber nicht das „Schlafen gelernt". Es hat vielmehr erfahren, dass es in dieser ausweglosen Situation keine Hilfe bekommt, auch wenn es weiterschreit. Da es aber auch nicht weglaufen kann, wird es ruhiger, um Energie zu sparen, und verfällt in eine Art Not-Aus, eine „Schutzstarre". Trost und Beruhigung verbinden Babys immer mit dem Kontakt zu ihren Bindungspersonen. Das gemütlichste Bett, der kuscheligste Teddy oder die App, die Herzschlaggeräusche abspielt: All das kann nicht die Geborgenheit durch elterliche Nähe ersetzen. Erst mit zunehmendem Alter lernt euer Kind, dass ihr auch da sind und es beschützt, wenn ihr euch nicht in unmittelbarer Nähe aufhaltet. Das Baby bewusst alleine weinen zu lassen, ist daher keine förderliche Strategie, denn die individuellen Entwicklungsprozesse lassen sich nicht beschleunigen. Euer Baby gewinnt allmählich Urvertrauen in die Welt, wenn ihr als Eltern seht, was es braucht, und danach handelt. Es untröstlich und weinend allein in seinem Bett liegen zu lassen, unterstützt es dabei nicht.

Die zunehmende Hektik des Alltags führt dazu, dass Eltern nach schnellen Lösungen suchen. Hinzu kommen hohe Erwartungen – an sich selbst oder von außen herangetragen. Ein Baby ins Leben zu begleiten ist eine große und verantwortungsvolle Aufgabe. Dennoch werden Eltern im ersten Jahr nach der Geburt oft gefragt, was sie eigentlich den ganzen Tag zu Hause machen. Dabei endet der Alltag mit Baby nicht am Abend, sondern fordert die Eltern 24 Stunden lang – jeden Tag aufs Neue. Gelingt es euch, die Erwartungen beispielsweise an eine aufgeräumte Wohnung herunterzuschrauben, entsteht tagsüber auch mehr Raum für Ruhe und Pausen. So lassen sich anstrengende Nächte besser verkraften.

Eltern brauchen Verständnis und Gelassenheit

Statt dem Baby ein anderes Schlafverhalten anzutrainieren, hilft es Eltern, die Dinge gelassener zu betrachten. Dazu gehört es, um Hilfe zu bitten, was manches Mal schwer fällt: Oft möchten Eltern alles selbst und alles richtig machen und niemandem zur Last fallen. Doch je besser ihr die eigenen Erwartungen kennt, realistisch einschätzt und gegebenenfalls reduzieren könnt, desto mehr wächst das Verständnis für das Schlafverhalten eures Kindes und umso besser seid ihr in der Lage, mitzuschwingen. Denn ein Baby schläft niemals auf eine bestimmte Weise, um seine Eltern zu kontrollieren oder zu ärgern; es tut einfach das, was es aufgrund seiner Entwicklung

„Schlaf lässt sich nicht herstellen oder erzwingen. Schlaf muss sich ergeben."

gerade vermag. Es gibt tatsächlich ein paar Faktoren, die den Schlaf des Babys positiv beeinflussen können, aber diese Tipps sind keine Garantie für mehr oder tieferen Schlaf – weder beim Kind noch bei den Eltern. Versucht daher vor allem, euren Alltag so zu entschleunigen, dass ihr am Tag *und* in der Nacht euer Baby gut begleiten könnt.

Wie Pucken dem Baby beim Schlafen helfen kann

Vor allem Neugeborene wecken sich durch unwillkürliche Muskelbewegungen in der Einschlafphase selbst wieder auf. Das Wickeln in ein Tuch kann das verhindern. Das sogenannte Pucken dient dem Baby in den ersten Monaten nach der Geburt zur Beruhigung. Sicher hast du über das Pucken schon verschiedenste Meinungen und Empfehlungen gehört und gelesen. Die Technik, bei der ein Neugeborenes eng in ein Tuch gewickelt wird, wird kulturell sehr unterschiedlich gehandhabt. Tatsächlich wird in einigen Kulturen das Baby so fest „verschnürt", dass es sich kaum noch bewegen kann, was gerade im Schlaf Gefahren birgt. Darüber hinaus kann sich das Fixieren in einer bestimmten Position ungünstig auf die Entwicklung des noch nachgiebigen Körpers auswirken, wenn etwa die Hüfte und das Becken in eine unnatürliche Position gebracht werden.

Zu der hier empfohlenen Variante gehört es, das Baby nicht allzu fest in ein Tuch, eine Decke oder einen speziellen Pucksack zu wickeln. Das Pucken soll dabei durch die Begrenzung des Tuches Halt geben, indem es das Baby an den engen Raum in der Gebärmutter erinnert. Die meisten Babys schlafen ja am besten im Körperkontakt, der ebenfalls begrenzend auf ihre Bewegung wirkt. Gleichzeitig ist die elterliche Nähe entscheidend dafür, dass das Baby sich beruhigt und schließlich entspannt einschläft. Als reine Einschlafstrategie funktioniert das Pucken nicht bei allen Kindern; es ist aber durchaus eine Möglichkeit, die Eltern ausprobieren können. Das Baby darf nur weder zu fest noch zu warm in das Pucktuch eingehüllt werden.

Die Beine des Kindes dürfen dabei nicht gestreckt sein, damit sie weiterhin die physiologisch gesunde Beugehaltung einnehmen können. Das lockere Pucken der Arme soll auch den sogenannten Moro-Reflex unterbinden. Er kann durch eine Lageveränderung sowie irritierende optische oder akustische Reize, die das Baby als Schreckmomente wahrnimmt, ausgelöst werden; es streckt dann ruckartig die Arme und spreizt die Finger. Gleichzeitig werden Stresshormone ausgeschüttet und die Herz- und Atemfrequenz steigt an. Der Moro-Reflex tritt auch im Schlaf auf und kann dazu führen, dass das Baby erwacht. Diese Reaktion ist schon in der Frühschwangerschaft vorhanden und lässt sich bis zum dritten oder vierten Monat nach der Geburt beim Baby auslösen. Bei Jungtieren, die von ihren

Eltern getragen werden, garantiert der Moro-Reflex durch Nachgreifen im Fell, dass sie nicht vom Körper der Eltern herunterfallen. Ob er bei Babys in einer früheren Phase der Evolution eine ähnliche Funktion hatte, ist unklar. Sind auch die Arme des Kindes locker gepuckt, sollten sie aus dem Tuch oder Sack gelöst werden, wenn das Kind sich im Tiefschlaf, also der Non-REM-Phase, befindet.

Spätestens wenn euer Kind beginnt, sich zu drehen, ist die Zeit für das Pucken vorbei. Dreht sich ein gepucktes Kind im Schlaf in die Bauchlage, kann es womöglich schlechter atmen und das Risiko für den plötzlichen Kindstod erhöht sich deutlich. Wird das Pucken über die ersten zwei bis drei Monate fortgesetzt, kann es sich außerdem zu einem Ritual entwickeln, an das sich das Baby stark gewöhnt; es schläft dann womöglich nur noch gepuckt ein und entwickelt unter Umständen später Schlafstörungen, da es keine selbstregulatorischen Strategien entwickeln konnte, um in den Schlaf zu finden.

Welche Bedürfnisse hat das Baby?

Möchtet ihr das Pucken in den ersten Wochen ausprobieren, lasst euch von der Hebamme die richtige Wickeltechnik zeigen. Achtet dabei auf euer Baby: Wenn es anfänglich weint, weil es vielleicht übermüdet ist, wird es sich schnell beruhigen, wenn es gepuckt im Arm gehalten wird. Ist das nicht der Fall, eignet sich Pucken eher nicht für euer Kind. Du musst dein Kind nicht pucken. Probiere andere Hilfestellungen zum Schlafen aus, die für dein Baby passen könnten: Vielleicht gibt ein gerolltes Handtuch, um Füße und Beine gelegt, dem Baby Halt, oder auch eine kleine Decke, mit der ihr seine Knie und Unterschenkel unterlagert. Puckt euer Baby nicht gegen seinen deutlichen Widerstand. Mag es das Pucken jedoch und ihr wendet es angemessen und zeitlich begrenzt an, kann es durchaus eine hilfreiche Strategie sein, um euer Kind zu beruhigen. Versprecht euch andererseits aber auch an Tagen, an denen ihr selbst müde seid, keine allzu großen Wunder davon. Schlafen ist ein Entwicklungsprozess – kein Pucktuch oder andere Hilfsmittel können ihn entscheidend beeinflussen oder gar beschleunigen. Im Leben mit Kindern ist vieles oft ganz anders als in der eigenen Vorstellung.

Die Nächte mit einem Baby können eine Herausforderung sein, aber sie bringen auch viele schöne und innige Momente zwischen Eltern und Kind mit sich. Auf die gesamte Kindheit gesehen ist es nur eine vergleichsweise kurze Zeit, in der kleine Menschenkinder so viel Nähe und auch das Stillen in der Nacht brauchen. Macht es euch dafür so schön und bequem wie möglich und versucht diese sehr besondere Zeit zu genießen.

1   sleephealthfoundation.org.au/how-much-sleep-do-you-really-need.html

2   Keller, Heidi: Jetzt schläft mein Baby durch. Ein Ratgeber für Eltern, die zu wenig Schlaf bekommen. Niedernhausen/Ts: Falken 1999

3   Mehr zum Thema Nähe und Co-Sleeping findet ihr in der Weleda Broschüre „Co-Sleeping".

4   kindergesundheit-info.de/themen/risiken-vorbeugen/ploetzlicher-kindstod-sids/vorbeugung-kindstod/

5   Doan, Therese et al.: Breast-feeding increases sleep duration of new parents. In: The Journal of perinatal & neonatal nursing 2007, 21(3), S. 200–206

6   Blair, Peter S. et al.: Hazardous cosleeping environments and risk factors amenable to change: case-control study of SIDS in south west England. In: BMJ 2009, 13(339:b3666)

7   unicef.org.uk/babyfriendly/wp-content/uploads/sites/2/2016/07/Co-sleeping-and-SIDS-A-Guide-for-Health-Professionals.pdf

8   unicef.org.uk/babyfriendly/wp-content/uploads/sites/2/2011/11/Caring-for-your-Baby-at-Night-A-Health-Professionals-Guide.pdf

Kapitel 7

Babypflege

Was du in diesem Kapitel über die Pflege deines Babys lesen kannst:

Das Baby liebevoll und achtsam umsorgen

Weil die Haut des Babys noch dünn und empfindsam ist, braucht sie Pflege und Schutz. Baden, Cremen und Einölen nährt die Haut und fördert die Entwicklung. Zugleich erlebt das Baby eure Berührungen als liebe- und respektvolle Zuwendung.

Windeln wechseln, waschen und baden, an- und ausziehen: Je jünger das Kind ist, desto mehr Zeit verwenden Eltern dafür, es zu pflegen. Wird es größer, übernimmt es davon nach und nach immer mehr selbst. Es ist kein Zufall, dass ihr gerade am Anfang so viel Zeit mit der Pflege eures Babys verbringt. Auch wenn Tätigkeiten wie das Baby zu wickeln, es zu waschen und anzuziehen schnell für euch zur Routine werden, geht es dabei um mehr als reine Körperpflege: Wendet ihr euch dem Kind dabei zu, seid ihr feinfühlig und gebt ihm ungeteilte Aufmerksamkeit, entstehen Momente des Miteinanders. Mit der liebevollen Pflege vermittelt ihr eurem Kind, dass ihr es respektiert, seinen Körper mit seinen Grenzen wahrnehmt und achtet und es fürsorglich ins Leben begleitet. Gleichzeitig legt ihr damit bei eurem Kind den Grundstein für ein gutes Körperempfinden und einen natürlichen Umgang mit sich selbst.

„Durch eure
Pflege fühlt
sich das Baby
in eurer Obhut
wahrgenom-
men und
geborgen.“

Was Wickeln und Waschen mit Bindung zu tun haben

Die Bindung zwischen Eltern und Kind entwickelt sich nicht von selbst oder durch außergewöhnliche Momente. Es ist auch nichts, wofür Eltern besondere Zutaten oder eine ausgefallene Ausstattung brauchen. Bindung vollzieht sich vielmehr in den zahllosen kleinen Augenblicken des Alltags, in denen ihr eurem Kind respekt- und liebevoll begegnet.[1] Das wichtigste Hilfsmittel für einen sicheren Bindungsaufbau besitzt ihr bereits: Es ist eure Feinfühligkeit. Sie erlaubt es euch, das Baby und seine Signale wahr-zunehmen, sie richtig zu interpretieren und dann passend zu beantworten. Auf diese Weise entwickelt das Baby Vertrauen und fühlt sich sicher und geborgen. Es spürt: Hier werde ich gut umsorgt, meine Bedürfnisse wer-den gesehen und erfüllt. Gerade die Situationen in der täglichen Babypflege eignen sich besonders gut dafür, diese Gewissheit auszubauen und zu näh-ren. Ein Beispiel: Das Baby wird unruhig und zeigt so, dass es ausscheiden muss oder dass die Windel bereits voll ist. Als Eltern nehmt ihr seine Un-ruhe wahr und könnt sie mit der Zeit von anderen Bedürfnisäußerungen wie etwa Hunger unterscheiden. Ihr beantwortet das Bedürfnis des Babys, indem ihr seine Windel erneuert oder es abhaltet. Wenn ihr euer Kind mit Körperpflege umsorgt und ohnehin ganz bei ihm seid, seid ihr für seine Sig-nale besonders aufgeschlossen: Ist das Baby müde, teilt es das mit, indem es sich abwendet, sich die Augen reibt oder einen starren Blick bekommt – kein günstiger Zeitpunkt für ein Bad oder eine Massage. Nehmt das Baby dann lieber auf den Arm und begleitet es in den Schlaf. So macht es die Erfahrung, dass es sich auf seine Eltern verlassen kann und seine Bedürfnisse zuverläs-sig wahrgenommen werden.

Feinfühlig und achtsam handeln

Am Anfang fällt es vielen Eltern noch schwer, die Signale des Babys zu ver-stehen und richtig zu interpretieren – das ist vollkommen normal. Eltern und Kind müssen sich erst einmal kennenlernen. Für euch als Eltern bedeutet das, sich zu fragen: Wer ist mein Kind? Welches Temperament bringt es mit? Ist es eher ruhig und abwartend oder besonders aufmerksam und neugierig? Braucht es eher viel Unterstützung, um Gefühle des Unwohlseins zu regulie-ren, oder reicht ihm eine leichte Begleitung? Die Antworten darauf ergeben sich, wenn ihr euer Kind aufmerksam beobachtet und viele Dinge möglichst langsam macht.

Nach der Geburt strömen viele neue Erfahrungen auf das Baby ein: Zum ersten Mal spürt es Luft auf seiner Haut, den Stoff der Kleidung und die Schwerkraft. Es wird von Händen gehalten und bewegt. Unzählige Reize wirken auf es ein, die es verarbeiten muss. Das geschieht bei Neugeborenen anders als bei Erwachsenen: Viele Informationen werden noch relativ langsam an das Gehirn weitergegeben, weil die Nervenfasern des Babys noch nicht mit der „Isolierschicht" Myelin ummantelt sind. Nach einem Jahr werden Berührungsreize schon viermal so schnell verarbeitet wie bei der Geburt, zum sechsten Geburtstag noch einmal doppelt so schnell und damit schon fast so rasch wie bei einem Erwachsenen.[2] Besonders zu Beginn, aber auch im weiteren Verlauf der dreijährigen Baby- und Kleinkindzeit solltet ihr als Eltern daher bewusst langsam vorgehen: Euer Kind ist darauf angewiesen, weil es länger braucht, um Reize wahrzunehmen, zu verarbeiten und darauf zu reagieren. Viele Eltern merken das, wenn das Baby nach einem aufregenden Tag voller Eindrücke, die es zunächst gut weggesteckt zu haben scheint, auf einmal untröstlich zu weinen anfängt: Es ist überreizt, was sich aber erst zeitverzögert zeigt.

Daher ist es wichtig, dass ihr als Eltern eure Handlungen und Erwartungen an die Reaktionszeit eures Kindes anpasst. Das langsame Tempo hilft nicht nur ihm, sondern auch euch: Ihr seid achtsam im Umgang mit seinen einzelnen Signalen und lernt, das Kind besser zu verstehen. Zieht ihr es langsam und bewusst aus und seid mit euren Gedanken bei ihm, bemerkt ihr auch seine Reaktionen. Ihr nehmt wahr, welche Berührungen und Handgriffe angenehm für das Baby sind und welche vielleicht weniger. Dasselbe gilt, wenn ihr es streichelt oder sanft massiert. Auf diese Weise könnt ihr als Eltern euer Baby immer besser „lesen" – das stärkt die Beziehung, da es sich verstanden und unterstützt fühlt. Zugleich entwickelt ihr immer feinere Antennen dafür, wenn neue Eindrücke dem Baby zu viel werden, und beugt so einer drohenden Überreizung vor, die für alle anstrengend wäre.

Wie Berührung das Gehirn beeinflusst

Der Tastsinn ist bei der Geburt einer der am besten ausgebildeten Sinne des Babys. Mit seiner Hilfe kann das Baby Berührungen empfinden, Temperatur und Schmerz wahrnehmen sowie den eigenen Körper im Raum verorten. Dafür stehen ihm jeweils eigene Rezeptoren in der Haut zur Verfügung. Die Informationen, die sie aufnehmen, werden an das Gehirn weitergegeben, dort ausgewertet und verarbeitet. In jeder Gehirnhälfte befindet sich im sensomotorischen Kortex in der Großhirnrinde eine Art Landkarte des gesamten Körpers mit seinen einzelnen Bereichen. Je nach Empfindlichkeit einer Körperregion nimmt diese unterschiedlich viel Platz dort ein: Lippen, Zunge und Fingerspitzen etwa beanspruchen mehr

→ BABYPFLEGE MIT
CALENDULA

Den orangefarbenen
Blüten der Calendula
oder Ringelblume, wie
sie auch genannt wird,
wird eine reizlindernde,
wundheilende und entzün-
dungshemmende Wirkung
zugesprochen. Obwohl die
Pflanze zu den sogenann-
ten Korbblütlern gehört,
besitzt sie ein nur geringes
allergenes Potenzial. Sie
schützt, wärmt und pflegt.
In Produkten zur Babypflege ist sie daher ein guter
Bestandteil, um die be-
sonderen Bedürfnisse der
Babyhaut zu erfüllen. •

Raum, während größere, aber weniger empfindsame Körperteile wie der
Rücken einen kleineren Teil belegen.

Am Verhalten eures Babys könnt ihr unmittelbar erkennen, dass vor
allem die Mundregion besonders empfindsam ist: Alle interessanten und
neuen Dinge führt es nicht nur zufällig zum Mund, sondern auch, weil die
Berührungsempfindlichkeit dort viel ausgeprägter ist als an anderen Körperstellen. Über den Mund lernt das Baby seine neue Welt kennen und sammelt
auf diese Weise Informationen über die Gegenstände und ihre Beschaffenheit. Selbst im Alter von fünf Jahren reagiert das Gesicht noch empfindsamer auf Berührungen als die Hände. Für die Babypflege solltet ihr euch als
Eltern besonders bewusst sein, dass manche Regionen empfindsamer sind,
und vor allem Mund- und Windelbereich sehr achtsam berühren.

Die Landkarte des Körpers im Gehirn wird schon während der Schwangerschaft ausgebildet: Jede Berührung, die der Fötus im Uterus erlebt, prägt
sie. Nach der Geburt entwickelt sie sich durch die Erfahrungen, die das Baby
jetzt macht, weiter. Dabei steht die Landkarte in Wechselwirkung mit anderen Regionen des Gehirns und regt diese durch ihre eigene Aktivität an.
Vielfältige respektvolle Körperkontakte und liebevolle Berührungen helfen
dem Baby daher nicht nur, sich ein Bild vom eigenen Körper zu machen und
ihn besser zu verstehen; sie stimulieren auch sonstige Entwicklungen des
Gehirns sowie von kognitiven Fähigkeiten.

Beim Wickeln, Baden oder Eincremen spürt das Baby eure Berührungen auf seiner Haut. Es nimmt wahr, ob deine Hand warm oder kalt ist, ob
sie stärkeren oder schwächeren Druck ausübt. Verbindet ihr die Pflege mit
einer Streichelmassage, bietet ihr dem Baby die Möglichkeit, den eigenen
Körper noch intensiver wahrzunehmen und die innere Landkarte weiter auszubauen.[3] So werden diese alltäglichen Momente nicht nur zu einer Wohltat
für Körper und Seele, sondern sogar zu einer umfassenden Lernerfahrung
für euer Kind.

Warum die Babyhaut Unterstützung braucht

Als größtes Sinnesorgan grenzt die Haut den Körper von der Außenwelt ab.
Sie reguliert den Wärmehaushalt, ist eine natürliche Barriere gegen Bakterien, Viren und Pilze und speichert Wasser und Fett. Während die Haut
eines Erwachsenen diese Aufgaben ziemlich gut allein bewältigen kann, ist
die Haut des Neugeborenen noch nicht daran gewöhnt. Sie entwickelt sich
erst nach und nach und passt sich dem Leben an – wie vieles in der kindlichen Entwicklung. Die Haut des Babys ist drei- bis fünfmal dünner als die
seiner Eltern. Auch die Talg- und Schweißdrüsen sind noch nicht vollständig ausgereift. Die Hautbarriere, die Keime am Eindringen hindern soll, ist

→ WENN DAS BABY IM
SOMMER ZUR WELT
KOMMT

Kälte wie Hitze fordern
den menschlichen Körper,
besonders den eines
Babys. Kommt dein Baby
während der Sommer-
monate zur Welt, verfügt
seine zarte Haut noch
nicht über einen natürli-
chen Sonnenschutz, da sie
erst sehr wenig Melanin
bildet. Setze dein Baby
daher nicht der direkten
Sonneneinstrahlung aus!
Es braucht zwar Licht,
um Vitamin D zu bilden,
aber das gelingt ausrei-
chend im Schatten. Auch
dort benötigt es eine
Sonnenpflege speziell für
die empfindliche Baby-
haut. Trägst du dein Baby
draußen im Tragetuch
oder in einer Tragehilfe,
bewahrt spezielle UV-
Schutzkleidung seine Haut
vor zu intensivem Kontakt
mit Sonnenstrahlen. Das
Sonnensegel des Kinder-
wagens kann ebenfalls
Schatten spenden. Achtet
dabei darauf, dass die Luft
im Kinderwagen gut zirku-
lieren kann: Wird das Ver-
deck mit einer Mullwindel
verhängt, kann sich im
Inneren ein gefährlicher
Wärmestau bilden. •

also noch weniger gut ausgebildet als bei Erwachsenen. Die empfindliche Babyhaut trocknet daher schneller aus, und Erreger können leichter eindringen.

In den ersten Tagen nach der Geburt ist die Haut eures Babys noch geschützt durch die Reste der sogenannten Käseschmiere. Sie hat seine Haut im Fruchtwasser umhüllt und es leichter durch den Geburtskanal gleiten lassen. Am besten wird die weiße, wachsartige Substanz nach der Geburt auch nicht abgerieben oder abgewaschen, sondern stattdessen achtsam auf dem Körper verteilt, denn sie enthält wertvolle antibakterielle Bestandteile, die als Barriere fungieren, und schützt auch geringfügig vor Kälte. Das ist wichtig, denn die Wärmeregulation funktioniert noch nicht richtig, weil das Fettgewebe in der Unterhaut des Babys noch nicht vollständig ausgebildet ist. Die Haut deines Babys braucht daher Unterstützung dabei, eine Barriere zu bilden, den Körper warm zu halten und selbst genährt zu werden.

Eltern brauchen nicht viel, um die Haut ihres Babys gut zu pflegen. Welche Qualität du verwendest, ist viel bedeutsamer als die Menge des Pflegeprodukts, mit dem du das Baby eincremst oder einölst. Die Antworten auf die folgenden Fragen geben dir Orientierung, welche Pflege die richtige ist: Was braucht mein Baby gerade jetzt zur Unterstützung? Welche Pflege braucht es im Winter, welche im Sommer? Worin unterscheidet sich die Haut meines Babys von meiner eigenen, und wie können wir dem in der Pflege Rechnung tragen?

Wieviel Pflege braucht das Baby?

Wie die Seele ist auch die Haut des Babys empfindsam und benötigt Pflege und Schutz. Umsorgt und verwöhnt ihr das Baby liebevoll, kann das nie zu viel sein. Anders bei der körperlichen Pflege: Als Eltern solltet ihr die richtige Dosierung im Blick behalten, besonders wenn es um Pflegeprodukte und Reinigungsrituale geht, denn tatsächlich gibt es sowohl ein Zuwenig an Pflege als auch ein Zuviel.

Was das Baby und seine zarte Haut nicht brauchen, sind Duftstoffe, die das Baby nach „Baby" riechen lassen. Dass euer Baby wie euer Baby riecht, ist auch wichtig für euch: Dieser spezielle Geruch aktiviert in eurem Gehirn den sogenannten Nucleus caudatus. Die Hirnstruktur des Belohnungssystems schüttet Hormone aus, die ihr braucht, um Glücksgefühle bilden zu können. Der einzigartige Duft eures Babys sorgt dafür, dass ihr euch ihm zuwendet und euch ihm gegenüber fürsorglich verhaltet.[4] Daher sind Pflegeprodukte mit einem starken künstlichen Eigengeruch, die den kindlichen Duft überdecken, wie beispielsweise „Babyparfüms", nicht zu empfehlen.

WIE SICH DAS BABY EUCH MITTEILT

● WAS DAS BABY KANN

Das Baby kommt ziemlich kompetent zur Welt. Es ist zwar darauf angewiesen, von Erwachsenen liebevoll umsorgt zu werden, verfügt aber gleichzeitig bereits über die Fähigkeit, seine Bedürfnisse anzuzeigen und einige auch schon selbst zu regulieren.

● DAS BABY IST HUNGRIG

Es teilt euch mit suchenden Kopfbewegungen oder dem Nuckeln an der Faust mit, dass es Hunger hat.

● SEI AUFMERKSAM

Manchmal gelingt es dem Baby, sich selbst zu beruhigen; meistens braucht es dabei aber Unterstützung von euch. Seht ihr, dass das Baby die Beine anzieht, könnt ihr einen Moment innehalten, damit es sich erst selbst wieder beruhigen kann.

● REAGIERE FEINFÜHLIG

Wird das Bedürfnis des Babys nach Ruhe und Entspannung nicht angemessen beantwortet, bleibt dem Baby als einziges, überdeutliches Signal nur noch das Weinen.

● WAS WEINEN BEDEUTET

Weinen ist ein starkes Zeichen dafür, dass sich euer Baby unwohl fühlt; es kann auch ein Instrument des Stressabbaus sein: Weinen mindert Stress und spült ihn sogar zum Teil aus dem Körper heraus. Weint euer Baby, kann ein nicht erfülltes Grundbedürfnis dahinterstecken oder auch „nur" der Versuch, Stress abzubauen.[5]

● BEGRENZUNG IST WICHTIG

Ein anderes Signal der Selbstberuhigung zeigt sich beim Wickeln: Das Baby zieht die Beine an und seine Füße berühren sich. Auf diese Weise will sich euer Kind zentrieren und an den Fußsohlen Grenzen spüren. Das hilft ihm, sich selbst zu beruhigen.

● DAS BABY IST MÜDE

Wird das Baby müde, wendet es sich ab und möchte nicht weiter bespielt, massiert oder gebadet werden. Es fällt anfangs nicht immer leicht, dieses Signal zu verstehen und zu akzeptieren; umso bedeutsamer ist das Wissen: Nach aufregenden Interaktionen muss das Baby genügend Zeit bekommen, sich zu entspannen.

Was achtsamer Umgang bedeutet

Beim An- und Ausziehen sowie beim Wickeln stehen drei Aspekte im Vordergrund: Zeit, Aufmerksamkeit und Kooperation. Natürlich wird es immer wieder Momente geben, in denen du dein Kind unter Zeitdruck versorgen musst: schnell unterwegs die Windel wechseln oder auf dem Wickeltisch in einer öffentlichen Toilette den verschmutzten Body aus- und einen frischen anziehen. Abgesehen davon solltet ihr allerdings bewusst Zeitfenster für achtsame Pflegemomente schaffen.

Wie bei vielen anderen Handlungen im Alltag ist es auch bei der Babypflege gut, wenn ihr sie mit Worten begleitet. Kinder verstehen Sprache wesentlich früher, als sie sie selbst produzieren können. Gleichzeitig vergrößert ihr den passiven Wortschatz des Kindes, wenn ihr etwa sagt: „Jetzt zieh ich dir zuerst die Hose aus. Die lässt sich aber schwer ausziehen heute! Vielleicht müssen wir schon die nächste Größe besorgen. Und jetzt öffne ich deinen Body. Möchtest du den Arm selbst herausziehen?" Lass deinem Kind die Zeit, sich aktiv zu beteiligen. Schon kleine Babys kooperieren in vielen Situationen entsprechend ihren Möglichkeiten mit ihren Eltern, wenn sie genügend Gelegenheit dazu bekommen. Passt eure Handlungen und Erwartungen an euer Kind an. Alles langsamer zu tun und euer Kind dabei aufmerksam zu beobachten, hilft euch, das Baby besser zu verstehen, weil ihr seine Reaktionen feinfühliger wahrnehmen könnt.

Je größer euer Baby wird, desto aktiver kann es sich am An- und Ausziehen und seiner Körperpflege beteiligen. Es kann sich die Socken selbst von den Füßen ziehen oder die Windel öffnen. Mit einem eigenen kleinen Lappen kann es sich auch schon ein Stück weit selbst waschen. Es kann die Cremetube halten und beim Eincremen helfen. Beziehen Eltern ihr Kind mit ein, wird die Pflege zu einem Spiel, bei dem es mitmachen möchte. Mit der Zeit wird es sich immer mehr dagegen sträuben, beim Wickeln, Waschen oder Baden nur „behandelt" zu werden. Beteiligt euer Kind deshalb von Anfang an aktiv daran und berücksichtigt dabei seine Äußerungen sowie seinen Wunsch, selbstwirksam zu sein. Wird das Kind dabei unruhig, haltet in eurem Tun kurz inne und geht auf es ein. Auf diese Weise wird die Pflege zu einem Mit- statt einem „Aneinander". Euer Kind fühlt sich in seinem Selbst erkannt, mit seinen eigenen Bedürfnissen gesehen und respektiert und kann spielerisch lernen.

Der Ansatz der achtsamen Babypflege ist nicht neu: Bereits in den 1930er Jahren hat die ungarische Kinderärztin Emmi Pikler sie praktiziert. Pikler leitete von 1946 bis 1979 das Säuglingsheim Lóczy in Budapest, vertiefte dort ihr Wissen und gab es lehrend und beratend weiter. Ihre Zuwendung und ihr achtsamer Umgang mit Babys und Kleinkindern sorgten international für Aufsehen, weil dadurch die damals verbreiteten seelischen

→ WAS DEM BABY
   HÜLLE GIBT

Wie beruhigend es auf das Baby wirken kann, wenn es sich wieder umhüllt fühlt, erlebst du in verschiedenen wiederkehrenden Alltagssituationen: In ein Tragetuch oder eine Tragehilfe gehüllt, nimmt das Baby eine Anhock-Spreiz-Haltung ein – annähernd gerundet wie im Mutterleib. Gepuckt oder vom Strampelsack umhüllt, spürt das Baby ebenfalls Grenzen und fühlt sich nicht in der plötzlichen Weite des Raumes verloren. Geborgen in den Armen einer Bezugsperson wird das Baby gewärmt und nimmt den Herzschlag dieses Menschen wahr. Hülle zu geben ist ein wesentlicher Bestandteil des Alltags von Eltern eines Säuglings; er findet sich ganz natürlich in vielen ihrer Handlungen und Abläufe. Achtet einmal darauf, in welchen Momenten ihr eurem Baby ganz selbstverständlich eine Hülle gebt und wie es darauf reagiert. •

Schäden durch Heimunterbringung vermieden wurden. Die Kinderärztin Dr. Maria Vincze, stellvertretende Direktorin des Pikler Instituts, schrieb über achtsame Babypflege: „Auf diese Weise erlebt der Säugling, dass seine Äußerungen wahrgenommen und verstanden, seine Bedürfnisse ernst genommen werden und er durch seine Antwort Wirkung ausüben kann. Er gelangt so von Anfang an zu Erlebnissen seiner Kompetenz, erkennt nach und nach seine Bedürfnisse und in diesem Zusammenhang sein ‚Ich'. Ein solches Miteinander-Umgehen entwickelt in ihm ein Gefühl des Vertrauens, das zur Grundlage seiner Persönlichkeit werden kann."[6]

Ein geschützter Raum für die Kleinsten

Den Bedürfnissen des Kindes kommen Eltern entgegen, wenn sie bewusst langsam mit ihm umgehen und dafür einen geschützten Raum anbieten. Ist das Baby etwa in einer Situation, in der es vielen Reizen ausgesetzt ist, die sich nicht vermeiden lassen, ermöglicht ein geschützter Raum innerhalb dieser Reize einen Rückzug und hilft dem Baby, sich zu entspannen. Gerade beim Wickeln ist euer Kind mit vielen Eindrücken konfrontiert: Es wird teilweise entkleidet, spürt Luft an der Haut, wird an vielen Stellen berührt und vielleicht eingecremt. Nutzt ihr beispielsweise einen speziellen Wickeltisch, womöglich in einem anderen Zimmer, so nimmt das Baby einen anderen Ort wahr, vielleicht mit besonderen Gerüchen oder ungewohnten Lichtverhältnissen. All diese Faktoren sind zunächst einmal fremd und wirken als Reize auf das Baby. Vertrautes schafft in dieser Situation einen Ausgleich und hilft dem Baby, sich zu beruhigen. Besonders beim Wickeln könnt ihr euer Kind mit einer Hülle unterstützen, die es an die vertraute Umhüllung im Mutterleib erinnert.

Denn Wickeln kann für Babys auch Stress bedeuten: Nackt und ohne eine Begrenzung auf dem Wickeltisch zu liegen, fordert das Baby besonders mit Blick auf seine Selbstregulation. Mit Wickelunterlage und Handtüchern kannst du eine einfache Begrenzung schaffen, die das Baby umhüllt. Es fühlt sich so weniger „verloren". Lege ein gerolltes Handtuch wie ein umgekehrtes U auf die Unterlage: So spürt das Baby am Kopf und an den Seiten eine Begrenzung. Auch die Rückenlage fällt dem Baby noch schwer, da es die Rundung seines Rückens aus dem Mutterleib vermisst. Beim Wickeln kann es deshalb nach einiger Zeit unruhig werden. Um ihm die Position zu erleichtern, falte ein weiteres Handtuch der Länge nach und schlage beide Enden so ein, dass unter dem Kopf und den Füßen des Babys jeweils eine leichte Erhöhung entsteht. Damit passt sich die Unterlage der natürlichen Körperform des Babys an und entspannt die alltägliche Pflegesituation, dein Kind und dich.

So wickelst du das Baby

Wenn Filme und Serien Babys beim Gewickeltwerden zeigen, werden die Kinder zum Wechseln der Windel auf dem Wickeltisch meist an den Füßen hochgezogen. Vielleicht habt ihr das selbst noch so erlebt. Doch es gibt andere Wege, dem Baby schonend und mit möglichst wenig Stress aus einer vollen Windel zu helfen. Deine Handgriffe spielen dabei eine wichtige Rolle; sie können das Wickeln erleichtern und die Situation entspannen.

Das sogenannte Kinästhetik (oder englisch Kinaesthetics) Infant Handling[7] zeigt, wie ein Baby achtsam und sanft gewickelt werden kann. Diese „Lehre des Umgangs mit dem Baby und seinem Berührungsempfinden" geht davon aus, dass Eltern natürliche Bewegungsabläufe durch die Art, wie sie mit dem Kind umgehen, unterstützen können. So wird das Baby zum Beispiel nicht einfach auf dem Wickeltisch abgelegt, sondern in einer fließenden Abfolge von Bewegungen: Um dein Baby zu wickeln, umfasst du es zunächst mit einer Hand seitlich an Brustkorb und Rücken und hältst es seitlich an deinen Körper; deine andere Hand stützt den Po. So bringst du es aufrecht in die Nähe der Wickelunterlage, wo zuerst die Füßchen die Unterlage berühren. Über eine leichte Seitwärtsneigung kommt dann der Po mit der Unterlage in Kontakt. Dabei hältst und stützt du dein Baby weiterhin mit den Händen. Über die Seite legst du es nun langsam auf der Unterlage ab, bis es sicher auf dem Rücken liegt. Öffne die Windel, um den vorderen Windelbereich zu säubern. Anschließend drehst du das Baby auf die Seite, um den hinteren Windelbereich zu reinigen und die Windel zu entfernen.

Ist dein Baby schon größer und greift zielgerichtet, kann es sich an einem deiner Finger festhalten und damit aktiv am Drehen beteiligt werden. Die frische Windel schiebst du von einer Seite unter das Baby und drehst dein Kind dann auf die andere Seite, um die Windel richtig zu positionieren. Ist das Baby vollständig sauber, schließt du die Windel. Sie sollte am Bauch nicht einengen, aber so eng anliegen, dass die Ausscheidungen nicht herausdringen können. Zwischen Bauch und Windel sollte etwa ein Fingerbreit Platz sein.

Muss auch der Body gewechselt werden, kannst du das ebenfalls über die Seite machen, was für dein Kind angenehm und entspannt ist: Du schiebst ein Ärmchen in den Body, drehst dann das Baby auf die andere Seite und bekleidest den zweiten Arm. Wickelbodys sind einfacher anzuziehen als solche, die über den Kopf gezogen werden. Du nimmst dein Baby dann genauso hoch, wie du es abgelegt hast, nur in umgekehrter Reihenfolge: Erst drehst du es seitlich, bringst es dann über die Seite ins Sitzen und hebst es schließlich hoch, indem du es mit einer Hand am Po unterstützt.

Die etwa 5000 Weg-
werfwindeln, die ein Kind
bis zum Trockenwer-
den braucht, verrotten
aufgrund ihrer Inhalts-
stoffe wie Erdöl, Alkohol
und Vaseline sowie der
Kunststoffe aus der
äußeren Schutzschicht
kaum. Schätzungsweise
300 bis 400 Jahre würde
eine einzelne Windel dafür
benötigen. Aus diesem
Grund werden Weg-
werfwindeln verbrannt.
Die giftigen Rückstände
des Plastikmülls können
jedoch nicht einfach
entsorgt werden, sondern
werden derzeit beispiels-
weise in Salzbergwerken
deponiert.[8] •

Warum Windel nicht gleich Windel ist

Die Haut des Babys ist empfindsam, ganz besonders dort, wo die Windel die Haut bedeckt. Durch die Ausscheidungen des Babys wird die Haut in diesem Bereich ständig stark beansprucht: Urin und Stuhl, die längere Zeit auf die zarte Babyhaut einwirken, reizen die Haut. Zwar enthalten moderne Wegwerfwindeln sogenannte Superabsorber, die sehr viel Feuchtigkeit aufnehmen können. Gleichzeitig entsteht darin jedoch ein feuchtwarmes Klima, das Pilzinfektionen begünstigen kann. Wichtig ist daher, dass Kinder, die Wegwerfwindeln tragen, diese nach jeder Ausscheidung gewechselt bekommen und auch nachts nicht zu viele Stunden am Stück in der Windel verbringen; außerdem sollte bei jedem Windelwechsel eine wirklich gründliche Reinigung stattfindet, sodass keine Reste an der Haut bleiben. Wollt ihr auf Wegwerfwindeln nicht verzichten, solltet ihr euch über die Inhaltsstoffe einzelner Marken informieren. Gebt eurem Baby außerdem jeden Tag nach dem Wickeln ausreichend Zeit, nackt liegen zu können, damit die Haut atmen kann. Auch ein vorsorglicher Schutz mit einer Wundschutzcreme kann gerade bei Kindern, die Wegwerfwindeln tragen, sinnvoll sein.

Welche Alternativen es gibt

Windeln aus Stoff werden immer beliebter. Sie haben zwar den Nachteil, über keine Superabsorber zu verfügen, sodass die Windeln häufig gewechselt werden müssen; gleichzeitig entfallen aber auch negative Eigenschaften wie die verwendeten Kunststoffe, die in der äußeren Schutzschicht der Wegwerfwindeln enthalten sind. Stoffwindeln sind daher atmungsaktiver und führen seltener zu Hautirritationen. Das Baby erhält durch die empfundene Nässe ein Feedback über die eigene Körperausscheidung, signalisiert euch sein Unwohlsein und wird dann versorgt. Weil sich das Gefühl von Ausscheidungsdruck, die Nässe nach Entleerung und die anschließende Behebung der Situation verbinden, hat das Kind früher die Chance, trocken zu werden, als wenn das körperliche Feedback nach der Entleerung ausbleibt. Auch ökologisch punkten Stoffwindeln gegenüber Wegwerfvarianten: Stoffwindeln werden nach der Babyzeit oft secondhand weiterverkauft und haben einen langen Nutzungszyklus, bevor sie endgültig entsorgt und abgebaut werden. Stoffwindeln sind daher eine sinnvolle und gesündere Alternative, einfach zu handhaben und haben die alten, kompliziert zu wickelnden Mulltücher und Wollstricküberhosen längst abgelöst.

Das Angebot an wiederverwendbaren, waschbaren Windelsystemen ist inzwischen sehr umfangreich. Die Windeln bestehen aus natürlichen

KLEINE STOFFWINDELKUNDE

● MULLWINDELN

Mullwindeln sind ein Klassiker und der Inbegriff der Stoffwindel. Heute werden sie nicht mehr so häufig verwendet, weil es einfachere und optisch modernere Modelle gibt. Mullwindeln werden gefaltet und dem Baby zusammen mit einem Windelvlies angelegt. Eine Überhose verhindert, dass Feuchtigkeit nach außen dringt.

● STRICKBINDEWINDELN

Strickbindewindeln sind ebenfalls ein altes System und praktisch, weil sich die gefalteten Windeln jeder Babygröße und damit der gesamten Windelzeit anpassen. Zusätzlich werden ein Saugkern, Windelvlies und eine Überhose benötigt.

● ALL-IN-ONE-WINDELN

All-in-one-Windeln sind eine moderne Variante und kommen der Wegwerfwindel hinsichtlich Design und Handhabung sehr nahe: Sie verfügen über ein wasserfestes Außenmaterial und einen Saugkern im Inneren und werden wie eine Wegwerfwindel vollständig angelegt, aber später gewaschen.

● ALL-IN-TWO- ODER SNAP-IN-ONE-WINDELN

Snap-in-one-Windeln sind ähnlich aufgebaut wie All-in-one-Windeln, haben aber abnehmbare Saugkerne, die bei Nässe oder Verschmutzung gewechselt werden, während die äußere Windel weiterverwendet wird.

● ALL-IN-TWO- ODER POCKETWINDELN

Bei Pocketwindeln wird der Saugkern in eine Tasche geschoben und kann so ebenfalls ausgewechselt werden. Je nach Bedarf stehen unterschiedliche Saugkerne zur Verfügung.

● ALL-IN-THREE-WINDELN

All-in-three-Windeln bestehen aus einer Außenwindel, einer Innenwindel, die an der äußeren Windel befestigt ist, und einem Saugkern. Dieser wird gewechselt, wenn er nass oder verschmutzt ist, während der Rest der Windel oft noch weitergenutzt werden kann.

● SAUGKERN ODER SAUGEINLAGE

Ein Saugkern oder eine Saugeinlage nimmt die Nässe der Ausscheidungen auf. Sie sind je nach Windelsystem unterschiedlich geformt. Zudem können verschiedene Saugkerne verwendet werden, beispielsweise für die nächtliche Windel. Der Saugkern wird bei jedem Windelwechsel ausgetauscht und kommt in die Wäsche.

● WINDELVLIES

Das Windelvlies besteht aus Zellstoff und wird als dünne Lage in der Windel platziert. Es kann beim Windelwechsel einfach entfernt und je nach Vliesmaterial in der Regel zusammen mit dem Stuhl in die Toilette geworfen werden. So gelangen keine oder kaum Stuhlreste in die Waschmaschine und die Ausscheidung des Babys wird hygienisch entsorgt.

„Gebt dem Baby jeden Tag nach dem Wickeln ausreichend Zeit, nackt liegen zu können, damit die Haut atmen kann. "

Materialien wie Baumwolle, Wolle, Hanf, Seide oder Bambusviskose sowie aus synthetischer Mikrofaser oder wasserdichtem PUL (Polyurethanlaminat). Von der Zusammensetzung hängt ab, wie gut die Babyhaut sie verträgt, wie saugfähig das Material ist, wie gut es sich waschen lässt und wie schnell es trocknet.

Um das für euch Passende zu finden, kann eine Stoffwindelberatung sinnvoll sein. Dabei könnt ihr die verschiedenen Wickelvarianten ausprobieren und erfahrt alles über mögliche Vor- und Nachteile. Ihr findet sie unter dem Stichwort „Stoffwindelberatung" im Internet.

Ganz ohne Windel?

Windeln sind eine relativ junge Erfindung der Menschheit. Weltweit wachsen etwa 80 Prozent der Menschen auch heute noch ohne Windeln auf, wobei diese auch in nicht industrialisierten Ländern immer gängiger werden. Die Karriere der Windel ist kein Zufall: Babys wollen nicht in ihren Ausscheidungen liegen. Sie weinen, wenn die Windel voll ist. Gerade bei sehr kleinen Säuglingen sind die Zeichen meist recht deutlich. Babys kündigen sogar mit Geräuschen und Unruhe an, dass sie ausscheiden müssen, damit sie gar nicht erst in einer vollen Windel liegen; Eltern müssen die entsprechenden Signale allerdings lesen können und beachten.

In vielen Regionen auf der ganzen Welt werden Babys, wenn sie die entsprechenden Signale zeigen, „abgehalten", das heißt über ein Gefäß gehalten, in das sie ausscheiden können. In einer für sie angenehmen Position können sie sich so ohne Windel erleichtern. Es wird dabei von „elimination communication" gesprochen, der „Kommunikation des Babys über seine Ausscheidungen" mit der Bezugsperson. Im deutschsprachigen Raum hat sich das Wort „windelfrei" etabliert, das allerdings nicht genau zutrifft und so gelegentlich für Verwirrung sorgt. Denn viele Eltern, die ihre Babys abhalten, nutzen in der Phase zwischen dem Abhalten weiterhin Windeln. Die Methode des Abhaltens sieht das jedoch nicht vor – im Gegenteil: Mit dem Abhalten werden die Bedürfnisse des Babys wahrgenommen, es fühlt sich verstanden und gewöhnt sich gar nicht erst daran, Windeln für Ausscheidungen zu nutzen, was seine Eltern ihm sonst später wieder abgewöhnen müssten. Die empfindliche Haut wird geschützt, da das Baby nicht in seinen Ausscheidungen liegt.[9]

Zu Beginn ist es für Eltern häufig nicht leicht, die feinen Zeichen zu erkennen, die ihr Baby ihnen sendet. Um erste Erfahrungen mit dem Abhalten zu sammeln, bieten sich Standardsituationen an, in denen das Baby höchstwahrscheinlich ausscheiden muss: nach dem Schlafen, nach dem Stillen oder dem Füttern.

Die Ausscheidungen des Babys

Im Laufe der Zeit nehmen die Ausscheidungen des Babys von der Menge her zu. Auch der Stuhl verändert sich in der Konsistenz. Beides stellt unterschiedliche Anforderungen an die Pflege.

Nach der Geburt: Innerhalb von 24 Stunden nach der Geburt uriniert das Baby zum ersten Mal – allerdings in so geringem Maß, dass es in einer gut saugenden Wegwerfwindel kaum wahrnehmbar ist. Ab dem dritten Tag scheidet das Baby dann mehrmals täglich aus, zwischen rund 100 und 300 Millilitern am Tag.[10] Die damit einhergehenden nassen Windeln sind für deine Hebamme bei ihren Wochenbettbesuchen oft ein Indiz dafür, dass das Baby ausreichend Flüssigkeit aufnimmt.

Der erste Stuhl: Auch die erste Absonderung von Stuhl findet relativ zeitnah nach der Geburt statt. Dabei handelt es nicht um Stuhl im klassischen Sinne, sondern um Produkte des Körpers, die im Mutterleib über den Magen-Darm-Trakt aufgenommen wurden: abgestorbene Schleimhaut, Fruchtwasser, Lanugo-Härchen und eingedicktes Gallen- und Darmsekret. Diese erste Ausscheidung wird als Mekonium bezeichnet und wegen ihres Aussehens auch „Kindspech" genannt: Sie ist dunkelgrün bis schwarz und klebrig-zäh und lässt sich wegen dieser Konsistenz nur schwer von der Haut entfernen. Als Eltern solltet ihr dabei sanft vorgehen. Am besten gelingt die Reinigung unter fließendem Wasser oder mit einem weichen nassen Tuch, Babyöl oder einem milden pflanzlichen Öl.

Aussehen und Geruch: Im Laufe der nächsten Tage ändert sich die Konsistenz des Stuhls durch die aufgenommene und verdaute Muttermilch: Er wird heller und breiiger, farblich eher ockergelb, mit einem leicht süßlichen Geruch. Kinder, die künstliche Säuglingsnahrung zu sich nehmen, haben einen gelblichen bis hellbraunen Stuhl, der etwas teigiger ist als der Muttermilchstuhl und stärker riecht. Beginnst du dein Baby später auch mit Beikost zu ernähren, ändern sich Konsistenz und Geruch des Stuhls nochmals. Nimmt dein Baby größere Mengen an Beikost zu sich, solltet ihr auf eine ausreichende Flüssigkeitszufuhr achten, damit es nicht zu einer Verstopfung kommt. Bietet dem Baby daher mit jeder Beikostmahlzeit auch Wasser an. Es kann sein, dass sich später im Stuhl größere Rückstände der noch nicht vollständig verdauten Beikost finden, was aber normal ist.

Richtig reinigen: Um den Stuhl von der Haut des Babys zu entfernen, erscheinen Feuchttücher praktisch, allerdings enthalten sie oft potenziell schädliche Inhaltsstoffe: Alkohol, Parfüm und Parabene trocknen die zarte Babyhaut aus und können zu Hautproblemen führen. Besser ist es daher, größere Stuhlmengen zunächst mit einem einfachen weichen Kosmetiktuch aus Papier von der Haut zu entfernen und dann mit Wasser und einem

„Der einzigartige Duft eures Babys sorgt dafür, dass ihr euch ihm zuwendet und euch ihm gegenüber fürsorglich verhaltet."

Für die Herstellung brauchst du weiche Tücher aus Baumwolle oder einer anderen natürlichen Faser oder weiche Waschlappen. Geeignet sind auch weiche Baumwoll-Musselin-Windeln, die du in kleinere Quadrate (ca. 20 × 20 cm) zerschneidest. Falte die Quadrate einmal in der Mitte und lege sie übereinander in eine Aufbewahrungsbox. Koche 200 ml Wasser in einem Topf auf, nehme ihn vom Herd und gib zwei EL Calendula-Öl sowie etwas Calendula-Waschlotion dazu. Auf diese Weise können sich Wasser, Öl und Waschlotion gut verbinden. Diese Emulsion gießt du so über die Tücher, dass sie sich gut verteilt. Die Tücher sollten feucht, aber nicht nass sein. Benutzte Tücher kannst du in einem Wäschesäckchen sammeln und in der Waschmaschine bei 60 °C waschen. Danach kannst du sie wiederverwenden. •

Stofflappen nachzuwischen. Auch selbstgemachte Feuchttücher mit einer überschaubaren Menge an Bestandteilen sind empfehlenswert. Sie sind oft besser für die Pflege geeignet und kostengünstiger als gekaufte. Du kannst sie leicht selbst herstellen. Am besten bewahrst du sie in einer auslaufsicheren Frischhaltedose aus Kunststoff oder Glas, in einem „Wetbag" oder in einer speziellen Feuchttücherbox aus Silikon auf.

Wenn der Stuhl sich ändert oder ausbleibt

Kinder, die gestillt werden und gut gedeihen, haben in den ersten Lebenswochen dreimal täglich oder sogar öfter Stuhlgang. Nach dem ersten Monat ändert sich diese Frequenz bei manchen Kindern und es können sogar Pausen über mehrere Tage auftreten. Solange das Baby weiterhin Appetit hat, Urin ausscheidet und sich gut entwickelt, ist das kein Anlass zur Sorge. Kinder, die künstliche Säuglingsnahrung zu sich nehmen, sollten hingegen einmal täglich Stuhlgang haben.

Es kann immer vorkommen, dass der sich der gesunde Stuhl des Babys in Farbe, Geruch und Konsistenz verändert. Durchfall etwa ist flüssiger als normaler Stuhl, grünlich und von unangenehmem Geruch. Gerade bei Durchfall ist es wichtig, die Haut im Windelbereich mit einer Wundschutzcreme zu versorgen und zu schützen. Auch während des Zahnens oder bei anderen Entwicklungssprüngen kann sich die Farbe des Stuhls verändern. Dann braucht der Windelbereich durch die andere Art des Stuhls ebenfalls besondere Pflege: Neben einer Wundschutzcreme ist es gut, viel Luft an die gereinigte gereizte Haut zu lassen. Beobachtest du Blut im Stuhl, hat das meist eine harmlose Ursache. Kontaktiere deine Hebamme, die Kinderärztin oder den Kinderarzt, um den Sachverhalt abzuklären. Das gilt auch für alle anderen besonderen Vorkommnisse, bei denen ihr unsicher seid.

Wer ist für die Pflege zuständig?

Über die Babypflege konntest du in diesem Kapitel schon einiges erfahren – etwa, dass die Pflege des Babys aus mehr besteht als aus dem reinen Saubermachen und den Handgriffen, die dazu gehören. Im Gegenteil: Die Momente, in denen du dein Baby wäschst, badest, einölst oder wickelst, stehen besonders für Bindung, Kommunikation und Achtsamkeit. Daher sollten sie nicht nur einem Elternteil vorbehalten sein. Gerade dann, wenn der Tag angefüllt war mit Arbeit, tut es gut, sich ganz auf das Baby einzulassen

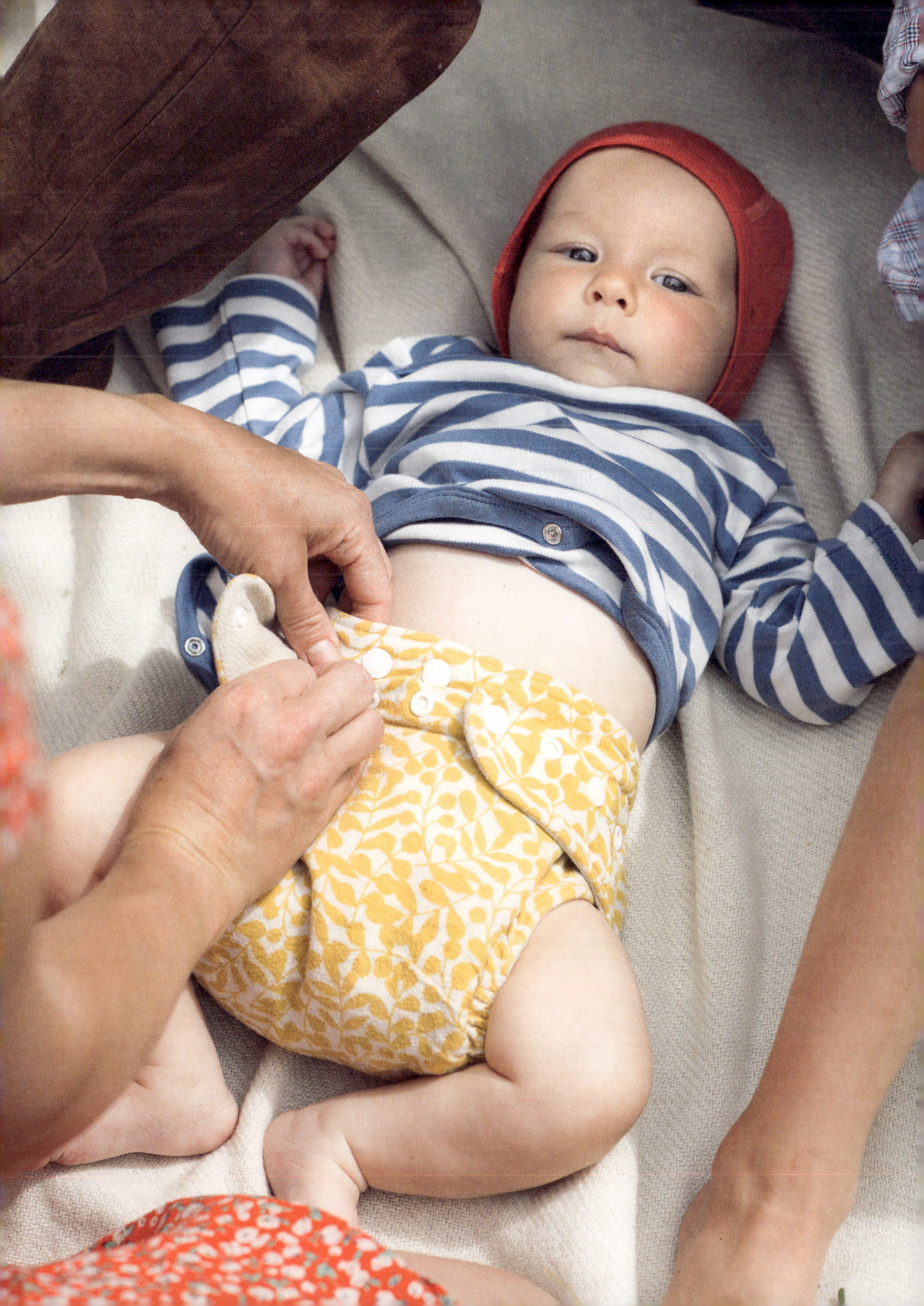

→ EIN MOMENT DER
RUHE FÜR DICH

Egal was du gerade ge-
macht hast: Gönne dir vor
längeren Pflegetätigkeiten
mit dem Baby einen Au-
genblick der Ruhe. Danach
kannst du dich ganz auf
dein Baby einlassen und
bist nicht in Gedanken
woanders. Atme mehrfach
tief ein und aus. Oder
zähle bis zehn, ehe du die
Wohnungstür aufschließt.
Das lässt dich entspannter
ankommen. Vor dem Bad
mit dem Baby, der Massa-
ge oder dem Zähneputzen
kannst du in Ruhe einen
Tee oder Kaffee genie-
ßen. Oder setz dich kurz
hin und ruhe dich aus. Du
denkst daran, was alles erledigt werden muss? Dann
schreib es einfach auf und
mach so deinen Kopf frei.
Jetzt kannst du dich ganz
deinem Kind und seiner
Pflege widmen. •

und es zu versorgen. Gibt es in deiner Familie mehrere Elternteile oder Bezugspersonen, ist die Pflege daher ein Ritual für alle: Jede oder jeder von euch ist kompetent, das Baby zu wickeln, zu waschen, mit ihm gemeinsam zu baden, es zu massieren oder später die ersten Zähne zu putzen. Akzeptiert dabei, dass jede Person ihre ganz eigene Art und Weise hat, wie sie das Baby dabei versorgt. Für das Baby ist es gut, wenn es diese Erfahrungen mit allen Bezugspersonen machen darf und dabei vielleicht sogar erlebt, wie unterschiedlich ihr an die jeweilige Situation herangeht. Vielleicht ist ein Elternteil ruhiger, der andere macht Späßchen; einer singt vielleicht dabei, die andere erzählt Geschichten. Wie in so vielen Aspekten des Lebens mit Kindern kann hier jede oder jeder seine beziehungsweise ihre ganz persönliche Note einbringen.

Das Baby baden

Das erste Bad ist oft ein besonderes Ereignis für Eltern und Kind. Das Baden weckt beim Baby vor allem positive Erinnerungen an die Zeit im Mutterleib, als es schwerelos im Fruchtwasser lag. Deswegen solltet ihr als Eltern diesen besonderen Pflegemoment einfühlsam gestalten, um die Rückbesinnung nicht zu beeinträchtigen. Nehmt euch dafür in erster Linie genügend Zeit, damit ihr nicht gehetzt seid, sondern ruhig und dem Baby zugewandt. Badet deshalb euer Baby nicht abends noch schnell, damit es sauber ist. Generell sind Babys nicht besonders schmutzig. Ein Bad reinigt zwar sanft, ist aber vor allem ein schönes und entspannendes Ritual für Eltern und Kind.

Wie schon beim Wickeln beschrieben, ist es für das Baby schön, wenn ihr auch beim Baden gerade in den ersten Monaten besonders behutsam vorgeht: Lasst das Baby langsam ins warme Wasser gleiten und bewegt es darin gemächlich. Die optimale Wassertemperatur beträgt 37 Grad Celsius, das entspricht der Temperatur des Fruchtwassers. Prüft mit einem Badethermometer vorab die Temperatur, damit sich das Baby mit seiner zarten Haut nicht verbrüht. Meist ist kein Waschlappen notwendig; ihr könnt das Baby mit der Hand reinigen. Lasst das Wasser sanft über seinen Körper schwappen und befreit dadurch die Hautfalten von Schmutz und angesammelten Hautschüppchen. Zunächst reicht dafür klares Wasser, eventuell mit etwas Muttermilch.

Krabbelt das Baby später oder läuft es bereits, könnt ihr eine Waschlotion oder einen Badezusatz zugeben. Hat es im ersten Jahr viele Haare, solltet ihr sie gelegentlich waschen. Ist das Baby besonders unruhig, unterstützt ein Auszug aus Heilpflanzen wie Calendula und Thymian im Badewasser es dabei, seine Balance zu finden.

- Im ersten Jahr ist es
völlig ausreichend, das
Baby einmal pro Woche
zu baden. Reinigt es
ansonsten nach Bedarf
täglich mit einem weichen
Lappen.
- Das Badewasser
sollte 37 °C haben; das
entspricht der Temperatur
des Fruchtwassers.
- Ob gemeinsam in der
Badewanne, allein in
der Babybadewanne, im
Badeeimer oder in einem
tiefen Waschbecken bei-
spielsweise in der Küche:
Badet euer Baby da, wo
es für euch am besten
passt.
- Nicht vergessen: Egal
wie wenig Wasser in der
Babywanne oder im Eimer
ist: Lasst euer Baby nie-
mals allein und unbeauf-
sichtigt im Wasser! •

So hältst du das Baby sicher

Manche Eltern sind anfangs unsicher, wie sie das Baby beim Baden am besten halten sollen. Oft begleitet die Hebamme das erste Bad und zeigt die
wichtigsten Handgriffe. Die meisten Eltern finden es am unkompliziertesten, gemeinsam mit dem Baby zu baden, es dabei sicher zu halten und im
Körperkontakt mit ihm zu sein. Wie gelingt es danach aber am besten, mit
dem Kind wieder aus der Wanne zu kommen? Zumindest für die ersten Male
bietet es sich an, nur dann gemeinsam mit dem Baby zu baden, wenn noch
eine weitere Person anwesend ist, der ihr das Kind direkt aus der Wanne
übergeben könnt. Angenommen, du wolltest das Baby allein in der Wanne
baden, müsstest du davor knien und mit den Armen über den Rand reichen.
Das ist allerdings anstrengend, was wiederum den Genuss des Pflegerituals
beeinträchtigen kann. Viel bequemer ist dafür eine Babywanne, ein Babyei-
mer oder ein tiefes Waschbecken. Darin hältst du das Baby so, dass sein Nacken und der obere Rücken auf deinem Unterarm ruht und deine Hand dabei
die Schultern des Babys umfasst. Mit der anderen freien Hand kannst du das
Baby dann waschen. Im Badeeimer musst du lediglich den Kopf des Babys
mit deinen Händen stabilisieren. Wichtig ist: Egal wie wenig Wasser auch in
der Babywanne oder im Eimer ist – das Baby darf darin niemals allein und
unbeaufsichtigt bleiben.

Nach dem Bad hebst du das Baby langsam aus dem Wasser. In einem
weichen Handtuch, das du vorher etwas angewärmt hast, ist es schön und
wohlig für dein Kind. So ist der Unterschied zwischen Badewasser- und
Zimmertemperatur nicht zu hoch, und das Baby erschreckt sich nicht nach
dem entspannten Bad. Rote Handtücher erleben Babys nach dem Bad als
besonders angenehm. Die Farbe erinnert sie an die Zeit im Mutterleib. Daher
werden Neugeborene auch direkt nach der Geburt oft in rote Handtücher
gewickelt.

Wenn das Baby überfordert ist

Neugeborene sind manchmal vom plötzlichen Nacktsein und den körperlichen Reizen überfordert: Umhülle dein Baby dann mit einem Mulltuch und
lass es damit langsam ins Wasser gleiten. Sprich leise mit deinem Kind und
sage ihm, was du tust. Stimme die Bewegungen deiner Hände auf die Reaktionen deines Kindes ab. Du kannst die Körperzone, die du reinigen möchtest,
aufdecken und mit der Hand säubern, die anderen Bereiche bleiben umhüllt.
Ein weiterer positiver Effekt dieser Methode: Eingewickelt in ein Mulltuch
lässt sich das Baby besser halten.

Massagen als tägliche Körperpflege

→ BADEN KANN
HEILSAM SEIN

Das Bondingbad nach der Hebamme Brigitte Meissner[11] kann Mutter und Kind helfen, traumatische Geburtserlebnisse zu verarbeiten. Nach dem Bad ist das Baby nackt, feucht und warm wie nach der Geburt. Direkt auf deine Brust gelegt, ist es mit und auf dir in direktem Hautkontakt. So könnt ihr beide diesen intimen Moment noch einmal in einer ruhigen, gelösten Stimmung nacherleben. Dieses Bad könnt ihr auch noch Wochen nach der Geburt ausprobieren und es so oft wiederholen, wie es euch und dem Baby guttut. Hebammen kennen das Bondingbad. Wenn ihr den Wunsch nach diesem Bad verspürt, sprecht mit eurer Hebamme darüber. •

Alternativ zum Baden könnt ihr das Baby auch mit einem kleinen Lappen reinigen. Das lässt sich wunderbar mit einer Massage verbinden: Die Haut wird gleichzeitig gesäubert und gepflegt, und durch die Massage findet eine zusätzliche liebevolle Begegnung statt. Natürlich könnt ihr euer Baby auch massieren, ohne es gleichzeitig zu waschen, wenn das besser in euren Tagesablauf passt.

In vielen Kulturen der Welt gilt die Massage als klassische Babypflege. Anders als bei der therapeutischen Massage für Erwachsene wird bei der Babymassage kein Druck ausgeübt, um etwa bestimmte Körperstellen zu entspannen. Sie ist vielmehr eine Art sanftes Streicheln, wodurch sich die Kommunikation zwischen Eltern und Kind intensiviert und sich ein Fenster öffnet für einen verständnis- und respektvollen Umgang: Die achtsamen Berührungen fördern die gegenseitige Bindung. Traut euch, euer Kind anzufassen. Eure Hände und eure Berührungen geben ihm Sicherheit. Obwohl es zahlreiche Anleitungen für Babymassagen gibt, muss die Massage nicht unbedingt einem bestimmten Ablauf folgen. Auch spezielle Griffe sind nicht erforderlich. Viel wichtiger ist es, ausreichend Zeit dafür zu haben und einen geborgenen Rahmen zu schaffen, in dem das Baby und du euch wohlfühlt.

Durch Berühren Hülle spenden

Mit dem Massieren können Eltern die Hüllen, die das Baby im Mutterleib um sich gespürt hat, physisch und auch symbolisch noch einmal nachbilden; das erleichtert dem Kind den Übergang in diese Welt noch mehr. Die wachsartige „Käseschmiere", die die Haut des Babys in der Gebärmutter vor dem Fruchtwasser geschützt hat, ersetzt nun ein schützendes Öl, das zugleich die Haut pflegt. Statt von Fruchtwasser wird das Baby nach der Geburt von Kleidung umhüllt. Bei der Massage könnt ihr das Baby in ein Mulltuch wickeln. So ist es nicht ganz nackt und spürt die Begrenzung über die Haut, seine äußere Hülle. Die vertraute Begrenzung durch die Gebärmutter erlebt das Baby bei der Massage durch Handtücher, die ihr wie einen Wall um es herumlegen könnt, ähnlich wie du es beim Wickeln weiter vorne in diesem Kapitel gelesen hast. Mit rhythmischen Bewegungen können Eltern die Rhythmik der Organe nachahmen, die das Baby im Bauch der Mutter wahrgenommen hat. Die Eihäute, die das Baby dort vor Einflüssen abgeschirmt haben, lassen sich in der Massage durch Zuwendung und Schutz vor Reizen ersetzen. Den Halt des knöchernen Beckens der Mutter erfährt das Baby durch eure Haltung und Bereitschaft, sicher auf seine Bedürfnisse

211

einzugehen und es zu achten. Die Grenze nach außen, die früher der gesamte Körper der Mutter gebildet hat, ist nun die Umgebung des Babys: Schafft daher für die Massage eine entspannte Atmosphäre, in der ihr das Baby achtsam berührt. Achtet darauf, dass der Ort warm genug ist, etwa mit Hilfe eines Heizstrahlers. Meist reicht die normale Raumtemperatur nicht aus, das Baby länger nackt liegen zu lassen.

Woran du Neugeborenenakne erkennst

Einige Wochen nach der Geburt zeigen sich bei vielen Kindern kleine rote Pickel mit gelblicher Spitze auf den Wangen, manchmal auch auf Stirn und Kinn. Es handelt sich dabei um die sogenannte Neugeborenenakne, eine harmlose Hauterscheinung, von der insbesondere Jungen betroffen sind. Die Ursache liegt wahrscheinlich in der Hormonumstellung nach der Geburt. Da die Neugeborenenakne weder Juckreiz noch andere Beschwerden verursacht, ist es am besten, die Haut ganz normal zu behandeln und zu pflegen wie zuvor. Wichtig ist, die Pickel nicht abzukratzen oder auszudrücken. Sie brauchen keine spezielle Behandlung, verschwinden mit der Zeit von alleine und heilen ab, ohne Narben zu hinterlassen.

Was sind Kopfgneis und Milchschorf?

Für einen kurzen Zeitraum entwickeln viele Kinder eine leichte Schuppenschicht am Kopf, den sogenannten Kopfgneis. Dieser harmlose bräunliche Schorf entsteht durch eine Überproduktion der Talgdrüsen an den behaarten Stellen des Kopfes. Verantwortlich dafür sind vermutlich Hormone, die von der Mutter vor der Geburt auf das Baby übertragen wurden. Kopfgneis juckt nicht und ist keine Erkrankung, die behandelt werden muss. Sollte der Schorf im fortgeschrittenen Babyalter immer noch vorhanden sein und als störend empfunden werden, kannst du ihn mit etwas Babyöl oder einem milden, rein pflanzlichen Öl wie etwa Sesam- oder Mandelöl lösen, indem du es sanft auf dem Kopf einmassierst.

Anders verhält es sich mit dem Milchschorf: Er breitet sich häufig vom Kopf aus, manchmal bis zu den Augenbrauen. Unter seiner Schuppenschicht ist die Haut gerötet, sie kann nässen und jucken, was alles auf eine Entzündung hinweist. Sucht bei solchen Symptomen mit eurem Baby einen Kinder- oder Hautarzt auf. Milchschorf kann manchmal eine Vorstufe von Neurodermitis sein und sollte deswegen frühzeitig fachkundig begleitet werden.

SO GELINGT DIE BABYMASSAGE

● **VOR DER MASSAGE**

Wenn dein Baby das gewöhnt ist, halte es vor der Massage ab. Das ist sinnvoll, da viele Kinder während der Massage ausscheiden.

● **LEGE DAS BABY AB**

Lege dein Kind behutsam auf den vorgewärmten und liebevoll vorbereiteten Massageplatz. Sag ihm, dass du dich freust, ihm mit Berührungen Zeit und Zuwendung schenken zu können.

● **BEREITE DICH VOR**

Sind deine Hände warm, verteile etwas Babyöl oder ein hochwertiges reines Pflanzenöl darin. Im Winter kannst du es zuvor in einer Schale auf der Heizung anwärmen.

● **SO BEGINNST DU**

Streiche mit sanften Bewegungen Arme und Beine eures Babys aus. Das Streichen vom Körperinneren hin zu den Extremitäten wirkt eher entspannend und beruhigend, umgekehrt regt es eher an.

● **BEACHTE DEIN BABY**

Achte dabei auf Signale deines Babys, mit denen es seine Vorlieben kundtut, und folg ihnen: Einige Babys mögen das Ausstreichen der Beine besonders gerne, andere genießen sanfte Streicheleinheiten am Kopf.

● **IM UHRZEIGERSINN**

Achte bei der Massage am Bauch des Babys darauf, mit sanften Bewegungen im Uhrzeigersinn zu massieren, also aus Sicht des Babys von rechts nach links. So wird der Darminhalt zum After hin transportiert. Streichst du entgegen dem natürlichen Verlauf des Darms, also gegen den Uhrzeigersinn, kann das für dein Kind unangenehm sein.

● **WAS MAG DAS BABY?**

Berührungen im Gesicht, besonders an den Wangen, können den Brustsuchreflex des Babys auslösen und es irritieren. Achte auf euer Baby: Wird es unruhig oder entspannt es sich? Sprich mit ihm und erkläre ihm, was du tust. Um die Massage zu begleiten, kannst du auch leise und ruhig singen.

● **WAS DU NOCH BRAUCHST**

Wenn du das Baby bei der Massage auch säubern möchtest, leg dir zwei weiche Waschlappen dafür bereit: einen für den Windelbereich, den anderen für den restlichen Körper. Säubere erst den Windelbereich und pflege ihn mit den Produkten, die ihr dafür verwendet. Säubere mit dem anderen nicht zu nassen Waschlappen einen weiteren Körperteil und massiere ihn danach sanft. So kannst du nach und nach den gesamten Körper versorgen.

Nägel vorsichtig kürzen

Das erste Mal Fingernägel zu schneiden verunsichert viele Eltern: Sie haben Angst, ihr Baby zu verletzen, denn seine Finger und vor allem die Nägel sind winzig. Der Impuls ist richtig: In den ersten sechs Wochen sollen die Baby-nägel tatsächlich überhaupt nicht geschnitten werden, da sie sehr dünn sind und das Nagelbett leicht beschädigt wird. Auch später braucht es nicht unbedingt eine Schere; nach dem Baden können die kleinen Nägel an der Hand auch mit einer Nagelfeile gekürzt werden. Die Zehennägel wachsen langsamer. Anders als die Fingernägel solltet ihr sie nicht rund, sondern gerade abschneiden oder feilen, damit sie nicht einwachsen können.

Ohren und Nase reinigen?

Normalerweise reinigen sich die Ohren des Babys von selbst: Durch die Bewegungen des Kiefers wird das Ohrenschmalz aus dem Gehörgang nach außen transportiert. Dabei sammelt es Schmutzpartikel und Fremdkörper auf, nimmt sie mit und befördert sie so aus dem Ohr. Dieser natürliche Reinigungsprozess wird behindert, wenn ihr versuchen solltet, die Ohren mit Wattestäbchen vom Schmalz zu befreien. Ein Teil davon wird zwar entfernt, der Rest verdichtet, sodass er sich schwerer nach außen bewegt und im ungünstigsten Fall einen Ohrenschmalzpfropf bildet, der Geräusche im Ohr oder Schmerzen hervorrufen kann. Zeigt sich Ohrenschmalz in der Ohrmuschel, säubert diese nach dem Bad oder bei der täglichen Pflegeroutine mit einem feuchten Tuch, wie auch den Bereich hinter dem Ohr.

Ähnlich verhält es sich mit der Nase: In den meisten Fällen ist es nicht notwendig, etwas daraus zu entfernen. Hat das Baby jedoch Schnupfen, eine verstopfte Nase und kann beim Stillen nicht richtig atmen, hilft es, wenn ihr ihm vor dem Stillen vorsichtig ein paar Tropfen Muttermilch in die Nase träufelt, alternativ ein paar Tropfen einer 0,9-prozentigen Kochsalzlösung aus der Apotheke. Eine Fettcreme kann helfen, wunde Haut zwischen Nase und Oberlippe zu versorgen.

Zähneputzen als tägliches Pflegeritual

Das Zähneputzen wird oft erst im Kleinkindalter ein besonderes Thema, wenn Kinder klar kommunizieren, dass sie ihre Zähne putzen, wann sie wollen. Daher ist es wichtig, das Zähneputzen nicht nur sehr früh als Ritual

Zusätzlich zu den regelmäßigen U-Untersuchungen
besteht das Recht auf
zahnärztliche Vorsorge-
untersuchungen schon ab
dem Säuglingsalter. Als
Eltern werdet ihr dort über
Mundhygiene aufgeklärt,
Kinder an die Routine
in der Zahnarztpraxis
gewöhnt. Das ist sinnvoll,
weil sich gesunde Zähne
auch auf andere Bereiche
der Gesundheit auswirken.
Seit einigen Jahren steigen
die Fälle von Molaren-
Inzisiven-Hypomineralisa-
tion (auch „Kreidezähne"
genannt), einer Erkrankung
mit noch nicht eindeutig
geklärter Ursache, die sich
durch weichen Zahn-
schmelz und Risse in den
Zähnen bemerkbar macht.
Jedes siebte Kind weltweit
leidet an dieser Störung
der Schmelzbildung. Wird
sie frühzeitig erkannt, kann
sie durch zahnerhaltende
Behandlungen gemindert
werden. •

einzuführen, sondern das Kind dabei wie beim Wickeln von Beginn an achtsam zu behandeln und ihm allmählich mehr Selbstständigkeit zu ermöglichen. Zwang oder gar Gewalt solltet ihr dabei nie ausüben. Es liegt in eurer
Verantwortung, Möglichkeiten der Pflege zu finden, mit denen ihr die Grenzen eures Kindes nicht überschreitet.

Das Zähneputzen beginnt also nicht erst, wenn sich der erste Zahn
zeigt; es sollte schon vorher Teil der täglichen Pflegeroutine werden. Den
Kiefer des Babys könnt ihr schon vor dem Zahndurchbruch mit eurem Finger oder einem Mundpflege-Fingerling massieren. So gewöhnt sich das Baby
daran. Wie in vielen anderen Situationen, in denen ihr auf die Kooperation
des Kindes angewiesen seid, solltet ihr dafür einen Moment wählen, in dem
das Baby nicht übermüdet oder hungrig ist. Brechen dann etwa im sechsten
Lebensmonat die ersten Zähnchen durch, kann der Fingerling gegen eine
Fingerzahnbürste eingetauscht werden. Mit etwas Kinderzahngel lassen
sich die Zähne dann sanft putzen.

Je älter euer Kind wird, desto mehr könnt ihr es in die Pflege seiner
Zähne miteinbeziehen: Es kann die Zahnbürste halten, wenn das Zahngel
darauf verteilt wird; später kann es auch das übernehmen. Lasst es seine
Zähne selbst nachputzen oder auch bei euch mit eurer Zahnbürste einmal
„schrubben".

Kann Stillen Karies begünstigen?

Viele Eltern sorgen sich besonders um die Zahngesundheit ihrer Kinder. Das
ist einerseits wichtig und sinnvoll, kann aber problematisch werden, wenn es
zu einem übergriffigen Verhalten führt, falls das Kind einmal nicht die Zähne
putzen will. Immer wieder kommen auch Gerüchte auf, das Stillen könne
zu Karies führen. Wenn die ersten Zähne durchbrechen, werden viele Kinder tatsächlich noch häufig und auch nachts gestillt: Das Gehirn des Babys
verlangt nach Nahrung, um alle neuen Eindrücke und Lernerfahrungen verarbeiten zu können. In der Muttermilch ist Milchzucker enthalten, was bei
manchen Eltern die Sorge schürt, die Flüssigkeit könnte den Schutzmantel
der Zähne angreifen, da sie diese ständig umspült. Ein Blick auf die Anatomie
entkräftet dieses Argument jedoch: Beim Saugen an der Brust füllt diese den
vorderen Mundraum des Babys aus. Die Milch wird erst im hinteren Bereich
freigesetzt und direkt geschluckt. Sie umfließt daher nicht kontinuierlich die
Zähne. Reste der Muttermilch können zwar nach vorn laufen, Studien haben
jedoch bislang keine eindeutige Antwort auf ein mögliches Zusammenwir-
ken von Stillen und Kariesentstehung geliefert.[12] Zum Zeitpunkt des Schul-
eintritts gibt es zwischen lang gestillten und nicht oder nur kurz gestillten
Kindern keine signifikanten Unterschiede bei Karieserkrankungen.

Um Karies vorzubeugen, sind in erster Linie gesunde Ernährung, sorgfältige Mundhygiene und regelmäßige Kontrollen beim Zahnarzt wichtig. Achtet zudem darauf, keinen Speichel von Erwachsenen oder anderen Kindern an das Baby weiterzugeben. Steckt ihm daher auch keine selbst abgeleckten Löffel oder Schnuller in den Mund.

Was Vertrauen wachsen lässt

Die ersten Wochen und Monate mit einem Baby sind eine aufregende Zeit. Neben den vielen täglichen Erfahrungen und Abenteuern im neuen Familienleben ist auch die Babypflege erst einmal neu und stellt euch als Eltern vor zahlreiche Herausforderungen. Mit genügend Zeit, Geduld und Feingefühl gewinnt ihr jedoch zunehmend an Sicherheit im Umgang mit eurem Baby. Diese Sicherheit wirkt sich wiederum positiv auf eure Beziehung zu ihm aus. Zu spüren und zu fühlen, dass es in sicheren, respektvollen und umsorgenden Händen liegt, lässt im Baby tiefes Vertrauen wachsen. So wirkt ihr über die Babypflege Tag für Tag daran mit, dass sich das Baby in eurer Obhut wahrgenommen und geborgen fühlt. Diese Gewissheit wird es durch sein ganzes Leben tragen und bildet eine verlässliche Basis für viele weitere Erfahrungen und Entdeckungen, die in den kommenden Jahren auf euer Kind warten.

1   Mierau, Susanne: Geborgen wachsen. Wie Kinder glücklich groß werden. München: Kösel 2016, S. 71
2   Eliot, Lise: Was geht da drinnen vor? Die Gehirnentwicklung in den ersten fünf Lebensjahren. 4. Aufl. Berlin: Berlin-Verlag 2003, S. 190
3   Vgl. Eliot, Lise: Was geht da drinnen vor? S. 179 f.
4   Lundström, Johan N. et al.: Maternal status regulates cortical responses to the body odor of newborns. In: Frontiers in Psychology, 5.9.2013, doi.org/10.3389/fpsyg.2013.00597
5   Solter, Althea J.: Warum Babys weinen. Die Gefühle von Kleinkindern. 3. Aufl. München: Kösel 2015, S. 46 f.
6   Vincze, Maria: Die Bedeutung der Kooperation während der Pflege. In: Pikler, Emmi/Tardos, Anna: Miteinander vertraut werden. Wie wir mit Babys und kleinen Kindern gut umgehen – ein Ratgeber für junge Eltern. Freiburg: Herder 1997, S. 45
7   Hartz, Sabine/Kienzle-Müller, Birgit/Höwer, Ulrike: Baby in Balance. Weniger weinen, besser schlafen, Bewegung fördern. Erfolgsmethode Kinaesthetics. München: GU 2012
8   Der Spiegel: Plastik für die Ewigkeit: „Das ist hier die Endstation für den Müll", www.youtube.com/watch?v=paOH4nbl4x4&feature=emb_title
9   Mehr zum Abhalten in: Schmidt, Nicola: artgerecht – das andere Baby-Buch. Natürliche Bedürfnisse stillen, gesunde Entwicklung fördern, naturnah erziehen. München: Kösel 2015
10   Stern, Loretta/Gaca, Anja C.: Das Wochenbett. Alles über diesen wunderschönen Ausnahmezustand. München: Kösel 2016, S. 52
11   Meissner, Brigitte: Emotionale Narben aus Schwangerschaft und Geburt auflösen. Mutter-Kind-Bindungen heilen oder unterstützen – in jedem Alter. 2. Aufl. Winterthur: Brigitte Meissner Verlag 2013
12   afs-stillen.de/fachinfos/muttermilch-und-zahngesundheit/

Kapitel 8
Ammen-
märchen

Was du in diesem Kapitel über unwahre Geschichten lesen kannst:

Hören, was dein Bauch sagt

Sie beeinflussen Frauen in der Schwangerschaft,
bei der Geburt und in der Stillzeit: Ammenmärchen.
Woher kommt ihre Macht und wann können die
alten Geschichten gefährlich werden?

Unwahre Annahmen, alte Weisheiten und Mythen gibt es bis heute. Sie sind
weit verbreitet und wurden teilweise über Jahrhunderte weitergegeben. Besonders viele Ammenmärchen ranken sich rund um die Schwangerschaft, die
Geburt und das Stillen. Wenn du ein Kind erwartest, ist das ein überwältigendes Erlebnis, das mit besonders vielen Gefühlen und Ängsten verbunden
ist. Der Wunsch, als Mutter alles besonders gut und unbedingt richtig zu
machen, hat dazu geführt, dass über zahlreiche Epochen hinweg ein festes
Regelwerk konstruiert wurde, an dem sich die Frauen orientieren konnten,
auch um vermeintliche Gefahren zu minimieren. Traf dann der erhoffte Erfolg – also eine Schwangerschaft, ein gesundes Baby oder das gewünschte
Geschlecht – ein, wurde das Wissen als persönlich bestätigt erlebt und deshalb besonders hartnäckig weiterverbreitet.

Sie sind entstanden, weil
wir das grundlegende
menschliche Bedürfnis
haben, uns selbst und
anderen die Welt zu erklären. Schon immer halten
wir nach vermeintlich
allgemeingültigen Erklä-
rungsansätzen Ausschau
oder versuchen, aus Beob-
achtungen feste Regeln
für bestimmte Sachver-
halte abzuleiten. Während
wir heute mit wenigen
Mausklicks zu jedem The-
ma Fakten und Meinungen
nachlesen können, hatten
die Generationen vor uns
kaum Möglichkeiten, auf
wissenschaftlich gesi-
chertes Wissen zurückzu-
greifen. Ammenmärchen
lassen sich bis ins 18.
Jahrhundert zurückverfol-
gen. Ursprünglich waren
sie fantasiereiche, oft
gruselige Geschichten, die
Ammen den ihnen anver-
trauten Kindern erzählten.
Sie dienten einerseits der
Unterhaltung, sollten aber
gleichzeitig auch erziehe-
rische Zwecke erfüllen. •

Ist Tanzen gefährlich für das Baby?

Schon mit der Zeugung sind zahlreiche Mythen verbunden. Um die Chancen für eine Schwangerschaft zu erhöhen, kursieren beispielsweise Empfehlungen, Stress zu vermeiden, nur alle drei Tage Geschlechtsverkehr zu haben oder das Becken danach höher zu lagern, um den Samenzellen die Wanderung zu erleichtern. Lange Zeit hielten sich Schwangere auch an die abstrusesten Regeln. So verzichteten Frauen auf Ketten, Halstücher oder Walzertanzen, weil das angeblich dazu führen konnte, dass sich die Nabelschnur um den Hals des Babys wickelt. Derartige Ammenmärchen sterben allmählich aus, da unser wissenschaftliches Verständnis mittlerweile die Unsinnigkeit solcher Aussagen entlarvt. Doch an ihre Stelle treten neue, ähnlich irrationale Vorsichtsmaßnahmen. So wird beispielsweise das Kinderzimmer gerne spät eingerichtet oder der Kinderwagen erst gekauft, wenn die Schwangerschaft schon weit fortgeschritten ist, aus Angst, frühe Aktivitäten könnten Unglück bringen.

Junge oder Mädchen?

Der Wunsch, das Geschlecht des Kindes zu beeinflussen, ist so alt wie die Menschheit. Deshalb gibt es diesbezüglich besonders viele Ammenmärchen – von kohlehydratreicher Ernährung über heiße Bäder bis hin zu engen Unterhosen. Untersucht man solche „Weisheiten" näher, zeigt sich nicht selten, dass genau das Gegenteil der Fall ist. So wird gerne behauptet, dass männliche Spermien schneller, weibliche Spermien dagegen ausdauernder seien und dass Sex nahe dem Eisprung daher die Zeugung eines Jungen begünstige.[1] Es gibt jedoch auch Annahmen, die sich tatsächlich statistisch belegen lassen. So bekamen Frauen, die regelmäßig Cerealien zum Frühstück aßen, signifikant mehr Jungen (59 Prozent) als solche, die das nicht taten (43 Prozent).[2]

Bevor die Möglichkeit bestand, das Geschlecht des ungeborenen Kindes mittels Ultraschall zu bestimmen, versuchte man anhand verschiedener Methoden vorherzusagen, ob ein Sohn oder eine Tochter erwartet wurde. So nahm man etwa an, dass ein besonders gesundes, vitales Aussehen und ein gutes Wohlbefinden dafür sprachen, dass die Frau einen Jungen gebären würde; fühlte sich die Mutter jedoch schlecht und sah mitgenommen, blass oder aufgedunsen aus, ging man davon aus, dass sie ein Mädchen erwartete.

Übelkeit in der Schwangerschaft gilt heute noch als Indiz für das Geschlecht: Werden Frauen in der Schwangerschaft stark von Übelkeit geplagt, wird ihnen gern ein Mädchen vorhergesagt. Wissenschaftler wissen

→ MACHT FETTREICHES
ESSEN DIE MUTTER-
MILCH FETTER?

Wenn du stillst, werden dir
gerne fettreiche Lebens-
mittel wie Sahne oder
Butter empfohlen. Sie sollen Milchmenge und Fett-
gehalt der Muttermilch
steigern, gerade wenn das
Gewicht deines Kindes
auf eine unzureichende
Milchbildung schließen
lässt. Tatsächlich lassen
sich Fett- und Choleste-
ringehalt der Muttermilch
sowie deren Menge aber
nicht durch deine Ernäh-
rung beeinflussen. Was du
isst, beeinflusst allerdings,
wie sich die zahlreichen
Fettsäuren der Mutter-
milch zusammensetzen.
Hochwertige Fette decken
in der Stillzeit den Bedarf
an wichtigen Fettsäuren
wie etwa Omega-3- und
Omega-6-Fettsäuren. •

noch immer nicht, was genau die Übelkeit verursacht, aber eine Untersuchung des schwedischen Karolinska-Instituts von über einer Million Frauen
ergab, dass diejenigen, die über Übelkeit klagten, tatsächlich häufiger Mädchen zur Welt brachten.[3] Verantwortlich dafür ist vermutlich ein Hormon
mit dem etwas sperrigen Namen „humanes Choriongonadotropin" (hCG); es
wird nur während der Schwangerschaft gebildet und sorgt dafür, dass diese
erhalten bleibt. Zwar haben Frauen, die Mädchen erwarten, in der Regel tatsächlich einen höheren hCG-Spiegel. Allerdings ist auch unzähligen Müttern
von Jungen furchtbar schlecht, und oft verspüren Frauen, die ein Mädchen
erwarten, nicht das geringste Unwohlsein.

Weit verbreitet ist auch die Annahme, dass ein spitzer, nach vorne wach-
sender Bauch typisch für Söhne ist; Töchter hingegen würden dafür sorgen,
dass sich die zusätzlichen Kilos eher rundherum verteilen. Welche Form
dein Bauch hat, ist jedoch vielmehr abhängig vom Bau deines Körpers, dem
Zustand des Bindegewebes und der Muskeln, der Fruchtwassermenge sowie
der Größe des Kindes. Bei der ersten Schwangerschaft ist die Muskulatur
meist noch unbelastet und straff und der Bauch wächst in vielen Fällen nach
vorn. Frauen, die zuerst einen Sohn und später eine Tochter bekommen,
können den Mythos bestätigen, weil das Bauchwachstum bei der zweiten
Schwangerschaft aufgrund des mittlerweile schwächeren Bindegewebes
ganz anders aussehen kann.

Weitergegeben wird, was „stimmt"

Mitten in der Nacht unbändiger Heißhunger auf Torte oder Fettes vom
Schnellimbiss um die Ecke? Die Lust nach Süßem oder Saurem, starkes Sodbrennen oder ein munteres Kind im Mamabauch – Ammenmärchen rund um
die Geschlechtsbestimmung sind deshalb so populär, weil die Wahrscheinlichkeit, richtig zu liegen, mit gleichbleibenden 50 Prozent außerordentlich
hoch ist. Die Hälfte aller Frauen kann also bei jedem einzelnen Mythos sagen:
„Ja! Bei mir hat es gestimmt!" Wir neigen dazu, die Bestätigung einer Annahme, die wir für zutreffend halten, eindrücklicher aufzunehmen, abzuspei-
chern und weiterzugeben als eine gegenteilige Meinung oder Erfahrung – als
anekdotische Evidenz sozusagen. Es gibt allerdings auch Ammenmärchen
rund um die Schwangerschaft, die wissenschaftlich belegt werden konnten.
So können die Füße der Mutter durch eine Schwangerschaft wegen des zusätzlichen Gewichts tatsächlich größer werden und auch bleiben; Bänder-
dehnungen und Wassereinlagerungen verstärken sich durch die Schwangerschaft ebenfalls. Das zusätzliche Wasser im Körper kann auch dafür sorgen,
dass sich eine Fehlsichtigkeit weiter verschlechtert. Legendär ist die Schus-
seligkeit und Vergesslichkeit Schwangerer. Es wurde nachgewiesen, dass

„Dein Kind kann sich in den ersten zwei bis vier Jahren nicht selbst beruhigen. Nur von dir kann es erfahren, wie es sich anfühlt, beruhigt zu werden."

→ WER LANGE STILLT, BEKOMMT HÄNGE-BRÜSTE?

Nein. Allerdings kann nach der Geburt deines Kindes die Brustform deutlich verändert sein. Das hängt jedoch mit dem Beginn deiner Schwangerschaft zusammen: Die Brust verändert sich, weil der Körper sich aufs Stillen vorbereitet. Hormone lassen das Brustdrüsengewebe wachsen, das Fettgewebe wird verdrängt. Wenn ihr mit dem Abstillen beginnt, bilden sich die sekretorischen Zellen zurück und die Milchbildung versiegt. Deswegen erscheint deine Brust nun meist deutlich kleiner und dadurch auch schlaffer. Mit dem Aufbau des Fettgewebes verändert die Brust ihre Form wieder, was einige Monate bis zu einem Jahr dauern kann. Entscheidend für die Brustform sind neben der Anzahl der Schwangerschaften die Beschaffenheit deines Bindegewebes und dein Alter. Rauchen baut zudem das Protein Elastin ab, das eine stützende Funktion hat. •

das Gehirn während einer Schwangerschaft um bis zu 7 Prozent schrumpft.[4] Das normalisiert sich jedoch in den ersten drei Monaten nach der Geburt wieder – zum Glück!

Stillen nach Zeitplan?

„Wie, du kannst nicht stillen? Das ist doch ganz natürlich, das kann doch eigentlich jede Frau!" Gut gemeinte „Weisheiten" wie diese verunsichern Mütter mit Stillproblemen ungemein, weil sie weder Hilfe noch Anleitung für den Beginn einer erfolgreichen Stillbeziehung bieten. Wenn sich Mutter und Kind in den ersten Stunden nach der Geburt ganz nah sind, sind direkter Haut-zu-Haut-Kontakt und Stillen unverzichtbar. Dann können zwischen beiden zarte Bande entstehen und wachsen. Der Rat von Außenstehenden, das Neugeborene nicht ins elterliche Bett zu holen oder nach der Geburt ins Säuglingszimmer zu geben, damit sich die Mutter von den Strapazen der Geburt erholen kann, erschwert den Wunsch nach Nähe und Geborgenheit sowie einem erfolgreichen Stillbeginn enorm. Auch der Mythos, dass Mütter nach dem Stillen mindestens zwei Stunden warten sollen, weil im Babymagen neue Milch nicht auf alte treffen soll, wird noch immer weiterverbreitet. Dadurch werden die Frauen animiert, die Signale ihres Kindes vorsätzlich zu ignorieren und statt nach Bedarf nach einem Zeitplan zu stillen. Doch gerade für wenige Wochen alte Babys ist es anstrengend, zu trinken und zu verdauen; außerdem ist Muttermilch gut verdaulich. So kann es gut sein, dass sich das Baby schon nach kurzer Zeit hungrig zurückmeldet – dieses Verhalten ist ganz natürlich. Werden Mütter durch entsprechende Ammenmärchen verunsichert, kann das dazu führen, dass sie die kurzen Abstände zwischen dem Stillen als Unzufriedenheit ihres Babys interpretieren und dann unnötig abstillen. Das wirkt sich in vielen Fällen auf das Selbstbild der Mutter aus: Sie hat möglicherweise das Gefühl, ihre Mutterrolle nicht ausreichend auszufüllen und offenbar unfähig zu sein, etwas so Elementares und vermeintlich Einfaches wie Stillen zu schaffen.

Wenn das Baby dann stillt, sollte es die Brust immer leertrinken, da sonst ein schmerzhafter Milchstau droht? Frauen, die mit solchen Geschichten konfrontiert werden, stillen voraussichtlich deutlich weniger entspannt, weil sie sich andauernd fragen, ob die Brust wirklich leer genug ist. Versuchen sie dann ihr Baby zum Weitertrinken zu animieren, obwohl es längst satt ist, ist das weder für die gemeinsame Beziehung noch für das Stillverhalten des Kindes gut.

Doch unwahre Geschichten können manchmal auch hilfreich sein: So erscheint die Annahme, dass die Milchmenge, die für das Baby zur Verfügung steht, von der Trinkmenge der Mutter abhängt, erstmal logisch.

→ WENIGER STILLEN,
WENN DAS BABY BEI-
KOST ISST?

Viele Breipläne wecken die Erwartung, dass das Baby mit dem Beikostbeginn weniger gestillt wird. Stillt dein Babys mit rund sechs Monaten besonders häufig, ist das ganz normal, denn Beikost ersetzt die Stillmahlzeiten zunächst nicht, sondern ergänzt sie nur. Es geht erst einmal darum, dass dein Kind etwas Neues kennenlernt; bis es erfährt, dass das neue Essen auch satt macht, dauert es eine Weile. Außerdem liegen die ersten Mahlzeiten aus Gemüse und Obst in ihrem Energiegehalt deutlich unter der Muttermilch. Wissen Eltern das, kann Stress oder Druck am Esstisch vermieden werden. Mit etwa sieben Monaten robbt oder krabbelt dein Baby wahrscheinlich schon, es wird selbstständiger. Gleichzeitig braucht es die Rückversicherung durch viel Nähe und Geborgenheit: Stillen gibt deinem Baby das alles, hilft ihm beim Verarbeiten der neuen Eindrücke und reduziert sich nach und nach und auch ganz individuell. •

Regt Alkohol die Milchbildung an?

Ein weit verbreiteter Irrglaube ist auch, dass Alkohol die Bildung von Muttermilch anregt. Eltern stoßen also noch im Kreißsaal an, und manche Mütter trinken gar gezielt Sekt, um mehr Milch zu haben. Ob der Mythos stimmt, hat eine Studie des Monell Chemical Senses Center in Philadelphia untersucht.[5] Die Ergebnisse belegten jedoch das Gegenteil. Stillende Frauen bekamen abwechselnd Orangensaft mit oder ohne Alkohol zu trinken und wurden gebeten, danach Milch abzupumpen. Bestimmt wurden neben der produzierten Milchmenge auch die Hormone Oxytocin und Prolaktin, die beide die Milchbildung beeinflussen. Mit Alkohol im Blut fiel es den Frauen schwerer, den Milchspendereflex auszulösen, und sie produzierten auch insgesamt weniger Milch; während der Spiegel des Bindungshormons Oxytocin signifikant sank, erhöhte sich der Gehalt an Prolaktin. Eine andere Studie ergab, dass Kinder nach dem Alkoholkonsum ihrer Mutter insgesamt weniger Milch trinken – vermutlich wegen des Geschmacks.[6] Und auch das Risiko für einen Milchstau oder Brustentzündungen steigt durch Alkohol an.[7]

Ammenmärchen können sich also sehr nachhaltig negativ auf dein Kind und dich auswirken. Schon in der Schwangerschaft, unter der Geburt und in der Stillzeit solltet ihr deshalb statt auf Ammenmärchen lieber auf euer Gefühl und die Menschen vertrauen, die euch professionell begleiten. Auch wenn ihr immer wieder den verschiedensten Mythen begegnen werdet, können und sollten diese heute dank des Internets jederzeit kritisch hinterfragt werden.

1 Rorie, Rick W: Effect of timing of artificial insemination on sex ratio. In: Theriogenology 1999, 52(8), S. 1273–1280

2 Mathews, Fiona/Johnson, Paul J./Neil, Andrew: You are what your mother eats: Evidence for maternal preconception diet influencing foetal sex in humans. In: Proceedings of the Royal Society B (Biological Sciences) 2008, 275(1643), S. 1161–1668

3 Almond, Douglas et al.: An adaptive significance of morning sickness? Trivers–Willard and Hyperemesis Gravidarum. In: Economics & Human Biology 2016, 21, S. 167–171

4 Henry, Julie D./Rendell, Peter G.: A review of the impact of pregnancy on memory function. In: Journal of Clinical and Experimental neuropsychology 2007, 29(8), S. 793–803

5 Mennella, Julie A./Pepino, M. Yanina/Teff, Karen L.: Acute alcohol consumption disrupts the hormonal milieu of lactating women. In: The Journal of Clinical Endocrinology and Metabolism 2005, 90(4), S. 1979–1985

6 Menella, Julie A./Beauchamp, Gary K.: The transfer of alcohol to human milk. Effects on flavor and the infant's behavior. In: The New England Journal of Medicine 1991, 325(14), S. 981–985

7 Schwegler, Ursula et al. (Hrsg.): Alkohol in der Stillzeit. Eine Risikobewertung unter Berücksichtigung der Stillförderung. Berlin: Bundesinstitut für Risikobewertung 2012 (BfR-Wissenschaft 7/2012)

NOCH MEHR ALTE GESCHICHTEN

● BABYS DARF MAN NICHT VERWÖHNEN

Keine Sorge: Du kannst dein Baby nicht verwöhnen. Es ist noch lange völlig hilflos und nicht in der Lage, sich selbst zu versorgen. Weint dein Baby, beruhigt es sich am besten bei dir oder einer anderen zuverlässigen Bezugsperson. Und das ist auch gut so, denn beim Stillen oder beim Flaschenfüttern mit viel Hautkontakt wird das Liebes- und Glückshormon Oxytocin ausgeschüttet.

● WEINEN IST EIN DRUCKMITTEL

Dein Baby manipuliert dich nicht. Erst im Alter von etwa fünf bis sieben Jahren ist ein Kind kognitiv überhaupt in der Lage, Pläne schmieden zu können.

● BABYS MÜSSEN LERNEN, SICH SELBST ZU BERUHIGEN

Dein Kind kann sich in den ersten zwei bis vier Jahren nicht selbst beruhigen. Nur von dir kann es erfahren, wie es sich anfühlt, beruhigt zu werden. Durch immer wiederkehrende Wiederholung deiner liebevollen Beruhigung kann sich das kindliche Nervensystem gut ausbilden und dadurch langsam lernen, wie es sich selber beruhigen kann.

● NEUE MILCH AUF ALTE MILCH MACHT BAUCHWEH

Muttermilch verdaut dein Baby innerhalb von 20 bis 90 Minuten. Beim Stillen brauchst du aus diesem Grund auf keinen Rhythmus oder Zeitabstand zu achten.

● WERDEN BABYS ZU OFT GETRAGEN, GEWÖHNEN SIE SICH DARAN

Babys sind Traglinge. Ihre körperliche und seelische Entwicklung sieht vor, dass sie zumindest im ersten Lebensjahr eng am Körper ihrer Hauptbindungspersonen aufwachsen. Tragen erleichtert zudem deinen Alltag ungemein und fördert die Entwicklung von Wirbelsäule, Hüfte und Muskeln deines Babys.

● BABYS SOLLTEN NACH SECHS MONATEN DURCHSCHLAFEN, UND ZWAR ALLEIN

Wie alle Menschen braucht auch dein Baby nachts das Gefühl von Sicherheit. Die Evolution hat uns so geprägt. Ein Baby ist noch nicht in der Lage, sich selbst zu beruhigen. Sein Alarmsystem weckt das Baby und dich immer wieder, bis es irgendwann von selbst in die nächste Schlafphase gelangen kann. Die meisten Kinder ziehen im Alter von vier oder fünf Jahren aus dem Familienbett aus. Vielleicht bist du dann sogar traurig darüber.

→ LESETIPPS
Carlos Gonzáles: In Liebe wachsen.
8. Aufl. La Leche Liga Deutschland e.V.
2019

Karl Heinz Brisch: SAFE. Sichere Ausbildung Für Eltern.
10. Aufl. Stuttgart: Klett-Cotta 2020

Weleda Youtube:
Warum Babys anders schlafen als Erwachsene, youtube.com/watch?v=wwcPadWRDoE

Kapitel 9
Zeit für dich

Was du dir im Wochenbett Gutes tun kannst:

Auszeiten im Alltag mit dem Baby

In den vergangenen Monaten ist sehr viel in deinem Leben passiert. Du bist schwanger geworden und hast ein Kind zur Welt gebracht. Um neue Kraft zu schöpfen, lass dich im Wochenbett verwöhnen und genieß die kleinen Auszeiten.

Vieles von dem, was du und auch dein Partner beziehungsweise deine Partnerin in den letzten Wochen erlebt habt, war anstrengend – gerade auch deshalb, weil es nicht alltäglich ist, schwanger zu sein, zu gebären und sich auf einen neuen Menschen einzustellen. Spätestens mit der Ankunft eures Kindes kommen Veränderungen auf euch als Paar zu. Manche sind klein, manche größer und einige von ihnen werden euch herausfordern. Zum einen sind es die Erlebnisse der vergangenen Monate und Wochen, die verarbeitet werden wollen. Oder die Vorstellung, für das kleine Wesen, das nun bei euch ist, für eine lange Zeit die Verantwortung zu tragen. Gleichzeitig müsst ihr mit viel weniger Schlaf auskommen, als ihr es gewohnt seid. Andererseits gilt es in dieser Zeit, die sich zumindest in den ersten Tagen und Wochen wie eine Ausnahmesituation anfühlt, an alles zu denken, was trotz dem noch ganz neuen Familienlebens zeitnah an Bürokratie erledigt werden muss für das kleine Wunder, das ihr in euren Armen haltet. Obwohl es Erwachsenen leichter als Kindern oder Babys fällt, mit Veränderungen und neuen Situationen

233

umzugehen, braucht auch ihr als Eltern Zeit, in all den neuen Aufgaben und Rollen anzukommen. Vielleicht hilft es euch, wenn ihr euch zwischendurch bewusst macht, wie viel ihr bis hierher schon gemeinsam geleistet habt.

Das Wochenbett ist für die ganze Familie eine besondere Zeit. Es sind die Tage und Wochen, die dein Körper und du braucht, um euch zu regenerieren und zu erholen. Es ist auch die Zeit des gegenseitigen Kennenlernens und hoffentlich auch der Ruhe. Versucht das Wochenbett als eine bewusste Auszeit anzunehmen und zu erleben. So stimmt ihr euch gemeinsam auf das Leben mit eurem Kind ein und kommt sicher im neuen Familienleben an. Dabei geht es auch um jeden einzelnen von euch. Es ist nicht immer einfach, die eigenen Bedürfnisse im Blick zu haben und sich selbst wichtig zu sein. Die Fürsorge für euren Körper und euch selbst beginnt mit der inneren Haltung, indem ihr euch selbst als wertvoll betrachtet und es euch wert seid, euch etwas Gutes zu tun. Stellt also eure eigenen Bedürfnisse nicht dauerhaft zurück, sondern versucht, ihnen Raum zu geben. Je nach Familienkonstellation ist diese Zeit der Regeneration und des Ankommens ganz unterschiedlich. Was bei euch möglich ist und was nicht, wisst ihr selbst am besten. Aber egal wie euer Alltag mit Baby aussieht, eines ist gewiss: Das Leben mit einem Baby kann manchmal sehr anstrengend sein.

Damit ihr nicht nach kurzer Zeit das Gefühl habt, vom Baby bestimmt zu werden oder überfordert zu sein, sind kleine Pausen eine wertvolle Unterstützung. Versucht immer dann, wenn es euch gelingt, im Alltag kleine Nischen zu finden, diese für eine persönliche Auszeit zu nutzen. Beherzigt diesen Ratschlag auch für später, wenn das Wochenbett vorüber ist. Als Eltern gebt ihr rund um die Uhr das Beste für euer Baby. Überlegt gemeinsam: Gibt es vielleicht jemanden, bei dem ihr euch vorstellen könnt, dass er oder sie euch ein wenig umsorgt? Ob es nun darum geht, Einkäufe zu erledigen oder das Baby für einige Minuten zu betreuen: Gibt es Menschen, die euch nahestehen und euch ihre Zeit schenken, ist das wunderbar. Können dir diese Menschen auch noch den Wunsch nach einem kleinen Verwöhnmoment erfüllt, habt ihr mit ihnen das große Los gezogen.

Klein, aber fein: Massagen

Den Nacken und die Schultern mit einem duftenden Öl massiert zu bekommen ist eine Wohltat und entspannt. Schließlich nehmt ihr beim Stillen oder beim Füttern mit der Flasche eine ganz neue Körperhaltung ein. Der Schulter-Nacken-Bereich muss sich oft erst daran gewöhnen und reagiert zunächst mit Verspannungen. Einfinden musst du dich auch erst in deine Rolle als Mutter. Für das Baby da zu sein und es zu umsorgen, kostet Kraft und du erlebst die Umstellung vielleicht als Herausforderung – für deinen Körper,

SANFTE HANDMASSAGE

● **WAS DU BRAUCHST**

Die Handmassage ist im Wochenbett für dich und deinen Partner oder deine Partnerin ein schönes Ritual. Wählt ein Öl oder eine Creme aus, deren Duft ihr mögt und der angenehm für euch ist. Verteile etwas Creme oder Öl auf der Hand. Achte beim Massieren immer darauf, ob der Druck angenehm ist. Natürlich kannst du deine Hände auch selbst massieren.

● **SANFTES AUSSTREICHEN**

Streiche zunächst mit sanftem Druck in zarten Bewegungen von den Fingerspitzen über Handrücken und Unterarm. Umkreise das Ellbogengelenk und streiche wieder zurück.

● **JEDER EINZELNE FINGER**

Nun mit dem Daumen jeden Finger einzeln vom Nagelbett über die einzelnen Gelenke bis zum Fingergrundgelenk in kreisenden Bewegungen massieren.

● **FINGER IN DIE LÄNGE ZIEHEN**

Dann den Finger am Fingergrundgelenk greifen und zurück zur Fingerspitze streichen, dabei den Finger mit sanftem Druck in die Länge ziehen.

● **HANDRÜCKEN AUSSTREICHEN**

Streiche mit dem Daumen die Handrückenzwischenräume in Richtung des Handgelenks aus. Wiederhole diesen Schritt dreimal. Mit diesem Griff lockerst du die Sehnen und Muskeln und bearbeitest die Zwischenräume der Gelenke des Handrückens.

● **INNENFLÄCHE DER HAND KNETEN**

Drehe die Hand um. Anschließend massierst du die Handinnenfläche kreisförmig mit dem Daumen aus. Das gelingt auch mit den Knöcheln: Schließe deine Hand zur Faust, lege sie in die Innenfläche der zu massierenden Hand und bewege sie kreisförmig. Achte darauf, ob der Druck als angenehm empfunden wird, und passe ihn entsprechend an.

● **DIE FINGER LOCKERN**

Zum Schluss lockert der oder die Massierte die erste Hand: Den Arm nach unten hängen lassen und die Hand dabei leicht schütteln. Vielleicht tut es gut, sich dabei vorzustellen, dass alles Belastende damit abgestreift und ausgeschüttelt wird. Nun ist die andere Hand an der Reihe; massiere sie genau wie die erste Hand.

„Auch wenn ihr nicht plant, aus dem Haus zu gehen: Gönnt euch alles, damit ihr euch wohlfühlt."

ENTSPANNENDER NACKENWICKEL

● WOHLTUENDE GESTE

Eine wärmende Auflage in Form eines Nackenwickels bringt wohltuende Linderung, wenn deine Nackenmuskulatur verspannt ist. Es ist eine schöne und wohltuende Geste, eine warme Kompresse aufgelegt zu bekommen. Aber sie kann auch schnell und einfach selber aufgelegt werden. Vielleicht tut dir die Wärme nach dem Stillen gut, wenn das Baby zufrieden neben dir liegt.

● MIT ODER OHNE DUFT

Der Nackenwickel geht einfach und ist schnell gemacht. Schön ist er mit einer duftenden Bademilch oder wie rechts beschrieben mit den ätherischen Ölen einer Zitrone oder Orange. Es geht aber auch ganz ohne Duft.

● WAS DU BRAUCHST

Alles, was du dazu brauchst, sind eine kleine Schüssel, in die etwa ein Liter sehr warmes Wasser passt (gerade so warm, dass du dir die Hände nicht damit verbrühst), dann ein kleines Gästehandtuch und ein größeres Handtuch, etwa in der Größe, wie es am Waschbecken zum Händeabtrocknen hängt.

● WIE ES GEHT

Das kleine Handtuch wird kurz ins Wasser gelegt und ausgewrungen. Wenn du gerne Zitronen- oder Orangenduft haben möchtest, wird vorher die Schale der Frucht im Wasser angeritzt. Verwendest du Bademilch, verteile etwa einen Esslöffel davon auf dem ausgewrungenen warmen Handtuch.

● DEN WICKEL AUFLEGEN

Hat sich das Tuch auf Körpertemperatur abgekühlt, wird es auf dem Nacken ausgebreitet. Das größere Handtuch legst du zum Schutz und Warmhalten darüber.

● DIE WÄRME SPÜREN

Genieße diese kleine Auszeit bewusst. Vielleicht kannst du für einen Moment entspannen und die wohltuende Wärme des Wickels genießen.

● KOMPRESSE ABNEHMEN

Nach ungefähr fünf bis zehn Minuten ist die Kompresse so kühl, dass manche Menschen sie als unangenehm empfinden. Dann sollte sie abgenommen werden.

aber auch für dich selbst. Vielleicht bist du hin- und hergerissen: dankbar für das kleine Wesen, das neben dir liegt, gleichzeitig aber auch erschöpft. Das ist ganz normal.

Umso wertvoller ist es, wenn du spüren kannst, was du brauchst, um dich in der allerersten Zeit mit dem Baby wohlzufühlen. Wie wäre es, wenn ein lieber Mensch, der gerade bei euch ist, euch die Hände und Unterarme oder die Füße und Waden massiert? Das geht auch mit dem Baby: Während es bei euch im Arm oder auf dem Bauch schläft, lasst ihr euch verwöhnen und entspannt dabei. Aber du kannst dich auch selbst massieren, vielleicht sogar, wenn das Baby satt und zufrieden neben dir liegt. Seid ihr ein wenig erschöpft, könnt ihr dafür hochwertige pflanzliche Öle oder Lotionen benutzen, deren Inhaltsstoffe etwas erfrischen.

Fußbad und Nackenwickel entspannen

Wenn du dich mit dem Gedanken an eine Massage nicht wohlfühlst, weil du nicht möchtest, dass jemand außer deinem Partner oder deiner Partnerin nahe an dich herankommt und dich berührt, kannst du alternativ um ein Fußbad oder einen Nackenwickel bitten.

Für ein Fußbad brauchst du eine flache Schüssel oder einen Eimer; beides sollte mindestens so groß sein wie deine Füße. Gut geeignet ist auch eine Babybadewanne, die Spülschüssel aus dem Campingurlaub oder ein Wäscheeimer mit großem Bodendurchmesser. Als Zusätze für das Wasser sind ähnlich wie bei der Massage wieder Düfte schön, die entweder entspannend oder anregend sind. Hast du keine Bademilch im Haus, kannst du zum Beispiel die Schale einer unbehandelten Zitrone oder Orange direkt im warmen Wasser an ganz vielen Stellen einritzen. Damit gelangen die ätherischen Öle gleich in das Wasser und setzen sich an der Oberfläche ab. Verwendest du einen fertigen Badezusatz, achte auf die enthaltenen Inhaltsstoffe: Bei einem Fußbad im noch sehr frühen Wochenbett kann ein Badezusatz mit Rosmarin Nachwehen anregen. Das ist jedoch kein Problem, solange sie dich nicht zu sehr beeinträchtigen.

Solche kleinen Auszeiten, die dir eine andere Person schenkt oder die ihr euch gegenseitig bereitet, lassen sich fast überall einbauen, ob im eigenen Wohn- oder Schlafzimmer oder im Bad.

Ist euer Baby beim Stillen oder Füttern eingeschlafen, bleibt ihr vielleicht noch einige Zeit sitzen oder liegen. Wenn ihr gerade im Bett seid, macht gemeinsam mit dem Baby die Augen zu. Dieses „Schlafen, wenn das Baby schläft" ist für euch als Eltern lange Zeit essenziell. Solltet ihr gemeinsam mit dem Baby einschlafen, achtet dabei auf eine sichere Schlafumgebung für das Baby. Alles darüber könnt ihr im Kapitel „Schlafen" lesen.

Fünf Minuten nur für dich

Die Zeit, die ihr als Eltern alleine im Bad verbringt, ist ein Luxus. Viele Babys scheinen es nicht zu mögen, von ihren Eltern einfach „abgelegt“ zu werden, damit diese duschen oder in Ruhe auf die Toilette gehen können. Daher entwickeln viele Eltern in den ersten Wochen diverse Strategien, um diese grundlegenden Bedürfnisse zu befriedigen: Da liegen Babys auf Handtüchern, Decken oder Fellen auf dem Boden des Badezimmers, oder der Stubenwagen steht im Bad beziehungsweise vor der offenen Badezimmertür. Wenn euer Baby damit zufrieden ist, spricht nichts dagegen, dass ihr euch so die Zeit verschafft, die ihr braucht, um euch ein wenig selbst zu verwöhnen: durch ausgiebiges Eincremen oder Einölen des ganzen Körpers, durch eine kleine Gesichtsmassage, wenn ihr gerade das Gesicht eincremt, oder durch eine Fußmassage mit einem erfrischenden Fußbalsam. Gerade nach kurzen Nächten kann es auch schön sein, ein wenig Puder, Lidschatten oder Lippenstift aufzulegen. Auch wenn ihr nicht plant, aus dem Haus zu gehen: Gönnt euch alles, damit ihr euch wohlfühlt. Manchmal sind es nur drei oder fünf Minuten mehr im Bad, die für den ganzen Tag das Wohlgefühl erzeugen, dass ihr euch einen kleinen Moment lang nur für euch genommen habt.

Streicheleinheiten für dein Gesicht

Sie dauert nur fünf Minuten: Wenn du gerade im Bad vor dem Spiegel stehst und das Gefühl hast, dir etwas Gutes tun zu wollen, ist eine Gesichtsmassage eine schöne Idee. Die sanften Berührungen helfen dir, Stress und Verspannungen zu reduzieren. Gib einige Tropfen deines Pflegeöls auf die Innenflächen deiner Hände und verteile sie. Massiere ruhig und langsam, damit du dich dabei gut entspannen kannst.

Lege sanft beide Hände auf dein Gesicht und streiche ohne Druck seitlich nach außen bis zum Ohrenansatz. So stimulierst du die Blutzirkulation. Im nächsten Schritt verwöhnst und entspannst du deine Haut: Lege die Fingerspitzen beider Hände an die Schläfen und bewege sie, ohne Druck auszuüben, in langsamen, stehenden Kreisen von vorn nach hinten.

Streiche auch deine Stirn aus, das harmonisiert und beruhigt. Die Hände liegen dabei im Wechsel quer auf der Stirn und gleiten zurück. Um die Augenmuskeln zu entspannen und Spannungsfältchen zu glätten, streichst du von der Nasenwurzel ohne Druck über den Augenbrauenbogen und anschließend, ohne die Haut zu zerren, vom äußeren zum inneren Augenwinkel zurück. Als letzten Schritt spreizt du die Finger und streichst abwechselnd mit beiden Händen mit sanften Bewegungen über die Mundpartie.

Was den Augen guttut

Wenn die Nacht anstrengend war, weil das Baby fast ohne Pause gestillt hat oder unruhig war, hast du dir einen Moment verdient, der nur dir gehört. Eine wohltuende Kompresse für die Augen kühlt und hilft, leichte Schwellungen im Augenbereich zu reduzieren.

Nimm dafür eine perlengroße Menge deiner Augenpflege und trage sie sanft um jedes Auge auf. Ist sie eingezogen, tränkst du zwei Wattepads in kaltem Wasser, drückst sie aus und legst sie etwa zehn Minuten lang auf die geschlossenen Augenlider. Das kannst du gut während des Stillens machen oder wenn du zusammen mit dem Baby ausruhst. Die Wattepads können eine Stunde vor der Anwendung angefeuchtet und in einem geschlossenen saubereren Gefäß im Kühlschrank gekühlt werden.

Übrigens können Auszeiten auch bedeuten, dass ihr vielleicht einen bereits verabredeten Besuch wieder absagt – weil es euch zu früh ist, ihr in der Nacht nicht gut geschlafen habt, das Baby heute viel unruhiger ist als in den vergangenen Tagen oder ihr einfach keine Lust habt, andere Menschen oder diese Person zu sehen. Vielleicht auch einfach nur, weil ihr gerade so verliebt in diesen kleinen Menschen seid und dieses Gefühl nur in eurer kleinen Familie und noch nicht mit der ganzen Außenwelt teilen möchtet.

Den Bauch annehmen

Die Veränderungen, die der weibliche Körper im Wochenbett bewältigen muss, sind groß. Gerade noch hat die Natur ein Wunder vollbracht: In deinem Körper ist ein Baby herangewachsen und hat sich 40 Wochen lang dort entwickelt. Mit der Geburt enden all die Vorgänge, die das möglich gemacht haben. Lediglich zum Stillen reichert der Köper deine Milch für das Baby noch mit besonderen Hormonen an.

Innerlich wie äußerlich verändert sich nun vieles. Wuchs der Bauch in der Schwangerschaft von Tag zu Tag, ist er nun von heute auf morgen sehr viel kleiner. Die inneren Organe müssen in den kommenden Wochen ihren ursprünglichen Platz wieder finden und einnehmen. Doch bei vielen Frauen bleibt der größere Bauch noch über diese Rückbildungsvorgänge hinaus bestehen.

Gerade die ersten Wochen des Wochenbetts, in denen ihr euch noch viel im Bett, auf dem Bett und am Bett aufhaltet und das Baby noch viele Schlafphasen hat, sind der richtige Zeitpunkt, um euch auch dem plötzlich leeren Bauch zu widmen. Einige Hebammen bieten eine entsprechende Bauchmassage an. Sollte das nicht der Fall sein, könnt ihr überlegen, ob ihr das zusammen als Paar machen möchtet oder du als Mutter lieber allein. Ihr braucht nicht viel mehr als etwas Ruhe, vielleicht das schlafende Baby im Arm oder neben euch und ein schönes Öl, das euch guttut.

Es geht darum, sich dem Bauch erst einmal ganz sanft zu nähern. Was fühlst du, was fühlt ihr in diesem Moment? Manchmal empfinden Frauen Traurigkeit darüber, dass die Schwangerschaft nun vorbei ist. Damit vielleicht verbunden sind Fragen, die nicht selten bei jungen Eltern aufkommen: Wie schaffen wir das? Werden wir gute Eltern sein? Was macht dieses Baby und die Verantwortung für es mit meinem, mit unserem Leben? Es darf alles sein und es ist schön, wenn ihr als Paar darüber sprechen könnt. Dann sind kleine Berührungen und ein sanftes Streicheln sicherlich etwas, das euch guttut.

Oder du freust dich, dass das Baby endlich auf der Welt ist, und bist deinem Körper dankbar für das, was er in den vergangenen Monaten und bei der Geburt geleistet hat. So kann es gelingen, mit einer positiven Einstellung auf den eigenen Bauch zu blicken, ihn mit festem Griff und liebevollen Berührungen zu massieren und zu streicheln.

Wenn ihr außer dem Baby noch größere Kinder habt, möchtet ihr sie vielleicht miteinbeziehen. Fast alle kleinen Kinder lieben Wochenbettbäuche, weil sie weich und kuschelig sind. Diese Liebe und Ehrlichkeit für die wirklich schönen Dinge im Leben, wie eben den besonderen Bauch der Mama im Wochenbett, kann euch als Erwachsene manchmal dabei helfen, den Bauch, der nicht (mehr) dem gesellschaftlichen Idealbild entspricht, besser anzunehmen.

Eine besondere Fußwaschung für dich

Eine Fußwaschung kann dir helfen, die Gedanken loszulassen und manchmal auch längst überfällige Tränen fließen lassen zu können. Weil deine Füße, die dir Halt geben, mit unterschiedlichen Sinnesempfindungen ausgestattet sind, kann das in der sensiblen Phase des Nicht-loslassen- oder Nicht-herauslassen-Könnens auch starke emotionale Reaktionen hervorrufen. Es kann dich dabei unterstützen, danach besser über das reden zu können, was dich bedrückt. Sind Tränen dabei notwendig und wichtig, kannst du sie im geschützten Rahmen der Fußwaschung fließen lassen. Auch die Milch oder der Wochenfluss können so wieder in Fluss kommen. Wenn du das Gefühl hast, dass die Fußwaschung dir guttun könnte, suche dir jemanden, der dir nahe ist und bereit ist, dich damit zu unterstützen.

Für diese besondere Fußwaschung brauchst du etwa eine Stunde Zeit für dich. Es sollte also jemand bei deinem Kind sein, der oder die es aus deiner Sicht zuverlässig betreuen kann. Während der Fußwaschung bist du mit deiner Bezugsperson allein und ungestört.

WAS DIR BEIM LOSLASSEN HILFT

● **WAS DU BRAUCHST**
- Eine Unterlage, etwa eine Yogamatte oder Ähnliches
- Zwei große Schüsseln mit einem Durchmesser von mindestens 30 cm
- Eine Handvoll feines Meersalz
- Ein hochwertiges pflanzliches Körperöl
- Ein Paar Wollsocken
- Eine Wärmflasche
- Vier Handtücher
- Ein Kissen
- Eine Decke
- Taschentücher
- Einen Becher oder eine Tasse

● **BEREITE ALLES VOR**
Lege dich rücklings auf eine Unterlage und decke dich zu. Sind deine Füße kalt, ziehe Wollsocken an und lass dir eine Wärmflasche an die Füße legen. Nun füllt die Person, die die Fußwaschung bei dir durchführt, zwei Schüsseln mit Wasser, eine mit körperwarmem Wasser, die andere mit sehr heißem Wasser. Beide Schüsseln werden bei deinen Füßen platziert. Griffbereit liegen hier auch Handtücher, Salz und Öl sowie Socken und die Wärmflasche, falls du sie anfangs noch nicht brauchst. Über die Schüssel mit dem heißen Wasser wird ein Handtuch gelegt; ihr braucht es nachher für den anderen Fuß.

● **WASSER**
Das mit einem Handtuch bedeckte Kissen wird unter deinen Unterschenkel gelegt, damit dein Fuß frei in der Luft schwebt. Die Schüssel mit dem körperwarmen Wasser steht unter deinem Fuß. Nun schöpft deine Begleitung mit den Händen immer wieder Wasser aus der Schüssel und lässt es über deinen Fuß fließen. Nach kurzer Zeit kannst du den Rhythmus spüren.

● **MASSAGE MIT SALZ**
Nach fünf Minuten wird die Hälfte des Salzes sanft auf dem Fuß verrieben und weitere fünf Minuten lang einmassiert. Versuche dabei zu spüren, ob sich die Berührungen gut anfühlen, ob sie mehr oder weniger intensiv sein sollten, und sage das auch. Anschließend wird wieder Wasser mit den Händen über den Fuß geschöpft, um das Salz abzuwaschen. Es sollte kein Salz mehr zwischen den Zehen sein.

● **WÄRME UND RUHE**
Der Fuß wird nur leicht abgetrocknet und dann mit etwas Öl massiert, das in den Händen erwärmt wurde. Zum Schluss wird die Wollsocke angezogen und dein Fuß umgebettet. Der behandelte Fuß kommt unter die Decke, eventuell mit der Wärmflasche. Anschließend kommt der andere Fuß an die Reihe. Das Wasser in der zweiten Schüssel ist inzwischen körperwarm und kann für die neue Waschung verwendet werden.

Zeit ist das größte Geschenk

→ WUNSCHKARTEN
FÜRS WOCHENBETT
BESTELLEN

Viele Hebammen be-
stellen diese Karten bei
Weleda und geben sie in
ihren Kursen zur Ge-
burtsvorbereitung oder
Schwangerenvorsorge an
euch weiter. Sollte das
nicht der Fall sein, könnt
ihr sie per E-Mail auch kos-
tenlos bei der Weleda Kun-
denbetreuung bestellen:
dialog@weleda.de •

Das Neugeborene zu versorgen, es kennenzulernen und in der eigenen Rolle als Mutter anzukommen ist eine intensive Zeit für dich. Alles fühlt sich neu an – auch der Alltag, der mit Baby nicht mehr so ist wie ohne Baby. Versuche deshalb, nicht so hohe Ansprüche an dich selbst zu stellen, etwa was deinen Tagesablauf oder den Haushalt betrifft.

Eine schöne Idee für Auszeiten im Wochenbett hatte die Kleinkindpäd-agogin und Autorin Susanne Mierau: In Zusammenarbeit mit Weleda hat sie Wochenbett-Wunsch-Karten nach dem Motto „Zeit statt Zeug" entwickelt. Damit könnt ihr euch schon vor der Geburt von euren Lieblingsmenschen kleine Dinge wünschen: eine Woche lang frische Brötchen; dreimal Mit-tagessen kochen und vor die Tür stellen; einmal die Wohnung saugen oder wischen; auf die Geschwisterkinder aufpassen … Alles Dinge, die euch den Raum geben, euch im Wochenbett ganz euch selbst zu widmen, ohne sich Gedanken über Haushalt und Essen machen zu müssen.

Nehmt und gebt euch in diesen ganz besonderen ersten Tagen und Wochen so viel Zeit, wie es überhaupt möglich ist. Beobachtet euer Kind in Ruhe dabei, wie es in der Welt ankommt, wie es die Umgebung mit seinen Sinnen erlebt und wahrnimmt. Lasst euch ganz darauf ein und versucht, diese Zeit gemeinsam zu verbringen: Seid einander nah und kuschelt so oft es geht zusammen, liebkost euer Kind und berührt es sanft mit euren Händen: Kann es eure Liebe spüren, fühlt es sich geborgen und sicher. Ver-sucht, im Wochenbett Dinge von euch fernzuhalten, die euch nicht gut tun oder euch zu sehr fordern. Seid ihr unsicher oder erschöpft, kann es helfen, wenn ihr euch bewusst macht, dass das Glück in den vielen kleinen Dingen und Momenten liegt. Das Vertrauen in euch selbst, die Zuverlässigkeit, mit der ihr die Bedürfnisse eures Babys erfüllt, und eure Liebe lassen das unsichtbare Band zwischen euch und eurem Kind jeden Tag ein wenig wach-sen. Gebt auf dieses Band acht und lasst es weiter wachsen, damit es halten kann – ein Leben lang.

Autorinnen

Christina Hinderlich

Die Hebamme ist Diplom-Pflegewissenschaft-lerin und Mutter von drei Kindern. Sie arbeitet seit 2008 bei Weleda und leitet dort den Fachbereich Hebammen. Begeistert ist sie vom Ansatz, Babys intuitiv zu stillen: Dabei findet das Baby dank seiner Reflexe und mit Hilfe der zurückgelehnten Position der Mutter selbst den Weg zur Brust. Das ermöglicht beiden ein ruhi-ges Stillen, „Mit dieser Methode hätte ich als praktizierende Hebamme viele Frauen und ihre Babys noch besser unterstützen können."

Frauke Ludwig

Gemeinsam mit Diana Schwarz gründete sie die Trageschule Hamburg und die Plattform einfach-eltern.de. Die Still- und Trageberaterin sagt: „Wir haben unsere Unternehmen gegrün-det, als unsere Töchter drei Monate alt waren. Mit den Babys im Tragetuch war all das mög-lich." Einen Kinderwagen findet sie praktisch, etwa für Einkäufe.

Susanne Mierau

Die Diplom-Pädagogin, Autorin und Familien-begleiterin arbeitet freiberuflich in Berlin. Seit vielen Jahren ist sie im Bereich der Elternbe-ratung rund um Schwangerschaft, Baby- und Kleinkindzeit tätig und bildet Fachpersonal fort. Das Thema Vertrauen ist für sie eine Grundlage aller Bereiche der Elternarbeit. Ihr Buch „Ge-borgen wachsen" trägt den Namen ihres Blogs: geborgen-wachsen.de

Nicola Schmidt

ist Wissenschaftsjournalistin und Autorin. Als Leiterin des Projekts „Artgerecht" weiß sie, wie sich Babys von Natur aus mental und körperlich gesund entwickeln. Sie ist davon überzeugt, dass Babys von Natur aus wissen, wie man „richtig" schläft. „Eltern brauchen Unterstützung, um ihre Babys zu verstehen, und jemanden, der ihnen Mut macht, sich praktisch unterstützen zu lassen." artgerecht-projekt.de

Katharina Hartmann

„Die Geburt meines ersten Kindes war unfass-bar schön!" Seitdem setzt sich die Lehrerin für moderne Fremdsprachen im Wissenschaftsres-sort bei Mother Hood e.V. ehrenamtlich dafür ein, dass Frauen Ähnliches erleben dürfen, egal wo und egal auf welche Weise. „Geburt ist nicht etwas, das wir Frauen ertragen müssen. Geburt rockt!" In ihrer Arbeit für den Verein knüpft sie weltweit Kontakte zur Verbesserung der Ge-burtskultur. mother-hood.de

Danielle Graf

ist Mitautorin des Blogs und des gleichnamigen Buchs „Das gewünschteste Wunschkind aller Zeiten treibt mich in den Wahnsinn". Inwieweit alte Geschichten und Mythen wahr sind oder nicht, hat die Mutter und Rechtsökonomin selbst überprüfen können. In der Schwanger-schaft mit ihrer Tochter war es ihr nicht ein einziges Mal übel, bei ihrem Sohn einige Zeit später hingegen schon.

Fotografin

Kristin Lenherr

Die diplomierte Hebamme weiß, welche mobilisierende Kraft die eigene Psyche entfalten kann. Wie Frauen sich das etwa bei der Dammvorbereitung zunutze machen können, erklärt sie in ihren Kursen zur Geburt. „Eine dicke Portion Vertrauen in die eigenen Ressourcen ist genauso wichtig wie die Dammmassage selbst", sagt Kristin Lenherr. Sie lebt in der Schweiz.

Regine Gresens

ist Hebamme, Berufspädagogin, Still- und Laktationsberaterin (IBCLC) sowie Heilpraktikerin für Psychotherapie. Als junge Mutter war sie stolz, als ihr kleiner Sohn trotz Geburt mit Hilfe der Saugglocke ziemlich schnell wusste, wie Stillen geht, und problemlos den Weg zur Brust fand. „Wie jedes kleine Säugetierbaby eben", sagt die Stillberaterin, die Mütter dabei unterstützt, entspannt und erfolgreich zu stillen. stillkinder.de

Barbara von Woellwarth

„Das war einer der schönsten und beglückendsten Aufträge, die ich je ausführen durfte. Kommt ein Baby frisch zur Welt, ist es, als legten sich Ruhe und Zeitlosigkeit wie ein weiches Tuch über die kleine Familie. Zu erleben, wie zart und liebevoll die glücklichen Eltern mit ihren kleinen Menschen umgehen, war herzerwärmend. Da ist Liebe regelrecht greifbar!" Die Fotografin hat zwei Söhne und einen Enkelsohn und lebt in Karlsruhe.

Impressum

© 2020 Weleda AG
Möhlerstraße 3 – 5
73525 Schwäbisch Gmünd
weleda.de

VERLAG
Eugen Ulmer KG
Wollgrasweg 41
70599 Stuttgart
ulmer.de

REDAKTION UND PROJEKTLEITUNG
Kristina Hartmann, Christoph Möldner

AUTORINNEN
Danielle Graf, Regine Gresens,
Katharina Hartmann, Christina Hinderlich,
Kristin Lenherr, Frauke Ludwig,
Susanne Mierau, Nicola Schmidt

MITARBEIT
Carolina Fink

ARTDIREKTION
Plateau Design Studio,
Marie Lammers, Christian Schneider

LAYOUT
Ina Kwon

KOORDINATION
Marion Morath

FOTO
Barbara von Woellwarth

LEKTORAT
Hanna Becker, Words Words Words

REPRODUKTION
Digizwo, Stefan Kessler

DRUCK UND BINDUNG
Lokay e. K.

Printed in Germany
ISBN 978-3-8186-1160-6

Die in diesem Buch enthaltenen
Empfehlungen und Angaben sind von den
Autorinnen mit größter Sorgfalt
zusammengestellt und geprüft worden.
Eine Garantie für die Richtigkeit der
Angaben kann aber nicht gegeben werden.
Autorinnen und Verlag übernehmen keine
Haftung für Schäden und Unfälle. Bitte
setzen Sie bei der Anwendung der in
diesem Buch enthaltenen Empfehlungen
Ihr persönliches Urteilsvermögen ein.

Bibliografische Information der
Deutschen Nationalbibliothek:
Die Deutsche Nationalbibliothek verzeich-
net diese Publikation in der Deutschen
Nationalbibliografie; detaillierte
bibliografische Daten sind im Internet
über dnb.d-nb.de abrufbar.